Roberto Gamba   Pier Angelo Guerriero

Ringhiera

Tipiche case milanesi fuori porta

Raccolta fotografica a cura di Luciano Negri

Indice

Un altro libro su Milano

Un altro libro su Milano? Dopo vecchia, insolita, mia, segreta, misteriosa, sparita, sotterranea, esoterica, sconosciuta, che cosa si può scrivere ancora? Non si pensi, peraltro, che si tratta di un fenomeno recente, ora che la città è un importante punto di riferimento per numerose attività. Milano è stata sempre oggetto di attenta osservazione da parte di viaggiatori e studiosi di ogni genere. Nel 1969 la Biblioteca Ambrosiana ha esposto in una mostra tenutasi dal 18 maggio al 30 giugno ben 167 Guide di Milano, a partire da "De Magnalibus Mediolani" di Bonvesin de la Riva del 1288, in una edizione del 1967 in italiano, fino a una guida in tedesco, pubblicata a Milano da Giovanni Lampugnani nel 1910.

In effetti, parafrasando il titolo di un libro curato da Luca Doninelli "Milano è una cozza" e rimanendo in ambito ittico, Milano può forse essere definita un'anguilla. Quando credi di averla finalmente agguantata, nonostante la stretta, ti sfugge di nuovo. Quando credi di averla incastrata, ridotta ad una dimensione, se ne presentano mille altre.

Alle immagini consuete della Milano romana, ducale, spagnola o austriaca si aggiungono facce sempre nuove, legate ai personaggi che vi nacquero o vi operarono a lungo.

- Milano di Radetzky, delle Cinque Giornate, del "Tiremm innanz" di Amatore Sciesa.
- Milano illuminista, de "Il caffè", di Pietro e Alessandro Verri, di Cesare Beccaria.
- Milano delle cannonate di Bava Beccaris.
- Milano degli scrittori, dei poeti, in lingua e dialetto, di Bonvesin de la Riva, Fabio Varese, Giovanni Ambrogio Biffi, Carlo Maria Maggi, Girolamo Birago, Carl'Antonio Tanzi, Domenico Balestrieri, Francesco Girolamo Corio, Giuseppe Parini, Carlo Porta, Stendhal, Alessandro Manzoni, Giovanni Rajberti, Giuseppe Rovani, Cletto Arrighi, Camillo Boito, Emilio Praga, Igino Ugo Tarchetti, Giovanni Verga, Arrigo Boito, Carlo Dossi, Emilio De Marchi, Carlo Bertolazzi, Filippo Tommaso Marinetti, Clemente Rebora, Delio Tessa, Augusto De Angelis, Carlo Emilio Gadda, Eugenio Montale, Giuseppe Marotta, Dino Buzzati, Elio Vittorini, Giorgio Scerbanenco, Antonia Pozzi, Vittorio Sereni, Anna Maria Ortese, Luigi Santucci, Luciano Erba, Luciano Bianciardi, Giovanni Testori, Giampiero Neri, Giancarlo Majorino, Franco Loi, Carlo Castellaneta, Alda Merini, Giovanni Raboni, Umberto Eco, Vincenzo Consolo, Giuseppe Pontiggia, Antonio Porta, Ferruccio Parazzoli, Nanni Balestrini, Maurizio Cucchi e Milo De Angelis.
- Milano degli artisti, di Bramante, Leonardo, Bernardo Zenale, Marco d'Oggiono, Gaudenzio Ferrari, Cesare da Sesto, Bernardino Luini, Simone Peterzano, Daniele Crespi, il Pitocchetto, Francesco Londonio, Francesco Hayez, Cherubino Cornienti, Federico Faruffini. Francesco Didioni, Luigi Conconi, Adolfo Wildt, Marcello Dudovich, Umberto Boccioni, Mario Sironi, Ugo Piatti, Lucio Fontana, Francesco Messina, Alik Cavaliere, Arnaldo e Giò Pomodoro, Piero Manzoni.

- Milano dei Musei, di Brera, del Cenacolo di Leonardo, dello Sposalizio della Vergine di Raffaello, della Pietà di Bellini e del Cristo morto di Mantegna.
- Milano delle Biblioteche, della Braidense, dell'Ambrosiana e della Sormani.
- Milano degli architetti, di Giuseppe Mengoni, Luigi Broggi, Giuseppe Sommaruga, Paolo Mezzanotte, Giovanni Greppi, Piero Portaluppi, Giò Ponti, Giuseppe De Finetti, Giovanni Muzio, Enrico Peressutti, Ludovico Barbiano di Belgioioso, Ernesto Nathan Rogers, Luigi Banfi, Luigi Caccia Dominioni, Vico Magistretti, Gae Aulenti, Vittorio Gregotti, Aldo Rossi, Stefano Boeri.
- Milano del design, di Ignazio Gardella, Franco Albini, Bruno Munari, Livio e Achille Castiglioni, Piero Fornasetti, Marco Zanuso, Ettore Sottsass, Anna Castelli Ferrieri, Alessandro Mendini, Enzo Mari, Cini Boeri.
- Milano della fotografia, di Mario De Biasi, Mario Dondero, Gabriele Basilico.
- Milano della moda, di Giorgio Armani, Miuccia Prada, Krizia, Etro, Alviero Martini, Missoni.
- Milano della musica, dai teatri, Scala, Dal Verme, Lirico, ai musicisti, compositori e interpreti, Giuseppe Verdi, Arturo Toscanini, Victor de Sabata, Carlo Maria Giulini, Gianandrea Gavazzeni, Claudio Abbado, Riccardo Muti, Daniel Barenboim, Riccardo Chailly, ai ballerini, Carla Fracci e Roberto Bolle.
- Milano del teatro di prosa, del Piccolo, del Pierlombardo, di Giorgio Strehler, Luca Ronconi, Franco Parenti, Valentina Cortese, Dario Fo, Franca Rame, Piero Mazzarella, Franca Valeri, Mariangela Melato.
- Milano del cinema, di Luchino Visconti, Dino Risi, Luciano Emmer, Nelo Risi, Franco Brusati, Marco Ferreri, Eriprando Visconti, Maurizio Nichetti, Marco Tullio Giordana e Silvio Soldini.
- Milano della Chiesa, di Ambrogio, Carlo e Federico Borromeo, Agostino Gemelli, Ildefonso Schuster, Carlo Maria Martini, Luigi Giussani, David Maria Turoldo, Gino Rigoldi, Antonio Mazzi, Luigi Ciotti e Virginio Colmegna.
- Milano del volontariato, del dormitorio, dei barboni, della Caritas, dei City Angels, di "Scarp de' tenis".
- Milano dell'imprenditoria, della grande industria, della Fiera Campionaria, dei Falck, dei Pirelli, di Ernesto De Angeli, Eugenio Cantoni, Ferdinando Bocconi.
- Milano della Borsa, della Finanza, delle grandi banche, della Banca Commerciale, della Cassa di Risparmio delle Provincie Lombarde, della Banca Popolare, di Raffaele Mattioli.
- Milano dell'editoria, di Rizzoli, Mondadori, Bompiani, Garzanti, Feltrinelli, Adelphi, La Nave di Teseo.
- Milano da bere, di Silvio Berlusconi, Bettino Craxi, di Mani pulite e "Resistere, resistere, resistere"
- Milano del giornalismo, del Corriere della Sera, di Luigi Albertini, Indro Montanelli, Giorgio Bocca, Enzo Biagi.

- Milano del cabaret, della musica e delle televisioni private, dei Gufi, Giovanni D'Anzi, Enzo Jannacci, Giorgio Gaber, Mina e Adriano Celentano, di Renato Pozzetto, Paolo Rossi e Mike Bongiorno.
- Milano della gastronomia e dei grandi cuochi, del risotto, della cotoletta, della cassoeula, del panettone, di Motta e Alemagna, di Gualtiero Marchesi, Aimo e Nadia, Carlo Cracco e Davide Oldani.
- Milano delle Università, dalla Statale alla Cattolica, dalla Bocconi allo IULM e delle scuole di formazione dal Marangoni allo IED.
- Milano dell'eccellenza sanitaria, del San Raffaele, dello IEO, del Monzino, dell'Humanitas.
- Milano del bauscia, del cumenda, della sciura e sciuretta, del balabiott e del faniguttun.
- Milano del calcio, di Gianni Brera e Gianni Mura, dell'Inter e del Milan, della pallacanestro, dell'Olimpia.
- Milano nera, della ligera, di Angelo Epaminonda, Francis Turatello, Renato Vallanzasca e Luciano Lutring, dei foschi delitti, Rina Fort, Simonetta Ferrero e Maurizio Reggiani, delle sanguinose rapine, via Osoppo.
- Milano degli anni di piombo, delle uccisioni di Emilio Alessandrini, Guido Galli, Walter Tobagi.
- Milano del '68, del Movimento studentesco.
- Milano della strategia della tensione, di Piazza Fontana, di Pietro Valpreda, Giuseppe Pinelli e Luigi Calabresi.
- Milano dei grattacieli, Milano degli influencer, Milano...Milano...Milano... e le sue altre innumerevoli facce che abbiamo dimenticato.

Ma questa volta vogliamo gettare uno sguardo su un aspetto minore della città. L'origine di questo libro parte dall'interesse degli autori per quel particolare modo di abitare nella città di Milano, per quel sistema abitativo, la casa di ringhiera o a ballatoio, oggi forse secondario o di mero aspetto folcloristico e tradizionale, ma fondamentale nella diffusione di quel carattere di "milanesità" che per lungo tempo in questi due ultimi secoli lo ha rappresentato.

Le forme architettoniche dell'abitare si presentano infatti ad ogni genere di studioso, architetto, sociologo, storico o archeologo, come testimoni determinanti della storia di una città e dei momenti fondamentali del suo processo identitario.

Le case a ballatoio hanno avuto origine da specifiche forme di proprietà fondiaria, da particolari conoscenze e usanze tecnologiche, da consolidate capacità artigianali, da ambizioni e tradizioni di diverse umanità, oltre che da influenze politico-economiche di larga diffusione, non solo in Italia, quale è stata la rivoluzione industriale di fine XIX secolo.

Hanno contribuito inoltre, almeno fino a pochi anni fa, a determinare l'identità sociale, costruttiva, umana di una città come Milano, espressiva, negli ultimi decenni dell'800, di un periodo e di una cultura rivolta allo sviluppo, all'organizzazione, alla praticità, e ancora oggi testimoniano la diffusione di un'azione imprenditoriale non illuminata, forse neppure paternalistica, ma attenta comunque alle esigenze di una società in trasformazione, al bisogno di ricovero della massa operaia riversatasi in città per lavorare nell'industria.

Sono le case dei senzastoria, quelli che non hanno bisogno di grandi spazi perché non posseggono nulla se non gli abiti che indossano e poche suppellettili, quelli la cui vita viene presto dimenticata, che non lasciano tracce, se non per poco tempo nella memoria di chi li ebbe cari, "gente meccaniche e di piccol affare", come i personaggi de "I promessi sposi".

Vogliamo ricordare questi edifici umili, destinati a uomini umili, seguendo l'esortazione di Roberto Peregalli che ne "I luoghi e la polvere" scrive: *"Andrebbe preservata e tutelata qualsiasi costruzione realizzata prima del Novecento. Anche ruderi, cascine, case, luoghi di nessuna importanza artistica apparente. Perché sono la cifra del nostro mondo. I luoghi che non hanno un passato glorioso non per questo sono meno interessanti. A volte certi posti poveri e abbandonati suscitano più emozione che i monumenti firmati".*

Vogliamo riconoscere a queste vecchie case il diritto ad ergersi accanto a più nobili esemplari, come suggerisce Jane Jacobs in "Vita e morte delle grandi città": *"Le città hanno tanto bisogno di edifici vecchi che probabilmente senza di essi lo sviluppo di strade e di quartieri vitali sarebbe impossibile. Per "edifici vecchi" intendo non solo quelli d'interesse storico-artistico o quelli risanati con ogni cura a caro prezzo (che pure sono elementi apprezzabili), ma anche un buon numero di vecchi edifici senza particolari pregi e di modesto valore, alcuni dei quali addirittura in decadimento".*

Il lavoro si compone di un parziale censimento che ha l'obiettivo di valutare l'attuale presenza di tali forme e strutture architettoniche, protagoniste alla fine del XIX secolo e nei decenni successivi dell'espansione cittadina al di fuori della cerchia delle Mura spagnole da poco demolite.

La diffusione di questa tipologia architettonica ha consolidato l'irradiazione costruttiva lungo le direttrici in uscita dalla città, oltre ciò che rimaneva delle monumentali porte e pusterle, distrutte o preservate, rimaste, almeno di nome, a testimoniare e dare identità all'espansione urbana per parti.

Le mappe, di seguito dedicate a ciascuna delle porte cittadine, cercano di evidenziarlo, rivelando quanto all'interno di cortili racchiusi da spesso anonime facciate pulsasse e pulsi tuttora la vita e il lavoro dei quartieri di Milano.

Mediante l'esame degli atti di fabbrica di alcuni edifici conservati nell'Archivio Storico Civico della Biblioteca Trivulziana è stato possibile ridisegnare alcune planimetrie con lo scopo non solo di riportare esattamente le consistenze costruttive, ma di evidenziare anche i caratteri distributivi delle varie tipologie, nel loro rapporto con la strada e con i cortili su cui affacciano. L'individuazione delle case a ballatoio fuori dalle Porte della città è stata lunga e laboriosa, parziale e non sempre precisa la descrizione degli elementi costruttivi. Le immagini fotografiche sono da considerarsi semplici testimoni dei caratteri e delle forme dei ballatoi.

Brevi note storiche e tracce letterarie della città, selezionate senza alcuna pretesa di esaustività, precedono l'esposizione delle schede tecniche degli edifici, suddivise in zone corrispondenti alle porte principali.

Infine, un ringraziamento ai conservatori dell'Archivio, in particolare a Luca Dossena, per la fattiva collaborazione offerta.

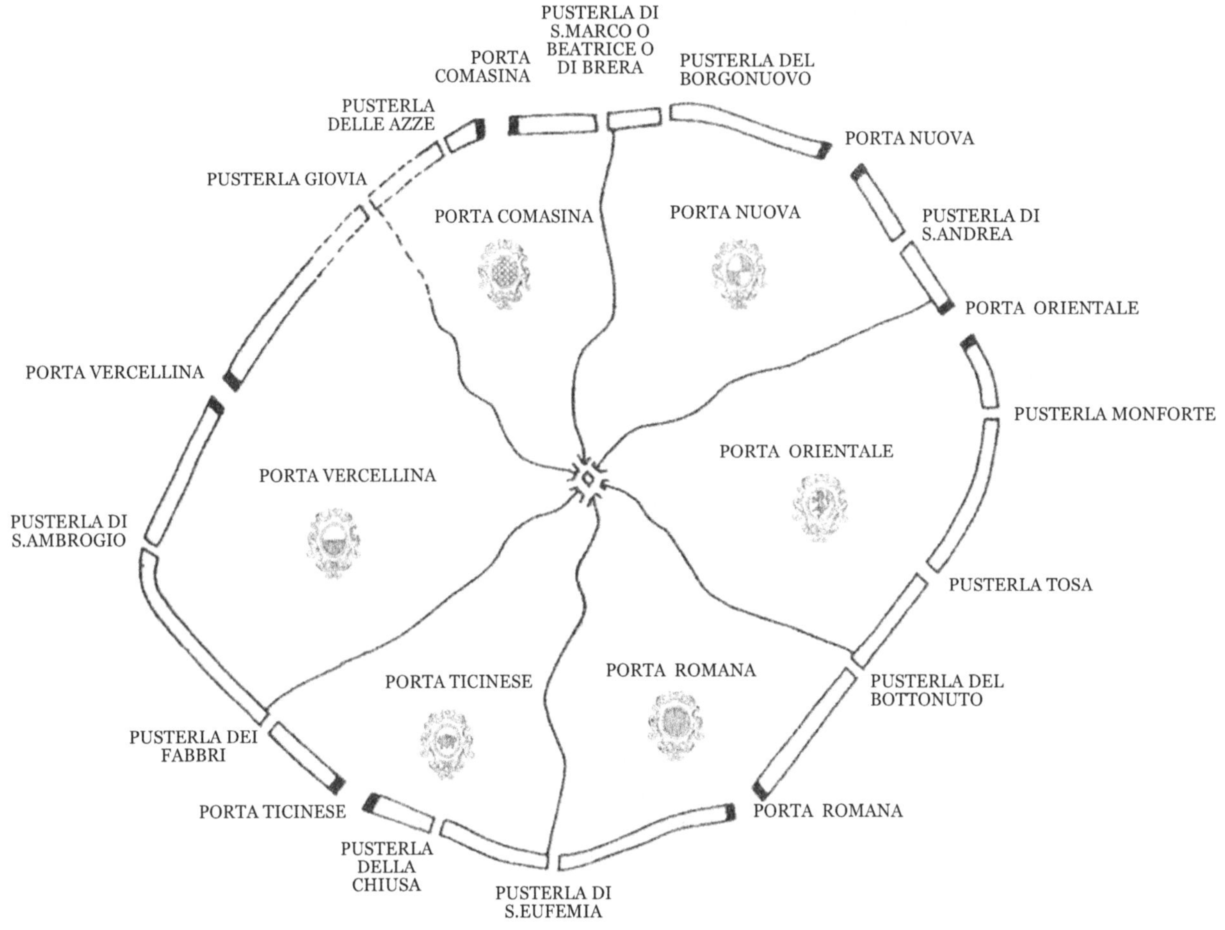

Mappa di Milano rinascimentale, le Mura spagnole, il sistema dei Navigli, il Duomo, il Castello, il Lazzaretto, la Ca'Granda

Sinteticamente la struttura della città di Milano può essere individuata attraverso gli elementi monumentali che ne hanno determinato l'evoluzione e il carattere, di seguito pur a grandi linee descritti nelle varie epoche storiche.
Oltre alle cerchie murarie, essi sono quattro, sviluppatisi compiutamente in epoca rinascimentale, differenti per consistenza, funzione, qualità architettonica, in ogni caso esempi tipologici insuperati per originalità e qualità: il Castello Sforzesco, il Duomo, L'Ospedale Maggiore Ca' Granda, il Lazzaretto.
Se ne propone un ridisegno planimetrico, utile a sottolineare il loro rapporto con l'impianto urbano e la loro capacità di determinare l'intorno.

Mappa di Milano rinascimentale

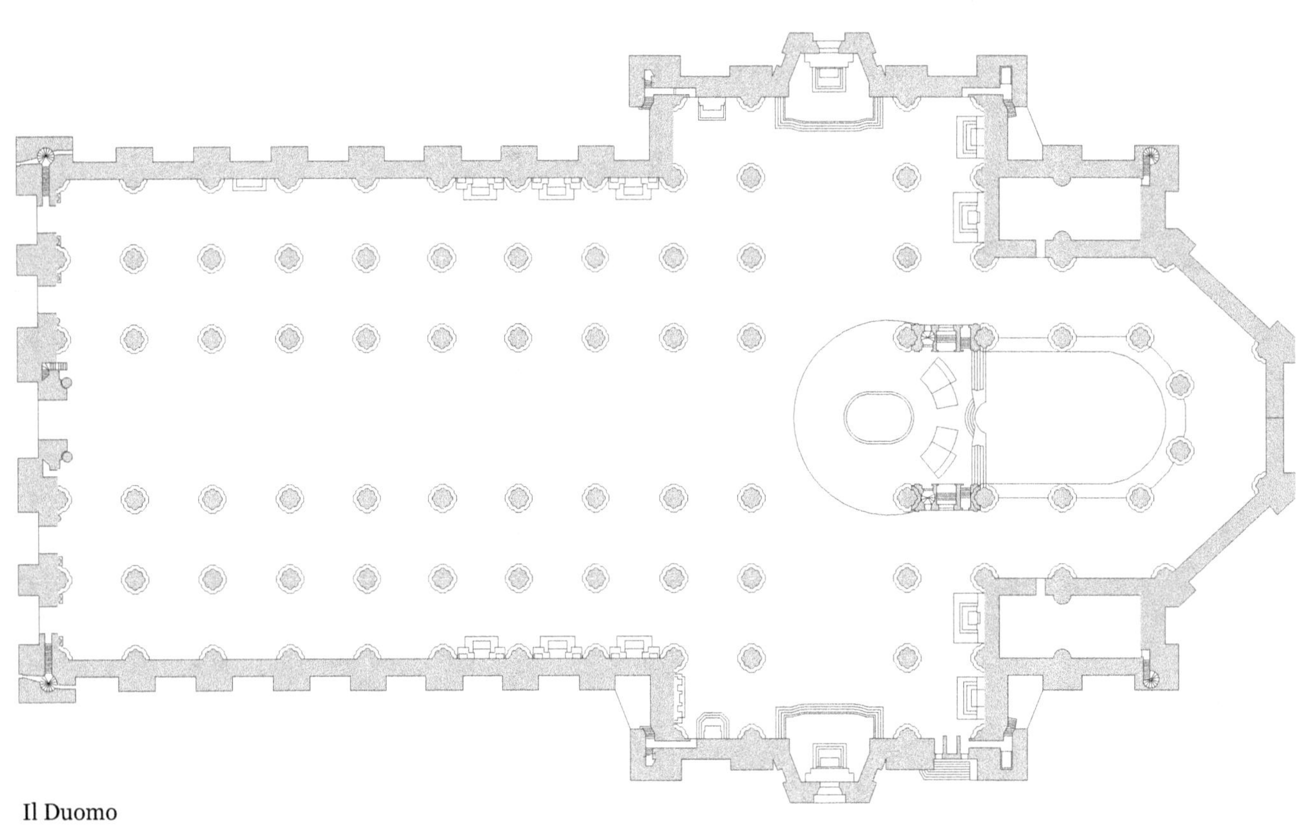

Il Duomo

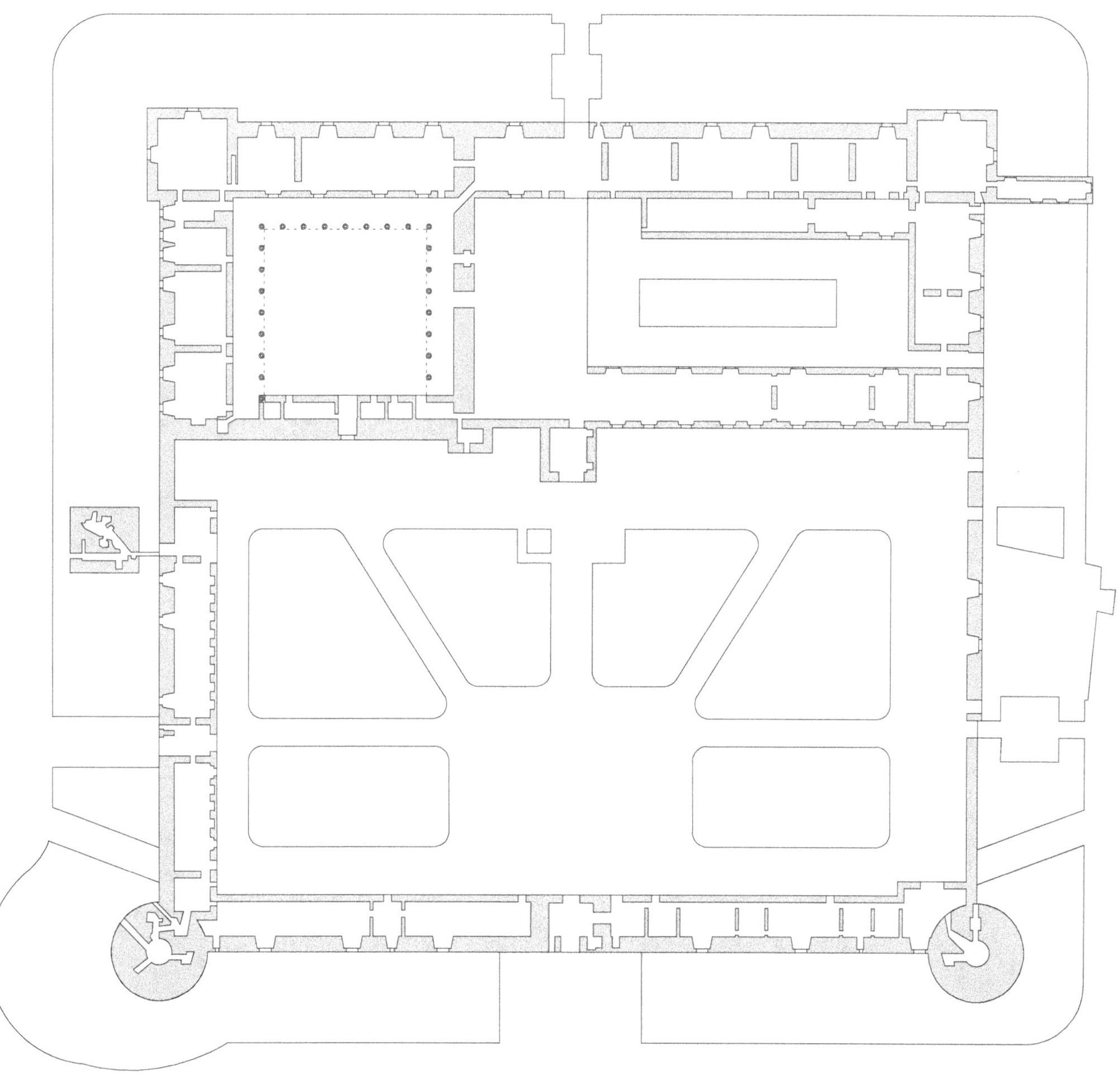

Il Castello Sforzesco

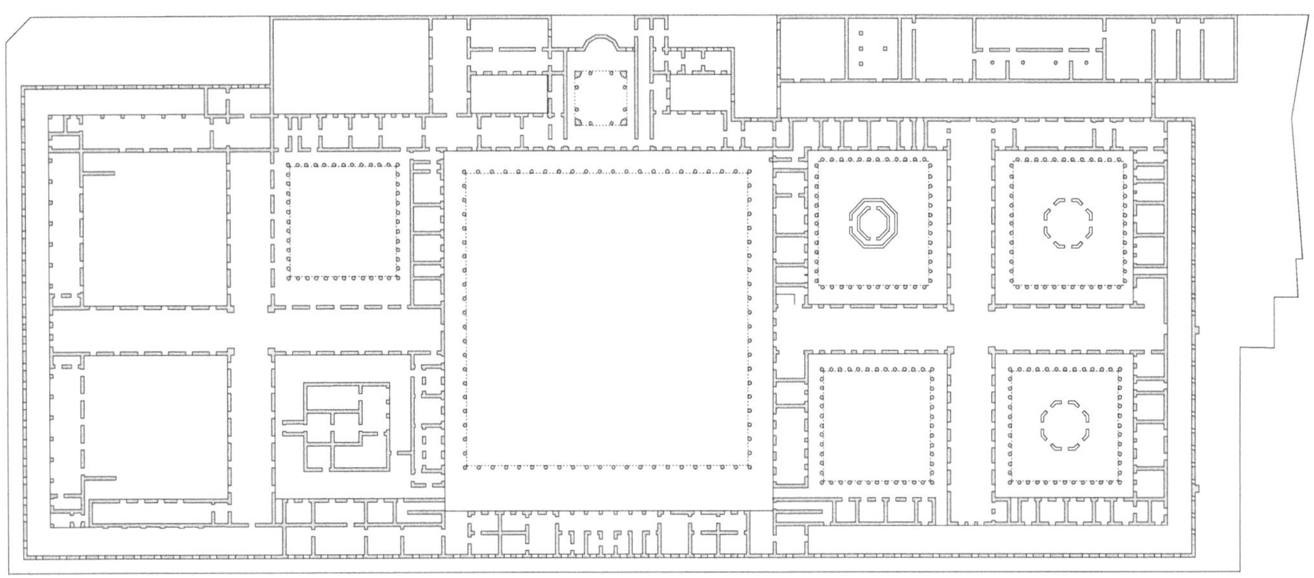

L'Ospedale Maggiore Ca' Granda

Il Lazzaretto

La città

Epoca romana

Le origini di Milano sono lontane. Autorevoli storici ne attribuiscono la fondazione ai Celti, in particolare ad un mitico Belloveso, sulla cui reale esistenza sussistono forti dubbi. Solo nel 222 a.C. i Romani entrano in contatto con il povero villaggio della pianura padana.

D'altro canto, come rileva Alessandro Visconti nella "Storia di Milano", *"la storia dell'Italia superiore comincia ad uscire dalle tenebre con l'apparire dei Romani. Regione lontana e barbara doveva essere questa Transpadania se la si paragonava alle fervide città e alle fiorenti campagne dell'Italia meridionale, dove la Grecia aveva versato i tesori della sua civiltà e la natura non era stata avara dei suoi doni"*.

Pietro Verri nella "Storia di Milano" propende addirittura per una nascita quasi casuale della città osservando che *"le città quasi tutte, e nella Lombardia e nell'Italia, sono collocate alle rive di un lago, alle sponde di un fiume, al lido del mare; e i luoghi muniti e forti si sono piantati anche lontani dall'acqua, ma in siti elevati e di accesso difficile. Milano non ha alcuno di questi vantaggi. Chiunque avesse avuto pensiero di fabbricare una nuova città su di questa pianura, doveva essere invitato a disegnarla poche miglia lontano, alle sponde del Tesino ovvero dell'Adda, oppure anche del Lambro: l'acqua è tanto necessaria agli usi comuni, e la navigazione è tanto opportuna per trasportare ogni genere, che si dovettero scavare artificialmente de' canali secent'anni sono, per rendere comuni anche a Milano questi comodi... Alcune misere capanne di agricoltori probabilmente avranno composta la prima riduzione; la fecondità della terra, la moltiplicazione degli abitanti avranno dato luogo a formarvi un villaggio per domiciliare il contadino vicino al suo campo, e così la fertilità della terra avrà dato motivo di sempre più ampliare la popolazione, che nel corso de' secoli giunse poi a formarne una città"*.

Anche sull'origine del nome si accavallano le più fantasiose ipotesi. La più verosimile la riconduce ad un'espressione celtica che significava luogo di mezzo, latinizzata in Mediolanum.

Nonostante le umili origini, Milano si confermò presto come un importante centro della romanità, prima nel 52 a.C. acquisendo la condizione di municipium, poi nel 15 come capoluogo della XI regione nella riorganizzazione delle province promossa da Augusto. Nel 286 assunse il ruolo di sede imperiale e nel 395, al momento della divisione dell'Impero, di capitale dell'Impero romano d'Occidente, fino al 402, quando capitale divenne Ravenna.

Era ormai diventata, come ricorda Pietro Verri, *"nel quarto, e in parte del quinto secolo, cospicua la città di Milano, e la prima in Occidente dopo Roma"*. A Milano nel 313 Costantino emanò l'editto che concedeva a tutti i cittadini, quindi anche ai cristiani, la libertà di venerare le proprie divinità. Milano fu teatro della violenta lotta contro l'arianesimo, condotta in prima persona dall'inflessibile Ambrogio, funzionario imperiale di nobile famiglia romana divenuto vescovo della città. Uomo di vasta cultura, non solo religiosa, sconfisse la pericolosa eresia, che pure godeva della protezione dell'imperatore Valentiniano II e della potente madre Giustina. Ambrogio lasciò la sua impronta in ogni campo: ne sono testimonianza il rito ambrosiano, tuttora seguito, e gli inni ambrosiani. Rese la città un centro di attrazione non solo religiosa che affascinò il giovane provinciale

Agostino proveniente dalla lontana Numidia. L'incontro determinò una svolta nella vita del tormentato studente, provocandone la definitiva conversione al Cristianesimo e l'abbandono di una vita di dissipazione. Intimidito e affascinato dalla carismatica figura, così lo ricorda nelle "Confessioni", impegnato in una pratica quasi sconosciuta all'epoca, la lettura silenziosa: *"Leggeva scorrendo le pratiche con gli occhi, il cuore intento a penetrare il senso, mentre voce e lingua riposavano. Spesso eravamo presenti (a nessuno era proibito entrare e non c'era l'uso di farsi annunciare) e lo vedevamo leggere in silenzio, mai in altro modo: e restavamo magari seduti a lungo, muti – chi avrebbe osato disturbare una persona così concentrata? – e poi ce ne andavamo, pensando che egli disponeva di quel poco tempo per dare alla mente un po' di riposo e vacanza dallo strepito degli affari altrui".*

Restano poche tracce dei numerosi monumenti che arricchivano la potente città romana. Il Palatium, costruito dall'Imperatore Massimiano, aveva un'estensione di 80.000 metri quadrati. Il Circo, edificato da Massimiano nel letto del torrente Nirone, misurava 470 metri in lunghezza e 85 in larghezza. L'Anfiteatro, situato fuori dalle mura, aveva un'ellissi di 155 metri per 125 ed era il terzo per dimensioni, dopo il Colosseo e l'Anfiteatro di Capua. Fuori dalle mura era stato costruito anche il Mausoleo imperiale, un monumento funerario a base circolare. Il Foro aveva un'estensione di 160 metri in lunghezza e 55 in larghezza. La Via Porticata, larga 9,30 metri, iniziava 600 metri circa prima della Porta Romana e costituiva un monumentale accesso alla città per chi proveniva da sud.
Più tardi furono erette le splendide Basiliche paleocristiane, alcune delle quali adornano ancora oggi le vie cittadine, come la Basilica Martyrum, Sant'Ambrogio, la Basilica Apostolorum, San Nazaro, la Basilica Virginum, San Simpliciano.

Medioevo e Rinascimento

Dopo il trasferimento della corte imperiale a Ravenna la città fu governata dai vescovi, che divennero i principali interlocutori del Regno Longobardo prima e dei Franchi dopo, fino ad assumere con l'istituzione del Sacro Romano Impero quasi lo statuto di una signoria vescovile.
Fra il 1097 e il 1130 si affermò una nuova forma di gestione del potere locale, il Comune, un'associazione volontaria di cittadini destinata a svolgere un ruolo fondamentale nell'Italia settentrionale diventando negli anni '50 del secolo XII la principale antagonista prima dell'imperatore Federico I Barbarossa opponendosi al suo disegno di subordinare le autonomie comunali italiane al controllo dell'Impero, e poi del nipote Federico II. La città fu adornata di nuovi monumenti e chiese, racchiuse in una cerchia muraria più ampia, al cui esterno era stato scavato un fossato, che sarà utilizzato negli anni successivi come via d'acqua, i Navigli.
Nel 1262 con l'elezione ad arcivescovo di Ottone Visconti l'assetto politico della città assunse una nuova fisionomia, attribuendo ad una famiglia di feudatari vasti poteri non solo sulla città ma anche su vaste zone dell'Italia settentrionale.

L'ascesa della città proseguiva inarrestabile fino alla costituzione del Ducato, ottenuto nel 1395 da Gian Galeazzo Visconti per concessione di Venceslao di Lussemburgo.
Così lo ricorda Carlo Cattaneo in "Notizie naturali e civili su la Lombardia": *"Il più grande dei Visconti fu quel Gian*

Galeazzo, che primo si chiamò Duca, ed ebbe l'animo di porre le fondamenta del nuovo Duomo, la più mirabile delle costruzioni cristiane; né pago di ciò, vi aggiunse quell'altra meraviglia della Certosa di Pavia...Galeazzo pervenne a dominare trentadue città, tra cui Genova, Pisa, Siena, Perugia, Assisi, Nocera, Spoleto, Bologna, Parma e Piacenza, la Terraferma Veneta fino a Feltre e Cividale, tutte le pianure del Piemonte; era quasi il regno dei Longobardi, ma pieno di ricchezze e di vita. Infine egli riprese a stringere del tutto la republica fiorentina, occupando con dodici mila cavalli e diciottomila fanti tutti i passi dell'Apennino e dell'Arno. Voleva dopo la vittoria comparire ei medesimo in Firenze, incoronarsi re d'Italia, quando la morte dissipò tutti i sogni di quella grandezza. Più magnanimo che assennato, egli non vide con quali interni vincoli si stabiliscono i regni; e morendo divise il dominio a tre figli minorenni, né lasciò loro altra sicurtà che la fede dei conduttieri. Tosto fu messo in brani lo Stato; i Cavalcabò si fecero signori a Cremona, i Benzoni a Crema, i Rusca a Como, i Sacchi a Bellinzona, i Vignati a Lodi, i Suardi a Bergamo, i Malatesti a Brescia, i Terzi a Reggio e Parma e Piacenza; Facino a Novara e Tortona e Alessandria; Siena tornò libera; il Monferrato ebbe Vercelli; e la vedova di Galeazzo, per amicarsi i Veneti, cedé loro Verona, Vicenza, Feltre, Belluno; e allora cominciò il dominio veneto in terraferma, e un'era novella per quella repubblica".

Spagna, Francia e Austria

Passata alla famiglia Sforza, stretta tra ben più potenti attori nello scacchiere europeo, nel novembre 1535 cadde sotto il dominio spagnolo, che durò fino al settembre 1706. Durante il periodo vicereale l'area urbana, racchiusa entro una nuova cinta muraria, conobbe un ulteriore ampliamento.

Nel corso della guerra di successione spagnola la città fu occupata da Eugenio di Savoia in nome dell'imperatore Giuseppe I e il definitivo passaggio all'Impero asburgico fu confermato nel Trattato di Rastadt del 1714.

Il ciclone napoleonico in pochi anni travolse tutti i confini e scompaginò i delicati equilibri politici del continente, dando una nuova scossa alla città. Il 15 maggio 1796 l'esercito francese, guidato da Napoleone in persona, entrava a Milano, che l'anno dopo veniva nominata capitale della Repubblica Cisalpina, comprendente i territori dell'Italia settentrionale conquistati dalle truppe francesi. Erano anni di rapidi e tumultuosi cambiamenti. Dopo un temporaneo ritorno degli Austriaci, la città fu di nuovo riconquistata dai Francesi e dichiarata capitale della restaurata Repubblica Cisalpina prima, poi Repubblica Italiana ed infine dal 18 marzo 1805 del Regno d'Italia. Anche il neonato Regno ebbe breve vita. Alla fine dell'epopea napoleonica Milano ritornò di nuovo sotto il dominio austriaco per rimanervi fino all'annessione al Piemonte nel 1859 e al Regno d'Italia nel 1861.

Milano italiana

Centro urbano di notevole importanza sotto il profilo economico e industriale, Milano fu sottoposta durante la seconda guerra mondiale a pesanti bombardamenti a partire dal primo raid avvenuto nella notte tra il 15 e il 16 giugno 1940, solo cinque giorni dopo l'entrata in guerra dell'Italia, fino al 20 ottobre 1944, quando per un tragico errore i bombardieri americani invece di colpire la Breda lanciarono 80 tonnellate di bombe sui quartieri periferici di Gorla e Precotto provocando la morte di 614 civili, tra cui 184 bambini della scuola elementare "Francesco Crispi". I sessanta attacchi aerei causarono la morte di circa 2000 persone e la distruzione di un terzo delle costruzioni, lasciando 330.000 persone prive di abitazione. Le bombe non risparmiarono neppure i principali monumenti, dalla Scala a Santa Maria delle Grazie, dal Duomo alla Galleria e la Ca' Granda. Un cartellone appeso nel 1944 davanti alla Stazione Centrale ricordava i nudi numeri: *"Milano distrutta dai Liberatori Anglosassoni. Chiese distrutte 83, Scuole distrutte 144, Ospedali e Istituti Culturali 146, Case distrutte 10770"*.

Salvatore Quasimodo, testimone di quella distruzione, così la descrisse in una sua poesia "Milano, agosto 1943":

Invano cerchi tra la polvere,
povera mano, la città è morta.
E' morta: s'è udito l'ultimo rombo
sul cuore del Naviglio. E l'usignolo
è caduto dall'antenna, alta sul
convento,
dove cantava prima del tramonto.
Non scavate pozzi nei cortili:
i vivi non hanno più sete.
Non toccate i morti, così rossi, così gonfi:
lasciateli nella terra delle loro case:
la città è morta, è morta.

Ma l'indomabile vitalità dei milanesi riprese il sopravvento e in pochi anni la città assunse un nuovo volto, grazie all'instancabile opera di Piero Bottoni. A lui si deve l'idea di concentrare tutta l'enorme quantità di detriti in un luogo, fino a formare nella zona nord-ovest una vera e propria collinetta di 45 metri, che si erge tuttora nel panorama assolutamente piatto della città, la Montagnetta, battezzata con il nome di Monte Stella, in ricordo della moglie, la scultrice polacca Stella Sas Korczynska.

L'area urbana fu liberata dalle macerie ed ebbe inizio l'opera di ricostruzione. Per lo sgombero dei materiali furono utilizzati tutti i mezzi, dai camion militari ceduti dall'esercito americano, ai muli fino all'allestimento di una ferrovia a scartamento ridotto.
Milano era ormai pronta ad assumere un nuovo volto, a svolgere la funzione di traino dell'economia nazionale insieme agli altri due vertici del triangolo industriale, Genova e Torino: aveva inizio l'epoca del boom economico che, insieme alla ricchezza, avrebbe portato nuovi disagi, sconosciuti malesseri, meglio colti dalle sensibili antenne di scrittori, poeti, registi che dal freddo occhio degli scienziati sociali.
Così Giancarlo Majorino ne "La capitale del nord" del 1959 si rivolgeva alla sua città:

O mia città vedo le porte gli archi
che un tempo limitavano il tuo cauto
intrecciarsi di case strade parchi
oggi spezzarti come una frontiera
o come una catena di pontili
congiungere le tue zone più vili
ai box del centro dove grandi banche
rivali o consociate in busta chiusa
dan vita o morte in crediti d'usura
legate col cordone ombelicale
del capitale e in loro trasformate
e quelle in queste ritmica simbiosi
le sedi razionali dell'industria
con l'asino alla mola e i nuovi impianti
la rapida salita – la discesa
più rapida – la sedia dei trent'anni
intorno curve schiene di negozi
la Galleria col tronco fatto a croce
in fondo oltre la Scala la gran piazza
Cavour congestionata la questura
la pietra dell'Angelicum trapassi
violenti e luminosi in via Manzoni
il tufo è ancora base ai grattacieli?

Contro il centro e soltanto qualche raro
sabato sera in blu nei suoi ritrovi

s'addensa l'altra razza la sicura
nemica della pace dei signori
e topi sul formaggio ogni mattina
dalla Nord da Varese dalle strade
fitte di bici e scooter le tribù
compagne di lavoro o traversanti
le piazze con stendardi per San Siro
o incolonnate per dimostrazioni
"da quanto tempo il tavolo rotondo
della terra è quadrato?"
"per quanto tempo ancora notte e giorno
saranno scarpe al piede dei padroni?"

nel mezzo come un uomo tra due fuochi
uno che brucia l'altro che risplende
il ceto medio spirito e materia
all'ombra dei potenti per la pace
per lunga convenienza e religione
contro di loro nella propria essenza
costretto a verità di sottomesso

se fedele dev'essere il poeta
al tempo scriveremo di partenze
frenate di ricorsi in cassazione
di lenze che catturano usignoli
gettati in acqua ritornati pesci
con versi che la biro dell'ufficio
(la marca della ditta l'attraversa)
la vespa delle ferie la ragazza
di tutti e rabbia/amore detteranno.

Lontano dal furore appena trattenuto dei versi di Majorino si colloca Elio Pagliarani. Basta la breve nota premessa dall'autore al poema "La ragazza Carla", apparso l'anno dopo, per coglierne la diversa cifra stilistica: *"Un amico psichiatra mi riferisce di una giovane impiegata tanto poco allenata alle domeniche cittadine che, spesso, il sabato, si prende un sonnifero, opportunamente dosato, che la faccia dormire fino al lunedì. Ha un senso dedicare a quella ragazza questa "Ragazza Carla"?".*
Il poema racconta la vita di una giovane impiegata nella Milano del dopoguerra, il lavoro (*"Carla Dondi fu Ambrogio di anni/diciassette primo impiego stenodattilo/all'ombra del Duomo"*), la famiglia (*"Di là dal ponte della ferrovia/ una traversa di viale Ripamonti/c'è la casa di Carla, di sua madre, e di Angelo e Norina"*), gli amori, prima con il compagno di scuola Piero, poi con il collega Aldo, (*Questo lunedì comincia che si sveglia/presto, che indugia svagata nella piazza/prima di entrare in ufficio, che saluta/a testa alta "Buongiorno" con l'aggiunta/"a tutti", che sorride cercando Aldo con gli occhi/che gli dice "Bella la ragazza e come/attenta ai tuoi discorsi" che incomincia – forse – il lavoro/ fresca"*), la città (*"All'ombra del Duomo, di un fianco del Duomo/i segni colorati dei semafori le polveri idriz elettriche/ mobili sulle facciate del vecchio casermone d'angolo/fra l'infelice corso Vittorio Emanuele e Camposanto,/Santa Radegonda, Odeon bar cinema e teatro/ un casermone sinistrato e cadente che sarà la Rinascente/cento targhe d'ottone come quella/ TRANSOCEAN LIMITED IMPORT EXPORT COMPANY/le nove di mattina al 3 febbraio"*).

Lo sviluppo industriale

Milano, investita da un frenetico processo di industrializzazione a cavallo dei secoli XIX e XX, cambiò radicalmente faccia, divenendo un unico incessante cantiere, come testimoniano i dipinti di Umberto Boccioni e Mario Sironi, attenti osservatori della intensa attività costruttiva, il primo, e degli squallidi e disadorni ambienti urbani, il secondo, tra minacciose ciminiere fumanti e misteriosi camion che attraversano le strade buie e deserte. Non epiche battaglie o scene bibliche, non delicati ritratti o soggetti religiosi, non sereni paesaggi en plein air né inquietanti nature morte, è la città moderna con le sue vitali contraddizioni a fare irruzione nella pittura, come qualche anno prima aveva fatto nella poesia, nei versi di

Charles Baudelaire, che registrava i cambiamenti della sua Parigi, stravolta dai colpi di piccone del Barone Georges Eugène Haussmann, puntuale esecutore dei voleri di Napoleone III. Scriveva nel 1860 nella poesia "Il cigno", qui nella traduzione di Giovanni Raboni:

Parigi cambia! Ma niente, nella mia melanconia,
s'è spostato: palazzi rifatti, impalcature,
case, vecchi sobborghi, tutto m'è allegoria;
pesano come rocce i ricordi che amo.

E qualche anno più tardi, nel 1866, Arrigo Boito nella poesia "Case nuove" aggiungeva:

Zappe, scuri, scarpelli,
arieti, martelli, istrumenti di strage e di ruina,
l'impero è vostro! O tempi irrequieti!
L'umanità cammina
ratta così che par sovra una china.
Sorge ogni giorno qualche casa bianca,
grave di fregi vieti.
Scuri, zappe, arieti,
smantellate, abbattete e gaia e franca
suoni l'ode alla calce e al rettifilo!
Piangan pure i poeti.
La progenie dei lupi e delle scrofe
oggi è sovrana e intanto le pareti
della vecchia cittade hanno un profilo
scomposto e tetro, - simigliante al metro
di questa strofe.
Già gli augelletti fidi
più non trovano i nidi
consueti fra il tetto e la grondaia
e sul sacro mister de' focolari
viene a urtar la mannaia.
Le muraglie diroccano, a migliaia
fuggon l'ombre de' cari
defunti, e in lagni amari
volan gridando
all'onta e al duol dell'esecrato bando!
E la casa s'è fatta invereconda
gli straziati lari
mostrano al sole l'alcova e la fogna
senza pietà di vel che li ripari.
E il cieco brancolante in sulla sponda

della contrada – smarrirà la strada
com'uom che sogna.

Con l'industrializzazione aveva inizio l'epoca dei veloci e imponenti mutamenti delle città che trovava risonanza nelle nostalgiche rievocazioni delle precedenti configurazioni urbane, con un occhio rivolto alle proprie esperienze personali, ma con la ferma convinzione che quello fosse il periodo di maggior splendore della città, caratterizzato da una bellezza assoluta, fuori del tempo e non fortemente condizionata dalla baldanza giovanile del mesto cantore. Quelle stesse viuzze e bottegucce da lui rimpiante erano state a loro volta oggetto di amaro o disgustato rifiuto da parte delle precedenti generazioni. La nostalgia del passato è assai diffusa in ogni epoca storica e si ricollega all'inarrestabile declino della vecchiaia. Con il passare degli anni non riconosciamo più gli ambienti che ci circondano, mutati sotto la spinta di nuove esigenze, e allora ci appaiono brutti e sgraziati.

Si tratta di un sentimento che si nasconde spesso sotto la pur apprezzabile istanza ecologica, con particolare riferimento al paesaggio, come acutamente rileva Marc Augé in "Il tempo senza età. La vecchiaia non esiste": *"C'è da dire che i paesaggi non sono mai del tutto naturali e che i loro cambiamenti sono dovuti all'intervento umano. Se non ritrovate più il paesaggio di cui avete custodito il ricordo è perché voi stessi non vi ritrovate più in esso, vi è diventato estraneo e dunque è una questione di una vostra relazione personale. Tuttavia, se il paesaggio è obiettivamente cambiato – vi si è costruito, si è disboscato, ci passa una strada – significa che c'è stato un intervento umano. Da un certo punto di vista si tratta dunque di una vera e propria intrusione nella vostra intimità personale, motivo che ben spiega la virulenza di certi movimenti di protesta contro i progetti che comportino uno sconvolgimento del paesaggio. Non è tanto questione di ecologia quanto, invece, di una sorta di oltraggio alla vita privata”.*

La Milano passata sarà celebrata da Emilio De Marchi che in “Milanin Milanon” srotolerà la matassa dei suoi ricordi giovanili rievocando *“il Milanino dei nostri tempi, bello, quieto, con le sue strade strette, in biscia, dentro e fuori, che pareva una ragnatela? Ma quella ragnatela ti prendeva dentro il cuore, te lo teneva così stretto che pareva quasi di morire se (Dio me ne guardi!) il destino ti chiamava fuori, un po’ lontano, a Lesmo, a Pergallo, o fors’anche fino... a Barlassina o a Baggio.”* Deve peraltro a malincuore ammettere che *“Questo Milanone sarà bello, non dico. Vi sono piazze, teatri, case, strade, palazzi, botteghe, Istituti che al tempo nostro non c’erano che a Parigi. C’è gente che va, che corre, che tace, che soffia, su e giù dai tram, su e giù dai treni, di giorno, di notte, di modo che non si trova nessuno che faccia il quarto alle carte”.* Ma comunque questa nuova Milano non esercita alcuna attrattiva sui nostalgici della vecchia città e così conclude De Marchi, nella traduzione del figlio Marco De Marchi: *“Ma noi del taccuino vecchio, che abbiamo i nostri morti a San Gregorio, questo progresso che soffia e gonfia, che sconquassa le nostre case e che non lascia riposare, a noi mette una gran malinconia. E torniamo volentieri al Milanino fatto come una ragnatela, alla fiera del 13 marzo, a quelle baldorie, alle ringhiere, a Carolina, che dorme, poverina, al Gentilino, a quelle chiacchiere fatte attorno al focolare, col goccio di vino nella tazzina, col cuore che sentiva un odorino quasi di viole.”*

L’intenso svilupparsi dell’industria provocava inevitabilmente un aumento sensibile della popolazione e il bisogno di nuove abitazioni.

Se nel 1861 Milano aveva 242.869 abitanti e vent’anni dopo 321.839, nel 1901 erano già 491.460 per diventare nel 1921 718.481. *“La grande industria – osserva Alessandro Visconti nella “Storia di Milano” – richiama forti capitali, che si investono nelle società anonime, mentre masse imponenti operaie mutano l’aspetto sociale della città e danno luogo a problemi nuovi non mai prima pensati quando l’operaio milanese aveva un carattere prevalentemente artigiano e le timide industrie, metallurgiche e tessili, del primo Ottocento assorbivano in realtà una mano d’opera assai modesta”.* Era necessario fornire abitazioni non solo alle maestranze operaie richieste dall’industria, ma anche agli appartenenti a numerose categorie indispensabili per il funzionamento della città.

A Milano, annotano scrupolosamente Paul M. Hohenberg e Lynn Hollen Lees in “La città europea dal Medioevo a oggi”, *“alla fine del diciannovesimo secolo, nonostante la grande importanza dell’industria, i suoi addetti erano soltanto la metà circa dei lavoratori; il resto era occupato in molteplici attività, che andavano dal banchiere al mendicante.” “Milano – aggiungono - “durante la seconda metà del diciottesimo secolo divenne la capitale economica dell’Italia: centro finanziario e commerciale da lunga data, oltre che centro proto-industriale produttore di tessili e di oggetti di metallo, essa assunse un ruolo predominante nel processo d’industrializzazione dell’Italia. La combinazione milanese di nuove industrie ad alta intensità di capitale, di collegamenti ferroviari con il Nord, e di gruppi bancari aggressivi consentì alle sue élite di controllare gran parte dello sviluppo economico del nuovo stato. La prima ondata di sviluppo di Milano provocò un’espansione delle industrie all'interno delle antiche mura spagnole: le officine erano disperse disordinatamente all'interno del centro storico, anche se le fabbriche più grandi, gli impianti chimici e le costruzioni meccaniche erano situate fuori dalle mura o presso le porte della città. Solo verso la fine del secolo molti stabilimenti si trasferirono dal centro di Milano in una zona industriale a nord e in una a sud della città, vicino alle due principali stazioni ferroviarie. Gli operai si riversavano in città dalla campagna, ma la domanda di alloggi superava talmente l'offerta cittadina che una percentuale crescente doveva vivere in aree suburbane piuttosto squallide".*

In epoca postunitaria la città, sulla scia delle dottrine liberali inglesi, fu priva di un piano regolatore fino al 1889.

Ma non per questo la vita era meno fervida. Così la descrive Giuseppe de Finetti in "Milano. Costruzione di una città": *"Tuttavia la nuova libertà faceva sì che la città fiorisse per forze prorompenti dal suo intimo e pel concorso di Italiani di ogni regione e di stranieri che qui accorrevano a recar capitali, aprire fondaci, costruire officine e ferrovie e tranvai a vapore, ad erigere la Galleria, a costruire alberghi, a dar vita ad una grande casa editrice che tuttora sussiste. Ecco uno speculatore che fabbrica un gruppo di case nella via Solferino, un altro che traccia la via Cernaia e la San Fermo e la Montebello, un altro che crea una serie di abitazioni a buon mercato nel quartiere della Porta Garibaldi, mentre una banca acquista e frammenta l'area del Lazzaretto ed un'altra si pone alla lottizzazione di mezzo milione di metri quadrati al Carrobio, creando dal nulla il quartiere della Porta Genova. Negli stessi anni officine di varia natura vengono sorgendo lungo la cintura ferroviaria, ammassandosi presso agli scali, fissandosi in nuclei delimitati in fretta, nella ricerca di uno sfruttamento immediato ed intenso degli spazi".*

Nel 1889, dopo cinque anni di lavoro, vede finalmente la luce il primo piano regolatore della città ad opera di Cesare Beruto, sul quale de Finetti, pur riconoscendo le qualità di onestà e probità dell'autore, non esprime un giudizio positivo: *"La nuova struttura, che si aggrega al nocciolo antico "come una gigantesca cristallizzazione", non ha indole aperta verso le direttrici di sviluppo fondamentali, non è orientata secondo gli assi dell'espansione naturale, ma è avvolta su se stessa e si ricollega all'indole della città militare del passato, delimitata dal vallo. Il termine medesimo di circonvallazione lo dice chiaramente. Il Beruto non ha inventata una forma urbana moderna, ma ha ripreso in nuova misura la forma del passato, eleggendo dei margini giustificati solo da una tendenza mimetica, da un ingenuo estetismo".*

L'impostazione di Beruto rimarrà sostanzialmente immutata con il nuovo piano regolatore di Angelo Pavia e Giovanni Masera del 1909, adottato dal Comune l'anno successivo e ratificato dal Governo nel 1912. Era conservata la trama a ragnatela ed era previsto uno sviluppo di una fascia che riempiva tutto lo spazio tra la circonvallazione esterna e la nuova cintura ferroviaria.

Non si pensi però ad una città dalla cupa atmosfera industriale. In quegli anni la vita artistica e culturale era molto vivace. *"Milano* – si legge in "La cultura degli europei dal 1800 a oggi" di Donald Sassoon – *la città che più somigliava a una capitale culturale, aveva quindici teatri, tra cui quattro teatri dell'opera (come Parigi, che aveva sei volte la sua popolazione); gli altri erano destinati alla rappresentazione di spettacoli in prosa, vaudeville, spettacoli di marionette e di varietà, tra cui quelli equestri, con quasi diciannovemila posti a disposizione. Aveva anche un teatro all'aperto, l'Arena, con trentamila posti".*

Milano nello sguardo di viaggiatori e scrittori

Punto di riferimento ineludibile della nostra penisola, non v'è scrittore, saggista o viaggiatore che non vi abbia trascorso qualche tempo e non abbia fornito una propria personale lettura di Milano.
A Michel de Montaigne, che la visita nel corso del suo viaggio in Italia tra il 1580 e il 1581, appare come *"la città più popolata d'Italia, grande e piena d'ogni sorta d'artigiani e di mercanzia: non dissimiglia troppo da Parigi, et ha molto la vista di città francese. Le mancano i palazzi di Roma, Napoli, Genoa, Firenze: ma di grandezza le vince tutte, e di calca di gente arriva a Venezia".*

Montesquieu durante il suo viaggio effettuato nel 1728 rimane colpito da aspetti più concreti, che caratterizzeranno sempre la città, senza nascondere i suoi sentimenti antispagnoli e antiaustriaci e i suoi pregiudizi antimeridionali: *"Le terre del Milanese sono abbastanza ben coltivate per un paese appartenuto alla Spagna. Non così nel Regno di Napoli: la gente di Calabria ha un mantello, con cui se ne sta tutto il giorno in piazza, avendo di che vivere di due soldi al giorno... Ho sentito dire che il Milanese, dopo la cessione, conta ancora 800.000 anime. La Lombardia è molto più popolata del resto d'Italia. I Tedeschi mandano in rovina questo paese: sono odiati più di quanto si possa dire; non fanno nessuna spesa; non portano proprio nulla, come invece fanno i Francesi, ma portano via, continuamente".*

Anche il curioso magistrato e filosofo Charles de Brosses ce ne rende nel suo "Viaggio in Italia", svoltosi tra il 1739 e il 1740, un'immagine assai concreta: *"La città non è inferiore in grandezza alla maggiore delle due parti di Parigi. Le vie sono larghe e le case per lo più di cattiva architettura. Non ho visto né chiese né palazzi di uno stile che mi abbia pienamente soddisfatto. La città ha una grande attività commerciale, benché non abbia un fiume. Vi si fabbricano, tra l'altro, oggetti in pietre orientali e in cristallo di rocca. Ne ho veduti di più grandi della vostra testa; ma non ce n'è uno che sia senza difetti e screpolature".*

Di parere diametralmente opposto, seppur con qualche piccola riserva, è naturalmente Stendhal, il più entusiastico ammiratore di Milano, dove visse a lungo. Così si legge nelle prime pagine di "Roma, Napoli e Firenze nel 1817": *"Milano è la città d'Europa che vanta le strade più belle e i più bei cortili. Le colonne di granito sono da quattro a cinquemila. La popolazione unisce due virtù che non ho mai trovato allo stesso grado insieme: la sagacia e la bontà. Quando discute, è l'opposto degli inglesi, concisa come Tacito: la metà del senso della frase è nel gesto e nell'occhio. Ma che non si metta a scrivere, perché allora si picca di toscaneggiare ed è più prolissa di Cicerone".*

Théophile Gautier visita Milano nel 1850, apprezzandone la vitalità e cogliendone un curioso aspetto, una certa somiglianza con la Spagna, che aveva peraltro da tempo lasciato la Lombardia: *"Appena ci inoltriamo nelle vie, si sente dall'altezza degli edifici, dal movimento della popolazione, dalla pulizia e dal benessere generale, che ci troviamo in una capitale viva, cosa rara in Italia, in cui sono tante città morte: numerose sono le carrozze che girano con rapidità sulle strisce lastricate, simili a binari di pietra incastrati nel selciato fatto di soli sassi. Le case sembrano gli alberghi, gli alberghi palazzi e i palazzi templi: tutto è grande, regolare, maestoso, persino un po' enfatico: si vedono soltanto colonne, architravi e balconi di granito. E' qualcosa fra Madrid e Versailles, con una nitidezza sconosciuta a Madrid; la somiglianza con la Spagna, di cui abbiamo già parlato, ci colpisce a ogni passo e non possiamo fare a meno di ripeterlo, perché nessuno, che noi sappiamo, l'ha ancora notato; alle finestre sono appese grandi tende a righe bianche e gialle; i negozi hanno tendine dello stesso colore che ci fanno pensare ai tendidos. Le donne della classe media o che non vestono abiti da cerimonia portano il mezzaro, una specie di velo nero che potrebbe essere scambiato per una mantiglia, tanto vi assomiglia; l'illusione sarebbe quasi perfetta, se non venisse cancellata dagli austriaci".*

Il filosofo Hippolyte Taine, che visita Milano nel 1864, ne dà un ampio resoconto: *"Ci si sente in un paese ricco e allegro. La città è grande, pure lussuosa, con porte monumentali e larghe strade costeggiate di palazzi, piene di vetture, animata, senza essere febbrile come Londra o Parigi. Si trova in una ricca pianura irrigua, agiatamente approvvigionata da una campagna così ben coltivata, così grassamente fertile. Gli edifici sono ameni come i dintorni. Alla stazione ferroviaria, tra modanature e decori, si vede un'azzurra calotta dove galleggiano le nuvole".*

Un acuto osservatore come Henry James in "Ore italiane", pubblicato nel 1909, scrive: *"Milano ci parla di uno spessore di vita vissuta cui Torino è totalmente estranea, ma in generale nel suo aspetto si attarda ancora un certo riserbo nordico che la rende forse l'ultima delle città prosaiche, piuttosto che la prima delle poetiche. La lunga dominazione austriaca è probabilmente la causa di una certa germanizzazione del suo aspetto, sebbene si tratti in questo caso di una spiegazione irrilevante qualora si ricordi come, parlando dal punto di vista del temperamento, a Venezia l'Italia si conservi assolutamente intatta. Ad ogni modo Milano, se non stimola impulsi di carattere estetico, apre tuttavia in modo abbastanza sincero il fitto volume della sua storia passata".*

Entusiasta ammiratrice di Milano è Edith Warton che in "Paesaggi italiani", raccolta di saggi sul nostro paese pubblicata nel 1905, osserva: *"E' difficile dire se la classica frase del classico turista: "A Milano c'è poco da vedere" contribuisca maggiormente a mettere in ridicolo chi la pronuncia o a esaltare la gloria dell'Italia. Che un simile giudizio possa essere espresso, persino dal meno istruito dei viaggiatori, implica un tale profluvio di impressioni quale nessun altro paese è in grado di procurare. Infatti, neppure a un'occhiata veloce Milano può sembrare poco interessante. Tant'è che se confrontata con altre città italiane, Milano si trova in svantaggio solo nel caso di una valutazione superficiale, perché è ricca di tutti quegli elementi di quell'arte indigena che si contrappongono agli pseudo-goticismi, alle guglie e ai pinnacoli d'oltralpe, che invece Ruskin insegnò a una remissiva generazione di critici d'arte a considerare come tipica espressione dello spirito italiano."*

Anche lo scrittore ceco Karel Čapek coglie il carattere quasi nordeuropeo di Milano, tessendone con tono ironico le lodi, come si legge in "Fogli italiani", resoconto di un viaggio in Italia nel 1923, e mettendo nello stesso tempo in risalto modi di vita italiani, particolarmente diffusi nell'Italia meridionale, evidentemente poco apprezzati: *"Milano, la più popolosa tra le regine italiane, in un certo senso, si sforza di essere una piccola Londra. Perciò vi sono tante vetture di piazza, auto, maledette biciclette, rumori, banche, venditori porta a porta, tram, gabinetti di marmo, reclame luminose, persone e traffico e vigili con l'elmo nero, che sembrano becchini, e negozi, clacson, fretta e tutto il possibile; la popolazione è empia, non santifica le feste e non si cura nemmeno delle altre tradizioni, come la lazzaroneria, l'accattonaggio e il pittoresco, non dorme sui marciapiedi, né appende per strada la biancheria sporca, non bastona le bestie, non cuce le scarpe in mezzo alla strada, non canta le barcarole, in breve, non fa nulla di pittoresco; ma diamine, qui si respira meglio, sebbene non sia la stessa aria di un glorioso passato".*

Non mancano acuti ritratti di nostri scrittori. Corrado Alvaro in "Itinerario italiano" del 1933 coglie un particolare aspetto: *"Milano conserva in grado eminente alcune qualità che paiono fuggite alle società moderne, e sono la semplicità, la naturalezza, la credulità, la fedeltà".*

Alberto Savinio, che vi abitò per lunghi periodi, in un libro dedicato interamente a Milano, "Ascolto il tuo cuore, città", pubblicato nel 1944, non esita a definirla *"la più romantica delle città italiane"*, aggiungendo *"La nettezza delle sue linee architettoniche, la limpidezza del suo cielo sono come un metafisico ritratto di questa città dotta e meditativa".*

A Guido Piovene, nell'ampio contributo dedicato a Milano in "Viaggio in Italia" del 1957, non sfugge il carattere dinamico della città, elemento trainante dell'intero paese, ma vuole anche metterne in luce la bellezza, dichiarando subito senza esitazione *"Bellissima Lombardia, e bella Milano. Bisogna liquidare il luogo comune che questa regione e questa città siano inferiori di bellezza al resto dell'Italia...Milano è bella. Chi la percorre con amore, vede come persistono nonostante le offese i suoi motivi antichi".* E non si trattiene dal dichiarare *"Andare per chiese mi piace più a Milano che a Roma; mi piace il piccolo barocco lombardo più dei barocchi illustri".*

Dino Buzzati instaurò con la città un singolare legame fatto di attrazione e repulsione. Nell'ultimo suo romanzo "Un amore", pubblicato nel 1963, la identifica con Laide, la spregiudicata giovane prostituta di cui si innamora perdutamente l'austero protagonista, scapolo professionista di buona famiglia. Sin dai primi contatti ne percepisce le affinità: *"In lei, Laide, viveva meravigliosamente la città, dura, decisa, presuntuosa, sfacciata, orgogliosa, insolente. Nella degradazione degli animi e delle cose, fra suoni e luci equivoci, all'ombra tetra dei condomini, fra le muraglie di cemento e di gesso, nella frenetica desolazione, una specie di fiore."* Ed ancora in occasione di uno dei numerosi tentativi di interruzione del rapporto *"...la nera Milano antica e tenebrosa sta per riprenderla e inghiottirla, lei sparirà nel labirinto, per un istante il suo sorriso di piccola teppista balenerà specchiato nella porta a vetri, poi nella convulsa folla che si preme nell'andito il profilo della sua nuca sparirà in un lontano frastuono di rock, fra lui e Laide si farà una distanza sterminata pianure mari e montagne di mezzo, e il sipario di silenzio e di buio".*

Ma lo stesso Buzzati riconosce che, nonostante i difetti, le brutture, le oscurità è impossibile non amarla, impossibile abbandonarla:

*"Pure fra queste desolate mura
si è verificata la vita mia.
Brutta fumigosa presuntuosa cafona
meravigliosa, come negarlo?
Smog smog smog, però
vita, coi suoi fetidi detriti, però vita
voglia impeto acre fanfara
che ogni mattina ruggisce
fra le vetrate metalmeccaniche,
in via Garofalo una "Pantera"
contro un autopulman si schiantò.
Nei sozzi cavedi da impiccagioni
sui terrapieni della Gambaloita
formicolanti di folli barboni
ma come non avete capito
che proprio per questo a Milano i bambini
se giocano meglio, se gli aquiloni
si innalzano si innalzano meglio, se alla sera si è
stanchi*

*si è stanchi meglio. Ma mai
sarà debolezza forse,
la tentazione di lasciarla.
Anche un ragazzo diciannovenne
fra i protettori rastrellati.
Ci siamo intesi? La sera mi morse
diciannove e quindici a metà circa di via
Michelangelo Buonarroti. Era qui
che lei se ne andò era maggio era giugno
dannazione della vita mia
comprò in un negozio un foulard
per ripararsi dalla pioggia
dice la tintoria mi aspetta
io credetti, mandai alla malora
la giornata la cosiddetta dignità."*

Luca Doninelli avverte un'oscura relazione tra Milano, il suo Duomo e la morte. Scrive in "Cattedrali": *"Milano vive un rapporto tutto suo con la morte. E il Duomo è il sensale, il mediatore di questo rapporto, e compra la Grazia di Dio come fosse una coppia di buoi. Milano ha anche un cielo tutto suo: pallido, basso, torbido, acquoso, dall'orizzonte stretto, fatto per specchiarsi non dentro il mare ma dentro una roggia o un canale. E il Duomo è l'antenna, il catalizzatore del rapporto tra questa città e il suo cielo, qui inteso indifferentemente come lo spazio in cui volano aerei, preghiere, bestemmie e anime dei defunti".*

L'urbanista Marco Romano invece, sottoponendola ad una serrata analisi estetica in "Le belle città", non riesce proprio a darne una valutazione positiva, pur ravvisando uno stile nel particolare rapporto tra i temi collettivi e la massa dell'incasato: *"Quale altra grande città europea – tra quelle con un milione e mezzo di abitanti – ha cattedrale, piazza principale, palazzo comunale, teatro lirico, musei, università, ospedale, Borsa, castello, giardino pubblico, tutti a un tiro di schioppo nel proprio centro?"* E le riconosce in conclusione una sua grazia, che *"sta proprio nella sua pacata misura, nel suo offrirsi da un lato nello spazio racchiuso del suo centro (lasciando ad altri – a Parigi, a Napoli – il gusto dirompente delle prospettive illimitate, e lasciando anche – a Nancy, a Palermo, a Roma – quello dei contrappunti, delle croci di strade sovrapposte nel tempo su scale diverse), ma dall'altro a condurre chi lo voglia nelle sequenze della città disegnata nell'Ottocento, con il suo succedersi di boulevard, di passeggiate, di square, che sembrano allargarne l'intimità proprio come nell'ampliarsi delle grandi orchestre in quegli stessi decenni".*

Così l'ha vista un filosofo, Flavio Cuniberto, in un "Viaggio in Italia" del 2020, sulle orme dei viaggiatori del Grand Tour: *"C'è, nella città, un fluire armonico, quasi una naturale eleganza, perfino nella folla enorme della metro nelle ore di punta, nel ritmo incalzante eppure non frenetico dei treni (direzione Assago, direzione Gessate, direzione Assago, direzione Gessate). Infinita varietà di tipi umani in un quadro complessivo di compostezza viva, non flemmatica, vivace-italiana eppure non mediterranea. La città ha la vocazione di armonizzare: non respinge si può dire nessuno, accoglie e assorbe, imponendo con mano lieve il suo ritmo cattolico-nordico, tagliato di serietà calvinista e di ordine ex asburgico, ma su un registro misuratamente godereccio. E come armonizza i tipi umani, così armonizza – è forse il suo tratto più vistoso – le architetture e le forme. Il formidabile eclettismo edilizio può apparire caotico in confronto ai noiosi e uniformi rettilinei sabaudi, ma è come lo spumeggiare alla fine armonico, unitario, di un'infinita varietà di forme, dove il liberty convive col portone ancora di legno rustico in corso Como, i giardini terrazzati dei palazzi borghesi convivono col palazzo per uffici vagamente razionalista, le oasi romantiche – San Marco, San Simpliciano, Santo Sepolcro, Sant'Ambrogio – convivono con gli inserti moderni e modernissimi".*

Ma forse a coglierne la più intima natura fu Giovanni Verga, che vi abitò a lungo, definendola *"la città più città d'Italia"* in un suo contributo "I dintorni di Milano", inserito nel volume "Milano 1881", pubblicato in occasione dell'Esposizione Nazionale industriale.

Milano, pur tra alti e bassi, si è comunque sempre distinta per la sua vivacità, vuoi per la favorevole posizione geografica, al centro di una pianura fertile, delimitata a sud dal Po, protetta ad est e nord da una catena montuosa che le regalava un microclima favorevole, consentendole nello stesso tempo facilità di contatti a nord attraverso i passi alpini, vuoi per la laboriosità degli abitanti, dediti ad ogni tipo di attività e di commerci.

Non va dimenticato in proposito che, come osserva Stéphane Bauzon in "Genius loci e migrazione", *"un approccio immanente piuttosto diffuso tuttora, attribuisce alla geografia di un luogo una propensione a formare i caratteri di chi vi risiede; l'insularità o l'isolamento* *della montagna sono due esempi facilmente comprensibili per spiegare la chiusura delle relazioni sociali mentre, al contrario, coloro che abitano vicino a un fiume o a una pianura sarebbero favorevoli agli scambi".*

Anche se nel sonetto CLXV Vittorio Alfieri, per fustigare l'Italia, "smembrata tutta, e d'indole diversa; sol concordando appieno in non far niente", attribuisce ai Milanesi una propensione alla buona tavola. Così .nelle prime due strofe distribuisce il suo sdegnato giudizio:

> *Ai Fiorentini il pregio del bel dire;*
> *Ai Romaneschi quel di male oprare;*
> *Napoletani mastri in schiamazzare;*
> *E i Genovesi di fame patire.*
> *I Torinesi ai vizi altrui scoprire.*
> *I Veneziani han gusto a lasciar fare;*
> *I buoni Milanesi a banchettare*
> *Loro ospiti i Lucchesi a infastidire.*

Il marcato interesse dei Milanesi per il cibo non era sfuggito neppure a Carlo Goldoni che così ricorda nelle "Memorie" un soggiorno a Milano nel 1735: " *A Milano non si combinano passeggiate o altre distrazioni qualsiasi senza che si tratti di mangiare; agli spettacoli, alle riunioni di giuoco o a quelle di famiglia, siano di cerimonia o di complimento, alle corse, alle processioni e persino alle conferenze spirituali, si mangia. Perciò i fiorentini, per lo più sobri ed economi, chiamano i milanesi i lupi lombardi".*

Neanche il mondo musicale si è sottratto al fascino di Milano a cui nel 1907 Lorenzo Perosi dedicò una delle sue suites ispirate alle città, la numero 6.

Ma anche gli autori di musica leggera le hanno reso omaggio. Basta ricordare, oltre a "O mia bela Madunina" di Giovanni D'Anzi, quasi un inno alla città, le canzoni dei milanesi di seconda generazione Adriano Celentano, Giorgio

Gaber e Enzo Jannacci, l'ammirato ritratto di Lucio Dalla nel brano "Milano" contenuto nell'album "12.000 lune" del 2006.

Pur essendo priva, così grigia e piatta, di particolari elementi di iconicità, diversamente da Roma, Napoli o Venezia, Milano occupa tuttavia, con diverse sembianze, un suo spazio cinematografico, dove trovano posto i poveri senza speranza di "Miracolo a Milano" di Vittorio De Sica, e i gelidi personaggi privi di sentimenti de "La notte" di Michelangelo Antonioni, i piccoli criminali de "Il tempo dei gitani" di Emir Kusturica, e gli immigrati meridionali di "Rocco e i suoi fratelli" di Luchino Visconti, i disillusi amici de "La rimpatriata" di Damiano Damiani e gli instancabili lavoratori di "Milano 83" di Ermanno Olmi, fino ai truci protagonisti dei film polizieschi e poliziotteschi degli anni '70 di Fernando Di Leo, Duccio Tessari, Umberto Lenzi, Sergio Martino e Mario Caiano,

Certamente più significativa è la sua presenza nelle opere letterarie, formando lo scenario di innumerevoli vicende letterarie, come nei romanzi di Luigi Santucci e Dino Buzzati, Giovanni Testori e Carlo Emilio Gadda, Annamaria Ortese, Fausta Cialente e Luciano Bianciardi. Nell'ultimo romanzo di Domenico Starnone, "Vita mortale e immortale della bambina di Milano", è proprio la città dove è nata a dare un'aura quasi magica alla bambina. L'ingenuo ragazzo napoletano, completamente rapito, la vede danzare incurante del pericolo lungo la striscia stretta del davanzale.

In anni recenti Milano è diventata una delle città preferite dagli scrittori di romanzi gialli per ambientarvi le loro intricate storie. Seguendo le orme di Augusto De Angelis e Giorgio Scerbanenco, sotto la guida della decana Elda Lanza, che esordì nella narrativa poliziesca all'età di 88 anni con "Niente lacrime per la Signorina Olga", sono apparsi in libreria numerosi romanzi, tra cui quelli di Hans Tuzzi, Francesco Recami, Piero Colaprico, Andrea Pinketts, Sandrone Dazieri, Giuseppe Genna, Gianni Biondillo e Luca Crovi.

La casa

I nostri lontani progenitori, abbandonati i rifugi arborei, che li mettevano al sicuro da aggressioni di altre specie ma non da rovinose cadute, si preoccuparono di predisporre un ambiente che li ponesse al riparo da fenomeni naturali, caldo, freddo, pioggia, neve, e da minacce esterne.

Offrirono una prima soddisfacente soluzione le cavità naturali, grotte e caverne, dove i nostri antenati si trattenevano volentieri, adornandone le pareti di stupefacenti incisioni, ritrovate intatte in numerosi siti. Erano probabilmente locali confortevoli e persino esteticamente curati, come dimostrano le incisioni rupestri di Lascaux e Altamira. *"La grotta* – osserva Gwen Rigal in "Il tempo sacro delle caverne" - *è un luogo molto particolare. E' buia, fredda, umida, il silenzio sepolcrale è interrotto solo dal ruscellamento, dal gocciolio, dal rumore dei passi e dal respiro dei visitatori. Il chiarore delle torce tiene a bada le tenebre e insieme le anima, proiettando ombre che paiono danzare sui rilievi delle pareti. Gli uomini preistorici spesso visitavano la totalità dei reticoli sotterranei. Accadeva così che dipingessero in alto, su luoghi scoscesi, o in profondità, all'interno di pozzi naturali, dimostrando in questo modo il loro desiderio di non trascurare nessuna parte delle cavità durante le loro esplorazioni".*

Grahame Clark e Stuart Piggott in

"Le società preistoriche" provano a delineare un suggestivo ritratto di questi antesignani dei nostri artisti: *"Gli artefici dell'arte rupestre erano uomini soggetti a tutte le tensioni di una vita basata sulla caccia, ma sembra evidente che non occupavano il loro tempo libero nella ricerca di nuove tecniche di approvvigionamento del cibo. I temi di quest'arte non lasciano dubbi sul fatto che essa fosse profondamente legata ai desideri e alle speranze dei cacciatori; e il suo carattere essenzialmente maschile è sottolineato dalle scarse rappresentazioni di forme vegetali. La predilezione per le superfici rocciose, in particolare quelle lontane dalla luce del giorno e talvolta difficili da raggiungere, doveva essere sicuramente connessa con la suggestione esercitata dalle grotte stesse. Lo si può intuire dalla scelta delle protuberanze, formazioni stalagmitiche e persino le fessure causate dallo sgocciolio sulle pareti, per raffigurare animali: sotto la luce incerta di una fiaccola primitiva queste irregolarità naturali dovevano apparire forme misteriose."*

Oltre che nelle cavità naturali il nostro antenato trovò una protezione altrettanto naturale nella vegetazione, tanto che l'abate Marc-Antoine Laugier pose sul frontespizio dell'edizione del 1775 del suo "Essai sur l'Architecture" un'incisione di Charles Eisen, come ricorda Marco Biraghi nella "Storia dell'architettura contemporanea", che raffigura una sorta di capanna primitiva: quattro alberi privi dei rami più bassi, quattro rami orizzontali a fare da trabeazione e un certo numero di rami obliqui a formare le falde inclinate del tetto. Leggermente sopraelevato o addirittura appoggiato su palafitte, per secoli questo modello costruttivo, diffuso principalmente nei piccoli centri rurali, non subirà sostanziali modifiche pur utilizzando materiali diversi, quando la pietra o il mattone si affiancheranno al legno, mentre le popolazioni nomadi utilizzeranno le tende, come il tepee dei nativi americani o la yurta mongola.

Carleton Coon in "Storia dell'uomo" così descrive una tipica casa neolitica: *"Le case di questi villaggi non erano costruite di tronchi e di tavole, ma di un'armatura di pali, con pareti fatte di graticci di verghe e rami. Per innalzare le pareti si applica semplicemente la tecnica di lavorazione dei vimini alla costruzione delle case. Si rizza una serie di pali, spessi da tre a cinque centimetri, lungo la linea della parete, piantandone una estremità nel terreno e legando l'altra all'armatura della casa. Poi si prendono delle verghe più sottili di un legno flessibile come il salice, tagliate ancora verdi in primavera, e si fanno passare orizzontalmente fra i pali in modo da avere una specie di graticcio di vimini. Quando tutte le pareti sono finite, si cospargono di argilla all'interno e all'esterno e il perimetro della casa è fatto. Anche l'intelaiatura del tetto si fa di verghe e salici e poi si copre con fastelli di paglia ricavata dal raccolto del grano".*
Ma le diverse soluzioni abitative non caratterizzano epoche distinte della storia dell'umanità, come rileva Grahame Clark in "Europa preistorica": *"Le formazioni geologiche, principalmente quelle calcaree, in cui si trovano caverne naturali sono rare; inoltre, sebbene non ne rimangano testimonianze per i tempi preistorici più remoti, in base alle elaborate strutture edificate da animali assolutamente inferiori, possiamo dedurre che gli uomini più primitivi erano in grado di costruirsi strutture artificiali. D'altra parte, in certe condizioni, caverne e rifugi nella roccia sono rimasti in uso in Europa fino ai tempi moderni".*

Preziose testimonianze ne rimangono *a Matera*, abitata dal Paleolitico Superiore fino ai giorni nostri, a Zungri, in Calabria, risalente probabilmente all'epoca della dominazione bizantina, e, fuori Europa, a Matmata, in Tunisia, a Dongolo in Eritrea, a Petra in Giordania, nelle chiese rupestri della Cappadocia.

Gli archetipi dell'architettura, come sottolinea Franco Purini nel "Discorso sull'architettura" sono dunque tre, la capanna, la grotta e la tenda, ma è la capanna a prevalere: *"La capanna primitiva è la costruzione che ha avuto un ruolo fondamentale, è stata il luogo concettuale determinante di una teoria dell'architettura. Tale archetipo è centrale perché contrasta la foresta, di cui è un antipolo logico, nel momento stesso in cui è realizzata con elementi prelevati da essa, come i tronchi, i rami, gli arbusti, da utilizzare per realizzare stuoie, le foglie con le quali coprirla. La capanna primitiva sarà poi idealmente parafrasata nella traduzione in marmo, come è accaduto nell'architettura greca, i cui templi ricordano il passato del costruire con il legno, trasformandolo in una sorgente infinita di forme sublimi".*

Il prototipo delle nostre abitazioni va ricercato nel megaron greco, sala del trono o dei banchetti negli antichi palazzi micenei *"ma anche –* come sottolinea Nino Alfano in "Breve storia della casa" *– un luogo domestico, formato da uno spazio unico, adibito a vari usi, privo di aperture all'infuori della porta che lo metteva in comunicazione con l'esterno: la strada o il cortile, spazi all'aperto dove si svolgevano varie attività. Piccoli ambiti per riposare o per vari usi erano creati in fondo all'ambiente, lateralmente spesso si trovava il posto destinato al ricovero degli animali. Questo tipo di casa che si basa sull'unicellularità dell'abitazione resta il modo più comune*

di abitare e permane fino ad oggi; il monovano e l'ampio ambiente di soggiorno delle case contemporanee, concepiti come spazi pluriuso che accentrano la vita domestica, riflettono ancora quel principio abitativo che era proprio del megaron".

Aggiunge Alain Collomp in "Abitazioni e coabitazioni" in "La vita privata dal Rinascimento all'Illuminismo": *"Studi archeologici condotti in Sicilia nel villaggio di Brucato, in provincia di Palermo, hanno rivelato il persistere, dal XIV al XIX secolo, dell'habitat a stanza unica per le famiglie povere dei salariati agricoli o braccianti; e tale è l'alloggio della grande maggioranza degli abitanti dei villaggi siciliani".*

L'ambiente interno, claustrofobico e inospitale, accoglieva indistintamente uomini e animali domestici stretti intorno al camino, alla cui fiamma ci si scaldava e si cuoceva il misero cibo. La vita si svolgeva prevalentemente all'esterno, le giornate parevano interminabili tra le numerose ore di lavoro agricolo e le altrettanto numerose ore di viaggio per coprire il tragitto dalla casa al campo e ritorno.

Fuori degli abitati si ergevano grosse costruzioni con locali diversificati destinati alla famiglia del padrone, ai lavoranti, fissi e occasionali, agli animali, agli attrezzi, alle provviste alimentari, ai frutti del raccolto: cascina o cascinale nelle regioni settentrionali, masseria in quelle meridionali, casale nella campagna romana fino alla versione fortificata del baglio in Sicilia. Particolarmente diffusa nelle vaste estensioni della pianura padana, così, a titolo di esempio, la descrive Luciano Caniato in "Rovigo, una città inconclusa", riportato in Mario Cavriani "La casa rurale nel Polesine": *"Si tratta di case sorte sul margine tortuoso di interni viottoli, ma più spesso seppellite dalle alte arginature dei nostri fiumi, dei nostri scoli, formate da quattro pareti costruite raramente dalla nostra pietra comune e quasi sempre di terra conformata a mattoni e disseccata ai raggi del sole. L'interno del casolare non di rado è composto di una sola stanza, con pavimento di terra e poco illuminata, nella quale si trovano rozze suppellettili di cucina e due o tre giacigli. Quando la famiglia cresce allora ad altezza d'uomo si fabbrica un primo tetto a cui si accede carponi e là nelle tenebre eterne di quel secondo piano dormono d'ordinario i figlioletti divenuti grandicelli. Contigui alla casa o dentro alla medesima, ci stanno i ripostigli degli animali domestici, dai quali sempre emana un ributtante puzzo che rende esso pure malaugurato il soggiorno".*

Altrettanto inospitale, proiettandoci nella desolata Sicilia di Pirandello, è la casa di Batà nel racconto "Male di luna", una *"vecchia roba isolata, stalla e casa insieme, in mezzo al deserto di quelle stoppie, senz'un albero intorno, senza un filo d'ombra"*, composta di due soli locali, *"un bugigattolino buio, ov'erano ammucchiati vecchi arnesi da lavoro, zappe, falci, bardelle, ceste, bisacce, accanto alla stanza grande che dava ricetto anche alle bestie".*

Hanno offerto una suggestiva ricostruzione della vita che vi si svolgeva Ermanno Olmi nel film del 1978 "L'albero degli zoccoli", ambientato in Lombardia, e Bernardo Bertolucci in "Novecento", del 1976, ambientato in Emilia.

Ma nei centri urbani, strettamente delimitati da cinte murarie, le condizioni abitative delle classi inferiori non erano migliori. Così le descrive Gideon Sjöberg in "Le città dei padri. Saggio sulle condizioni di vita nelle civiltà preindustriali": *"All'interno delle diverse cinte murarie la congestione rappresentava la norma. Anche se nel centro il sovraffollamento era in una certa misura attenuato dalle spaziose abitazioni dei ricchi, i poveri della città, tranne coloro che risiedevano al di fuori della cinta urbana, oltre le mura, vivevano ammassati come bestie. Poiché i mezzi di trasporto erano molto scarsi, la gente viveva e lavorava nel posto in cui poteva disporre delle condizioni di favore offerte dalla città; e poiché la tecnologia dell'epoca non consentiva la costruzione di edifici con molti piani, le case erano attaccate le une alle altre, spesso addirittura una a ridosso dell'altra, per permettere al maggior numero di persone possibile di usufruire dei vantaggi della vita all'interno della cinta muraria della città. L'ammassamento delle case era accresciuto dalla strettezza delle strade, veri e propri viottoli per uomini ed animali".*

A Roma, a partire dalla fine della Repubblica e durante l'Impero fanno la loro comparsa grandi immobili d'affitto, le insulae. Così le descrive Simone Roux sulla scorta degli studi di Jerome Carcopino in "La casa nella storia": *"Erano grandi costruzioni a più piani, molto più alte che larghe. Il pianterreno poteva comprendere un solo appartamento, che però era sufficientemente ampio da poter essere lussuosamente arredato come una casa per una sola famiglia, e che quindi meritava il nome di domus. Negli immobili di rango inferiore il pianoterra era riservato alle botteghe (tabernae), composte di solito da un locale e da un bugigattolo superiore che prendevano luce da un'unica finestra oblunga, ricavata sopra e nel centro della porta. Si accedeva a questi soppalchi per mezzo di una scala a pioli e quando l'inquilino non aveva pagato l'affitto, il proprietario toglieva la scala bloccando il debitore recalcitrante e obbligandolo a pagare. I piani erano divisi in appartamenti: i cenacula, provvisti di larghe finestre che al primo piano formavano delle logge sovrastanti i portici, o dei balconi ai piani superiori. Gli appartamenti superiori avevano scale esterne, che scendevano direttamente nella strada. Le prime rampe erano in pietra e per i piani superiori in legno, mentre per le soffitte, affittate ammobiliate ai più poveri, erano sostituite da scale a pioli, ripide e difficili da salire, come lamenta il poeta Marziale".*

Nella Roma imperiale, nel IV secolo, come ricorda Gianni Pirrone in "La tradizione europea nell'abitazione", si contavano 46.602 insulae contro 1790 domus individuali ad un piano.
La maggioranza della popolazione abitava tuttavia in campagna, anche se progressivamente il numero degli abitanti dei grandi centri urbani aumentava sempre di più. Nel 1500 solo cinque città superavano i 100.000 abitanti, Costantinopoli con 250.000, Parigi con 200.000, Napoli con 150.000, Milano con 120.000 e Venezia con 100.000; nel 1600 erano undici, con l'aggiunta di Lisbona, Mosca, Roma, Palermo, Messina, Anversa e Amsterdam e nel 1700 erano ormai sedici, tra cui Londra che contava 850.000 abitanti. All'inizio dell'Ottocento in Europa si contavano 23 città con più di 100.000 abitanti, ma alla fine erano diventate 135, nelle quali si concentravano 46 milioni di persone.

La rivoluzione industriale segnò una vera svolta nel rapporto tra città e campagna. I grossi complessi manifatturieri, installati nelle periferie delle grandi città, attirarono verso i centri urbani una fetta sempre maggiore di popolazione cui veniva offerta un'attività lavorativa e la speranza di migliori condizioni di vita.

Le zone centrali delle città, private ormai delle obsolete cinte murarie, venivano risanate e destinate ad eleganti abitazioni della crescente agiata borghesia, di professionisti, funzionari, proprietari e le classi povere respinte sempre più ai margini della città.
Nel corso del XIX e XX secolo le terribili condizioni di vita nei quartieri popolari delle principali città europee e americane, veri e propri inferni urbani, furono oggetto di accorate denunce di giornalisti, scrittori, sociologi, filosofi, cui fornì un consistente supporto un nuovo mezzo tecnico, la fotografia.

Le case dei poveri tra '800 e '900

New York

A New York le crude immagini di fotografi come Jakob Riis, Richard Hoe Lawrence e Lewis Hine rafforzavano le denunce di quei giornalisti, tra cui John Spargo, William English Walling, Ernest Poole, Upton Sinclair, chiamati spregiativamente da Theodore Roosevelt "muckrakers", rastrellatori di letame, mostrando le condizioni di vita dell'enorme massa di immigrati che si concentrava nel Lower East Side. Un brano di "C'era una volta New York" di Luc Sante dà un'idea di quella realtà: *"Negli anni Settanta e Ottanta dell'Ottocento i caseggiati popolari erano scatole alte fino a sette piani, con altri due in aggiunta nel seminterrato, nei quali si trovavano tante stanze quante se ne riuscivano a far entrare dentro i muri esterni. Quei palazzi non erano grandi per gli standard moderni, ma erano stipati all'inverosimile di persone, spinte dalla povertà e dalle scelte di costruttori senza scrupoli. Gli edifici erano ispirati agli antenati dei caseggiati popolari: le fabbriche in disuso che diventavano casermoni per i poveri. Il più tristemente noto era l'Old Brewery, la struttura di cinque piani costruita nel 1792 sugli argini del vecchio Collect Pond, che funzionò come fabbrica di birra della Coulter fino al 1837, quando ormai era troppo malmessa per essere utilizzata a fini industriali. Per quindici anni l'Old Brewery visse una seconda vita come discarica umana di proporzioni quasi bibliche. In vari momenti, come sostengono diverse leggende non verificabili, dava alloggio a più di mille persone contemporaneamente nell'alveare di vani nella cantina e nelle stanze al piano di sopra, dove una volta stavano i macchinari. La stanza più grande, nota come il Covo di ladri, dava asilo a circa 75 persone. Gli inquilini irlandesi e neri vivevano senza mobili o altre suppellettili, e tendevano a non lasciare i loro posti per intere settimane, perché se si allontanavano, rischiavano che qualcuno gli rubasse le cose o persino lo spazio sul pavimento. Su come mangiassero, si possono fare solo congetture. I bisogni corporali si espletavano negli angoli; i cadaveri venivano seppelliti nel pavimento in terra battuta della cantina".*

Sono i famigerati "tenements", termine usato anche in Gran Bretagna per indicare uno stabile con appartamenti in affitto, ma passato poi a designare nelle grandi città americane grossi e degradati casamenti popolari. Per avere un'idea più concreta delle terribili condizioni della vita che vi si svolgeva si può visitare a New York un Museo, dove sono stati ricostruiti alcuni ambienti, come le abitazioni della famiglia ebreo-tedesca Gumpertz e di quella italiana Baldizzi in 97, Orchard Street.

Chicago
"Chicago – si legge in "Metropolis" di Ben Wilson – *aveva Little Hell, il piccolo inferno, un'isola urbana nel centro della città, tra il fiume Chicago e il North Branch Canal. Un posto di fabbriche enormi, di tuguri miserabili a perdita d'occhio e strade piene di rifiuti, che prendeva il suo apocalittico soprannome dalla pioggia di fuliggine che cadeva dal cielo e dalla palla di fuoco perpetua che emanava dalla People's Gas, Light and Coke Company, rischiarando con un bagliore demoniaco il cielo pieno di smog. Little Hell diede i natali prima alla mafia irlandese e poi a quella italiana, che ne prese il posto. E' un territorio maledetto: negli anni quaranta il più famigerato quartiere di edilizia pubblica degli Stati Uniti, il Cabrini-Green, nacque su questi terreni avvelenati. I palazzoni di case popolari erano una nuova reincarnazione del piccolo inferno, luoghi di violenza infestati da ratti e scarafaggi, muri imbrattati, collettori dei rifiuti intasati, guerre fra bande criminali e tiratori in agguato".*

Londra
Le descrizioni degli ambienti più degradati di Londra contenute nei romanzi di Charles Dickens trovano piena conferma in un singolare resoconto, "Il popolo dell'abisso", pubblicato nel 1903, dello scrittore americano Jack London che nell'estate del 1902 trascorse un periodo a Londra fingendosi un marinaio che aveva perso abiti e denaro e prendendo alloggio nel quartiere più misero della città, l'East End, "la città della degradazione": *"Anche se non è una distesa di tuguri, come alcuni immaginano, si può dire che l'East End sia un unico gigantesco tugurio. Dal punto di vista della normale decenza e della pulizia qualsiasi strada malfamata è un tugurio. Un posto dove si sentono e si vedono cose che non vorremmo far sentire ai nostri figli è un posto dove non dovrebbe vivere nessuno. Un posto dove non vorremmo che le nostre mogli passassero la vita è un posto dove non*

dovrebbe passare la vita la moglie di nessuno. Perché qui nell'East End sono gli aspetti più osceni, brutali e volgari della vita. Non c'è nessuna privacy. I cattivi corrompono i buoni e tutti vanno in malora insieme. L'infanzia innocente è dolce e bella, ma nella parte est di Londra l'innocenza dura poco e dovete prenderli prima che escano dalla culla, altrimenti scoprirete che i bambini piccoli sono cinici e disincantati quanto voi".

Manchester

Della vita degli strati più miseri della popolazione nella città inglese abbiamo un resoconto in presa diretta, diremmo oggi, leggendo "La situazione della classe operaia in Inghilterra" di Friedrich Engels pubblicato nel 1845. Il giovane filosofo, appena ventiduenne, fu mandato a Manchester per lavorare negli uffici della "Ermen & Engels", una società di filatura del cotone, di cui suo padre era uno dei proprietari. Così descrisse Angel Meadow, il nucleo centrale del quartiere di Little Ireland: *"Mucchi di macerie, rifiuti e immondizie dovunque. Sopra una riva scabrosa, passando tra pali e biancheria stesa, si entra nel caos di piccole capanne a un solo piano e con una sola stanza, la maggior parte delle quali manca affatto di pavimento e in cui cucina, soggiorno e stanza da letto sono tutti messi insieme".*

Parigi

Testimone appassionato del degrado parigino fu Émile Zola. Nel secondo capitolo de "L'Assommoir", settimo volume del ciclo "I Rougon-Macquart", pubblicato nel 1877, descrive minuziosamente un caseggiato popolare, sito in Rue de la Goutte-d'Or, un quartiere periferico che fa parte del XVIII arrondissement, abitato oggi prevalentemente da immigrati africani. Il brano è un po' lungo, ma val la pena di leggerlo tutto, poiché lo scrittore descrive con pazienza ogni minimo particolare, offrendo un'immagine più nitida di una fotografia, mostrando tutto ciò che appare agli occhi della protagonista, Gervaise, come in un unico piano-sequenza. Si comincia dalla facciata: *"Il lato che dava sulla strada aveva cinque piani, ciascuno con una fila di quindici finestre, le cui persiane nere, con le stecche rotte, davano un'aria di rovina e abbandono a quell'immenso muraglione. In basso, quattro botteghe occupavano il pianterreno: a destra del portone, la grande sala di un'osteria sudicia; a sinistra, un carbonaio, un merciaio e una venditrice di ombrelli. Il caseggiato sembrava ancora più colossale, perché si innalzava fra due piccole costruzioni basse, miserabili, che gli stavano appiccicate da una parte e dall'altra; era quadrato, sembrava un blocco di calcina impastata in qualche modo, lasciato lì a marcire e a sbriciolarsi sotto la pioggia; si stagliava contro il cielo limpido, al di sopra dei tetti vicini: un enorme cubo sgrossato alla meno peggio, con i fianchi senza intonaco, color del fango, spogli e interminabili come le mura di una prigione, su cui gli addentellati, lunghe file di pietre in rilievo, sembravano mascelle cadenti che sbadigliavano nel vuoto. Il portone era immenso, con l'arco tondo, che si spingeva su fino al secondo piano, e si apriva su un androne profondo, alla cui estremità si vedeva il pallido chiarore di un grande cortile. In mezzo a quell'androne, lastricato come la strada, era inciso un canale di scolo, e l'acqua che scendeva aveva un colore rosa tenue...All'interno le facciate avevano sei piani: quattro facciate tutte uguali, che racchiudevano il grande cortile quadrato.Erano muraglioni grigi e fatiscenti, ricoperti di chiazze giallastre, rigati da lunghe bave di umidità che sgocciolavano giù dalle grondaie: salivano su nudi e piatti dal* selciato fino ai tetti di ardesia, senza un ornamento; soltanto i tubi di scarico facevano un gomito a ogni piano, e in quel punto i ricettacoli di ghisa spalancati, che raccoglievano i liquami luridi, lasciavano sulla parete una macchia di ruggine. Le finestre senza persiane mostravano a nudo i vetri di un verde opaco, come acqua torbida. Qualcuna era aperta, e fuori sporgevano dei materassi a quadri azzurri, messi lì a prendere aria; davanti a certe altre, sui fili tesi, c'era la biancheria ad asciugare, tutto il bucato della famiglia, le camicie del marito, le vestagliette della moglie, i pantaloncini dei figli; ce n'era una, al terzo piano, dove erano stesi in bella mostra i pannolini di un bambino, impiastricciati di porcherie. In tutto il caseggiato, da cima a fondo, gli appartamenti troppo piccoli straripavano all'esterno, lasciavano venir fuori da tutti i buchi un campionario della loro miseria, In basso, su ognuna delle facciate, un passaggio alto e stretto, senza porta, ritagliato nel nudo cemento, immetteva in un andito screpolato, in fondo al quale salivano i gradini infangati di una scala con la ringhiera di ferro; e perciò c'erano in tutto quattro scale, indicate con le prime quattro lettere dell'alfabeto, dipinte sul muro. I locali del pianterreno erano occupati da grandi officine, chiuse da vetrate nere di polvere; si vedevano le fiamme della fucina di un fabbro; più in là si sentivano i colpi di pialla di un falegname; accanto alla portineria, invece, da una tintoria usciva a fiotti quel rigagnolo di un rosa tenue, che poi scorreva sotto l'androne. Tutto sporco, pieno di pozzanghere di acqua colorata, coperto di trucioli e di bruscoli di carbone, con l'erba che cresceva sui lati, fra i ciottoli sconnessi del selciato, il cortile era illuminato da una luce cruda, e sembrava tagliato in due dalla linea dell'ombra. Dalla parte dove il sole non arrivava, intorno a una fontanella, il cui getto d'acqua alimentava una perenne umidità, tre gallinelle becchettavano il suolo, cercavano qualche lombrico, con le zampe tutte incrostate."

Lo scrittore con la stessa meticolosità ci conduce all'interno partendo da "quell'alta torre cava che era la tromba delle scale, illuminata da tre lampade a gas, una ogni due piani; l'ultima, proprio in cima, sembrava una stella tremolante in un cielo nero, mentre le altre due proiettavano, sull'interminabile spirale dei gradini, lunghe strisce di luce frastagliata in forme strane...La scala B, grigia, sudicia, con la ringhiera e i gradini bisunti, le pareti scrostate, era ancora invasa da un fortissimo odore di cucina. Da ogni pianerottolo partivano profondi corridoi, rimbombanti di rumori di ogni genere, con porte dipinte di giallo, annerite dalle mani lerce vicino al buco della serratura; e all'altezza della finestra, i ricettacoli di ghisa per le acque luride esalavano un'umidità fetida, il cui lezzo si mescolava all'odore acre della cipolla cotta. Dal pianterreno al sesto piano, dappertutto si sentiva l'acciottolio delle stoviglie: chi immergeva nell'acqua una padella, chi raschiava una pentola con un cucchiaio, per grattar via lo sporco. Al primo piano, attraverso un uscio socchiuso, su cui stava scritto, a grosse lettere, Dessinateur, Gervaise poté scorgere due uomini seduti a una tavola apparecchiata, coperta solo dall'incerata, che discutevano con accanimento, avvolti nel fumo delle loro pipe. Al secondo e al terzo piano, più tranquilli, trapelavano soltanto, dalle fessure degli infissi, il dondolio di una culla, il pianto soffocato di un bambino, il vocione di una donna che parlava e parlava, con un mormorio sordo come di acqua corrente, senza che si riuscisse a distinguere una sola parola... Al quarto piano, si stavano picchiando: passi rapidi che facevano tremare il pavimento, mobili che andavano a gambe all'aria, un frastuono spaventoso di bestemmie e di botte; il che non impediva ai vicini, di fronte, di giocare a carte, con la porta aperta, per avere un po' d'aria. Ma quando arrivò al quinto piano, Gervaise dovette riprender fiato: non ci era abituata a salire così; quella parete che sembrava girare continuamente in tondo, quella sfilata interminabile di appartamenti appena intravisti le facevano scoppiare la testa: del resto, tutta una famiglia bloccava il passaggio, sul pianerottolo; il padre lavava i piatti sopra un forno di terracotta, accanto al ricettacolo per le acque luride, mentre la madre appoggiata alla ringhiera, puliva il bambino, prima di metterlo a nanna". Ma il percorso di Gervaise non è ancora finito: "Aveva imboccato un lungo corridoio, a sinistra, Svoltò due volte, la prima di nuovo a sinistra, la seconda a destra. Il corridoio non finiva più, si biforcava, stretto, pieno di crepe, scalcinato, di tanto in tanto illuminato da una debole fiammella a gas; e le porte tutte uguali, in fila, una dietro l'altra, come le porte di una prigione o di un convento, quasi tutte spalancate, continuavano a mostrare, dentro gli appartamenti, scene di miseria e di lavoro, che l'afa di quella serata di giugno avvolgeva in una caligine rossastra. Alla fine, arrivarono in una zona completamente immersa nel buio" fino a raggiungere una nuova stanza. "Era una stanza strozzata, una specie di budello, che sembrava il prolungamento del corridoio. Una tenda di lana stinta, in quel momento tenuta sollevata da una cordicella, tagliava in due quel budello. Il primo vano conteneva un letto, incastrato in un angolo sotto il soffitto mansardato, una stufa di ghisa ancora calda perché ci avevano preparato la cena, due sedie, un tavolo e un armadio, cui avevano dovuto segare via la cornice, in alto, per farcelo stare, fra il letto e la porta.

Nel secondo vano c'era il laboratorio: in fondo, una stretta fucina, con il mantice; a destra, una morsa fissata al muro, sotto una scansia piena di ferri vari, buttati lì a casaccio; a sinistra, vicino alla finestra, un minuscolo banco da lavoro, ingombro di pinzette, forbicine e seghetti microscopici, tutti unti di grasso e sporchissimi".

La vita nei quartieri più miseri di Londra e Parigi non era molto cambiata nei decenni successivi, come emerge da un resoconto di George Orwell "Senza un soldo a Parigi e Londra", pubblicato nel 1933.

Berlino

La situazione nelle altre capitali europee non era diversa. A Berlino, come ricorda Alexandra Richie in "Berlino. Storia di una metropoli", i costruttori non ebbero alcuna esitazione a ricoprire ogni centimetro di terreno disponibile nel piano che James Hobrecht aveva disegnato per la città nel 1862, con enormi blocchi rettangolari alti sette piani e articolati intorno a una serie di cortili lastricati: nascevano "le tetre, disprezzate, infestate case popolari di Berlino, gli Hinterhöfe. Nell'arco di un decennio chilometri e chilometri di casermoni di mattoni rossi e ocra invasero la città come una metastasi. Le stanze erano anguste e buie, l'aria viziata, i servizi, già spaventosi, erano resi ancora peggiori dall'incessante flusso di nuovi arrivati che riempivano ogni buco possibile".

Il Meyers Hof, in Ackerstrasse, si articolava in sei cortili e ospitava circa 2000 persone in trecento appartamenti. Uno dei più grandi, nel quartiere Prenzlauer Berg, contava addirittura trenta cortili. I dati riportati dalla Richie sono spaventosi. Nel 1870 Berlino aveva la più alta densità abitativa d'Europa: mille persone per ettaro. Ogni singola casa ne ospitava in media 53, contro le

8 della squallida Londra dickensiana. In ogni stanza vivevano cinque persone ma c'erano 27.000 stanze con sette persone, 18.400 con otto, 10.700 con nove e in molti casi si arrivava a più di venti, mentre oltre 60.000 persone vivevano ufficialmente nelle cantine. Le condizioni igieniche erano pessime poiché le case avevano soltanto qualche latrina esterna, Ancora alla fine dell'Ottocento appena l'8 per cento delle case berlinesi aveva il gabinetto. Presenti in molte città tedesche, sono passate alla storia con il nome di Mietskasernen o Wohnkasernen, caserme d'affitto, con una denominazione che ne rivela le più evidenti caratteristiche.

Vienna

Neppure la magniloquente capitale dell'Impero Asburgico sfuggì al diffondersi di questi edifici, qui chiamati "Zinskasernen". Dopo la dissoluzione dell'Impero Asburgico, durante il periodo in cui Vienna fu governata con regime democratico, a maggioranza socialdemocratica, durato fino al 1934, furono realizzati dal Comune più di 60.000 nuovi alloggi, i "Gemeindebauen", complessi di edilizia popolare, tra cui il più famoso, il Karl-Marx-Hof, gravemente danneggiato durante la seconda guerra mondiale e ristrutturato tra il 1989 e il 1992, che ospita 1382 appartamenti.

Italia

In Italia principalmente Torino e Milano fecero i conti con massicce ondate migratorie per fronteggiare le richieste della nascente industria. Anche Napoli fu tuttavia per la sua posizione geografica e per il ruolo di capitale di uno Stato esteso meta di continui flussi migratori. Al censimento del 1881 Napoli contava 494.000 abitanti, contro i 321.000 di Milano e i 300.000 di Roma. La soluzione offerta alla domanda costante di alloggi non fu più confortevole: furono trasformati in abitazioni i locali terranei, i "bassi", al cui ingresso una targhetta in marmo recava la scritta *"Terraneo vietato per uso abitazione"*.

Era una pratica abitativa risalente probabilmente al Medioevo, e doveva il suo nome sia alla particolare posizione della struttura, posta al pianoterra, sia al basso livello sociale di coloro che vi abitano. Tuttora in uso, seppur in numero ridotto, le condizioni di vita all'interno di questi locali non sono molto mutate dalla famosa descrizione che ne fece la scrittrice napoletana Matilde Serao, in un polemico e appassionato pamphlet pubblicato nel 1884, "Il ventre di Napoli": *"Il basso è una bottega rudimentale, un terraneo piuttosto, senza finestra, senza cesso, senz'altro sfogo che una porta, talvolta angusta che, d'inverno, deve star chiusa, che, di notte, non può stare aperta; e appena la primavera viene, chi lo abita, si trasporta nella via, sul marciapiede, vivendo sulla soglia, fuori della soglia, occupando il terreno pubblico, coi suoi figli, col suo fornello da stirare e da cucinare, con la sua macchina da cucire, quando non la occupa col suo banchetto da ciabattino, col suo banchetto di venditrice di castagne e di spighe allesse. Nel basso dormivano – dormono!- tre, quattro, sino a sette persone e nelle notti estive, due, tre di essi, soffocando di caldo, trascinano uno strapuntino fuori della porta, mettono una sedia, o addirittura si gittano sul lastrico, dormendo all'aria aperta. Non essendovi cessi ognuna di queste persone, grandi e piccole, va a scegliere un angolo remoto, vicino o lontano, di cui forma il proprio water closet e, talvolta, le madri accompagnano i piccini e le piccine, apposta, perché non siano disturbate: così molte strade di Napoli sono trasformate, appunto in water closet di padre in figlio, immancabilmente, senza che questa barbarie indecente, oscena possa essere sradicata."*

Nonostante l'accorata denuncia della Serao i bassi sono ancora lì e un secolo dopo tocca allo scrittore napoletano Domenico Rea denunciarne le terribili condizioni di vita. Così scrive nei "Pensieri della notte" del 1987: *"Il basso è al livello delle fogne. Convive con i residui della strada, con i topi, gli scarafaggi, i vermi, i serpentelli, le farfalle nere, i tafani, le pulci e le zanzare più mordaci. Vi regna il freddo freddissimo d'inverno e il caldo caldissimo d'estate. Neanche Pulcinella, che nacque ad Acerra, in aperta e ariosa campagna, conobbe la miseria e gli orrori del basso. Come in un quadro di Van Gogh il basso è un'ossessione. Chi riesce ad uscire da là dentro non può che parlare da solo e inveire contro il destino. Il soffitto sconfina con il nerofumo della miseria; l'impiantito con l'umidità dei sepolcri. Lo spazio è carcerario per far crescere progressivamente le ossessioni fino al tic e alla frenesia. Il basso è una punizione: una maniera per ridurre il pensiero, la morale e la socialità dell'uomo a livello zero. La prima educazione un uomo la riceve dalla casa in cui nasce. Una casa decente produce uomini gentili e concilianti. Una casa fetida, stretta e promiscua produce uomini depressi e servili. Ma un basso – una tana – non può produrre che animali astorici e schizoidi da cui è poi davvero ridicolo e cinico aspettarsi un comportamento civico. Il basso è lo zero spaccato dell'umanità"*.

Edilizia popolare

Case a schiera

Nei secoli passati era già emersa l'esigenza di costruire abitazioni con moduli standardizzati, ripetitivi per le classi meno abbienti, sia su iniziativa pubblica che privata, a partire dalla fine del Quattrocento, come suggerisce Giancarlo Cataldi nella presentazione della ricerca "Edilizia seriale pianificata in Italia. 1500-1600". Sotto la spinta di esigenze igienico-sanitarie, di sviluppo demografico o di meri intenti speculativi nascono così nelle città italiane agglomerati caratterizzati dalla ripetitività di uno schema abitativo minimo, con la tipologia prevalentemente di case a schiera.

La ricerca, conclusasi negli anni '80 del secolo scorso, aveva individuato significativi nuclei all'interno di alcune città dell'Italia centro-settentrionale: Marinarezza, Borgo San Lorenzo, Corte dei Volti ai Gesuiti e Calle Larga dei Volti ai Cereri a Venezia, Case a schiera a Chiavari, Castevoli in Lunigiana e Case a schiera dei Malaspina, Case a schiera di via Capo di Lucca a Bologna, Case e Borgo di San Martino al Cimino, Case a schiera del "Bastardo" a Lucca, Case "Vecchie" del Prato, Case di Borgo la Croce, Case dei Battilani, Palazzetti a schiera in via dei Servi a Firenze.

Istituzioni assistenziali

Di carattere più strettamente assistenziale erano gli Hotel-Dieu, costruiti fin dal VII secolo in Francia e in Belgio nei pressi delle cattedrali, tuttora esistenti in numerose città come Parigi, Marsiglia, Lione, Nantes, Rouen, alcuni ricostruiti e destinati ad altri usi, altri svolgendo le stesse funzioni.

Ad analoghi fini erano destinati gli Alberghi dei Poveri, di Genova, Palermo e Napoli e San Michele a Roma, giganteschi edifici progettati tra il XVII e il XIX secolo da prestigiosi architetti, i cui lavori si protraevano per decenni, qualche volta senza neppure concludersi. Si innalzano tuttora imponenti nel panorama cittadino utilizzati come sedi di uffici o istituzioni pubbliche.
I lavori dell'Albergo dei Poveri di Genova

ebbero inizio nel 1652 su progetto di Stefano Scaniglia e Giambattista Ghiso. I primi ospiti arrivarono nel 1664, le donne, e nel 1667, gli uomini.

San Michele a Roma sul porto di Ripa Grande, alla cui costruzione a partire dal 1686 nel corso di quasi due secoli presero parte numerosi architetti, tra cui Carlo Fontana e Ferdinando Fuga, svolgeva la funzione di orfanotrofio, ospizio, carcere, minorile e femminile.

Il progetto per la costruzione dell'Albergo dei Poveri di Palermo, ribattezzato nel 1898 Albergo delle Povere, si formò durante il vicereame austriaco nel 1733 per iniziativa di Ferdinando Francesco Gravina, principe di Palagonia, e fu poi portato avanti da Carlo III. Nel corso degli anni si occuparono dei lavori Orazio Furetto, Giuseppe Venanzio Marvuglia e Nicolò Puglia.

La costruzione del Real Albergo dei poveri di Napoli, chiamato anche Reclusorio, iniziata nel 1751 e mai portata a termine, era stata affidata da Carlo III a Ferdinando Fuga. L'edificio, un quinto circa dell'originario progetto, offre sul fronte d'ingresso la scritta *"Regium totius regni pauperum hospitium"*, dettata da un filologo settecentesco napoletano, Alessio Simmaco Mazzocchi. Negli anni '50 potevano ancora vedersi nei pomeriggi domenicali gli orfani di ambo i sessi che vi erano ospitati condotti in rigorosa fila, sotto la guida di occhiuti istitutori, passeggiare per le strade del quartiere. Gli sfortunati bambini indossavano divise grigie e logore, avevano visi smunti dal colorito giallastro, i capelli rasati per esigenze igieniche, in particolare, per tener lontani i pidocchi.

A fini più strettamente abitativi erano destinati altri progetti.

Nei primi anni del secolo XVI un ricco commerciante di Augusta, Jakob Fugger aveva fatto costruire un quartiere circondato da mura all'interno della città destinato ai cittadini bisognosi della sua città, il Fuggerei. Le case disposte in file parallele, avevano due appartamenti disposti su piani diversi, composti ciascuno da una cucina, un soggiorno, una camera da letto ed una piccola stanza per complessivi 60 metri quadrati.

Nello stesso periodo a Padova, su iniziativa del patrizio veneto Marco Lando, veniva edificato un complesso di dodici case destinato ad ospitare famiglie povere e numerose, Ca' Lando.

A Firenze, mentre era al potere Francesco I, figlio di Cosimo, fu deciso di creare, come si legge in "Il Prato d'Ognissanti a Firenze" di Giampaolo Trotta, *"una lunga serie di case a schiera da dare in affitto ad artigiani (in buona parte tessitori) case razionali e decorose, dove la ripetizione modulare contribuiva ad ammortizzare le spese di progettazione"*. Il progetto originario prevedeva la costruzione di settantaquattro ampie case, ma nel novembre 1583 solo trentasette erano state ultimate, affittate a mugnai, sarti, tessitori, lanternai, ciabattini, battilani, rimettitori di drappi e altri artigiani.

Nel XVII secolo Cristiano IV, re di Danimarca, aveva fatto costruire case a schiera alla periferia di Copenaghen per dare alloggio al personale della Marina reale danese e alle loro famiglie.

Destinati ad offrire provvisoria ospitalità, situati ad un livello di poco superiore ai dormitori pubblici, erano gli alberghi popolari. Quello di Firenze, situato in alcuni ambienti dell'ex convento del Carmine, in funzione dal 1905, dispone di 150 letti. Quello di Milano, costruito nel 1899 nel quartiere di Porta Genova, demolito nel 1968, aveva 530 camere e metteva a disposizione degli ospiti una cucina, uno spaccio, un guardaroba, una lavanderia-stireria, un deposito bagagli, uno spogliatoio, un servizio di bagni e docce, di barbiere e di calzolaio e perfino

una biblioteca.
Per soggiorni temporanei, più o meno lunghi, sono tuttora disponibili nuove soluzioni nella forma di piccoli appartamenti come le Case albergo o i residence.
Così Anna Maria Ortese, che le aveva probabilmente abitate durante il suo soggiorno a Milano, descrive le Case albergo in "Silenzio a Milano" del 1958: *"L'architettura delle Case albergo ha il senso di una virgola in una frase convulsa. E' un segno di congiunzione tra il tempo passato e il futuro, sta tra il buonsenso e l'incubo, è una raccomandazione di solidarietà e di modestia, guasta da una pretesa di fantasia, irrigidita da una volontà di giurisdizione. Alata e squallida, ariosa e monotona. Nata per proteggere, opprime; per rassicurare, spaventa; per confortare, incupisce. Dice tutto il nostro tempo: l'intenzione di assistere l'uomo, e il disprezzo misterioso dell'uomo...Le Case albergo, civilissima istituzione, sono, dal punto di vista delle esigenze schiettamente umane, pressoché inservibili: una generosa astrazione, un monumento funebre in memoria dell'uomo moderno, fatto da uomini antichi; un'opera considerevole elevata nel cuore di Milano con la mente all'oscurità di una foresta. Altissime e scintillanti, create col lavoro di migliaia di braccia, sotto la spinta dell'intelligenza, custodiscono delle salme. Sono le piramidi di Milano".*

Tra gli esempi di edilizia pubblica vanno ricordate anche le abitazioni provvisorie che tendono a diventare definitive, come le Case parcheggio di Cagliari, Siracusa, Taranto. Queste ultime, nel Quartiere Tamburi, adiacente agli impianti ILVA, furono costruite nel 1980 per ospitare temporaneamente 500 famiglie, allontanate dal centro storico, ormai inabitabile. Le case sono ancora lì e così le descrive Gaetano Colella in un radiodramma del 2014, "Esodo" nell'appassionato monologo di un abitante: *"Case di cartone, con i muri che gocciolano acqua, con i fili di amianto che escono dalle pareti, col pavimento di plastica incollato sul catrame, coi topi che ci ballano in casa, stanze, case di 40 metri quadrati, in cui viviamo sei o sette accatastati come animali mentre il tumore ci mangia uno a uno e quando moriremo ci sposteranno soltanto un po' più in là, al cimitero che sta a cinquanta metri, un pugno di terra sulla testa e Amen, eterno riposo a noi Signore, pure la morte si schiferà di noi che arriveremo all'altro mondo intossicati di minerale e ci toccherà pure all'altro mondo di essere parcheggiati per aspettare un posto migliore, in un eterno purgatorio, eterno come le giornate qua, alle case parcheggio di Taranto".*

L'edilizia pubblica diviene centrale a partire dalla seconda metà dell'800 parallelamente allo sviluppo industriale che investe gran parte dell'Europa, quando nuove scienze si affacciano alla ribalta dei nuovi tempi.
Nasce la sociologia, termine coniato da Auguste Comte, che studia i fenomeni della società umana, indagando i loro effetti e le loro cause, in rapporto con l'individuo e il gruppo sociale.
Nasce l'urbanistica per studiare e pianificare l'uso del territorio.
In realtà la riflessione sulla città è stata sempre presente nella cultura occidentale, a partire da Ippodamo di Mileto, vissuto nel V secolo a.C., primo architetto di cui ci sia giunto il nome, al quale si deve quello schema ortogonale, detto ippodameo, che caratterizza le città greche, etrusche e romane e di cui si trovano tuttora tracce in numerose città europee.

Dalle riflessioni sull'abitare urbano di questi studiosi scaturiranno suggerimenti e proposte concrete senza trascurare i contributi di filosofi come Friedrich Engels, che in "La questione delle abitazioni" del 1872 affronterà espressamente il problema. E anche alcuni architetti, più sensibili ai problemi sociali, trascureranno la realizzazione di sontuose dimore patrizie o di imponenti palazzi del potere per dedicarsi a progettare palazzi e quartieri per gli strati meno abbienti, fornendo loro abitazioni dignitose in contesti non degradati.

Nei secoli successivi le città escono dagli angusti limiti delle mura che le difendevano, una volta venuta meno la loro funzione dopo la scoperta della polvere da sparo e l'utilizzazione del cannone, ma soltanto nell'Ottocento si dilatano con la rivoluzione industriale fino a raggiungere le inimmaginabili dimensioni delle metropoli di oggi.

Il filosofo Charles Fourier offrì un suo personale contributo nel saggio "Il nuovo mondo industriale" del 1829 proponendo una sua visione di una comunità ideale alloggiata in una nuova struttura, il falansterio, che comprendeva sia alloggi che laboratorio, *una vera e propria "città in muratura* – come si legge in "Storia dell'architettura moderna" di Kenneth Frampton – *le cui strade avrebbero avuto il vantaggio di non essere esposte agli agenti atmosferici...una struttura la cui grandiosità, se adottata in modo generalizzato, avrebbe sostituito lo squallore piccolo borghese delle casette individuali isolate che, in quel tempo, stavano riempiendo gli interstizi esterni delle città".*

L'industriale Jean-Baptiste Andrè Godin realizzò, nella sua fabbrica a Guise nel 1859-1870, una struttura ispirata ai principi di Fourier, il familisterio, che comprendeva tre blocchi residenziali, una nursery, un asilo infantile, un teatro, scuole, bagni pubblici e una lavanderia. Ogni blocco residenziale racchiudeva una corte centrale, illuminata dall'alto, che prendeva il posto delle vie-corridoio sopraelevate del falansterio.

Anche in Inghilterra sotto la spinta dei primi provvedimenti legislativi di natura sociale furono costruite alcune abitazioni operaie su progetto di Henry Roberts a Londra in Streatham Street nel 1848-1850, Robert Owen a Lanark in Scozia nel 1815 e Titus Salt, *"la cui Saltaire* – ricorda Kenneth Frampton – *fondata nel 1850, vicino a Bradford, nello Yorkshire, era una città operaia paternalistica, completa di istituzioni urbane tradizionali, come una chiesa, un ambulatorio, una scuola secondaria, bagni pubblici, un ospizio, un parco".*

La sempre più stretta compenetrazione tra città, attività industriale e alloggi per i lavoratori, spinge industriali ed architetti ad elaborare nuove soluzioni alla questione abitativa.

Tony Garnier a Lione realizzò tra il 1920 e il 1935 alcuni di quegli edifici che aveva progettato per la sua "Citè industrielle".

Walter Gropius così poneva in termini inequivocabili la questione degli "alloggi minimi di popolazioni urbane industriali". Scriveva in "Architettura integrata" del 1955: *"Il progresso generale nella progettazione di case negli anni seguenti la prima guerra mondiale rivela che il problema dell'alloggio minimo ha raggiunto un punto morto, evidentemente perché non si è prestata sufficiente attenzione ai profondi mutamenti nella struttura sociale delle nazioni, che richiedono la determinazione di nuovi modelli per ciò che riguarda il tipo e le dimensioni delle unità abitative necessarie. Il punto di partenza per qualsiasi azione in questo settore dev'essere la determinazione di tali mutamenti sociali. La presa di conoscenza dello sviluppo evolutivo dei processi vitali biologici dell'uomo deve condurre a una definizione del lavoro da compiere: solo dopo di ciò sarà possibile risolvere la seconda parte del problema, la determinazione cioè di un programma concreto per realizzare l'alloggio minimo",* per concludere senza mezzi termini che *"il problema dell'alloggio minimo è quello di stabilire il minimo elementare di spazio, aria, luce e calore necessari all'uomo per essere in grado di sviluppare completamente le proprie funzioni vitali senza le restrizioni dovute all'alloggio, cioè un "modus vivendi" minimo anziché un "modus non moriendi".*

Anche in Italia alcuni imprenditori illuminati realizzarono forme di abitazioni popolari per i loro dipendenti. Il Villaggio Leumann fu costruito a partire dal 1875 a Collegno, alle porte di Torino, ad opera di imprenditori di origine svizzera, Isaac e il figlio Napoleone, operanti nel settore tessile.
Il Villaggio di Crespi d'Adda, in provincia di Bergamo, costruito a partire dal 1878 dagli industriali tessili Crespi, comprendeva, oltre alla fabbrica e alla casa padronale, villini per impiegati e dirigenti, case plurifamiliari per operai non ammogliati.
Ancora su iniziativa degli industriali tessili Rossi fu costruito tra il 1872 e il 1890 un quartiere operaio a Schio, in provincia di Vicenza, comprendente case signorili unifamiliari di prima e seconda classe per dirigenti e tecnici, allineate lungo il viale maggiore e case di terza e quarta classe destinate agli operai, costruite secondo il modulo a schiera, ma differenziate.

Gli imprenditori erano pienamente consapevoli che, al di là di scrupoli umanitari, un lavoratore sereno, che viveva non lontano dal luogo di lavoro in compagnia della sua famiglia, offriva maggiori garanzie di rendimento ed era meno esposto a rischio di incidenti, che interrompevano il ritmo produttivo e turbavano la serenità dei compagni di lavoro.

Edilizia popolare a Milano

Milano, a seguito dell'imponente sviluppo economico dopo l'Unità, attirava un numero crescente di imprenditori e lavoratori. Il capoluogo tendeva ad estendersi soprattutto verso nord, poiché la zona sud risultava malsana a causa delle numerose risaie che la rendevano invivibile, in particolare nei mesi estivi.
Gli edifici sorgevano spontaneamente a ridosso delle grandi vie di comunicazione verso l'esterno, senza collegamenti trasversali. I Piani regolatori di fine '800 portarono un po' d'ordine, ma la crescita economica alimentava la domanda di abitazioni e generava speculazioni. Alla fine del XIX secolo il problema delle abitazioni popolari si fece impellente. Il censimento delle abitazioni promosso dalla società Umanitaria nel 1903 e la coeva inchiesta del Comune di Milano, registrarono le *"deplorevoli condizioni di igiene e sovraffollamento negli agglomerati operai monocellulari",* case mal costruite, con vani piccolissimi, in contrasto continuo con il regolamento d'igiene di allora.
La città non rimase inerte. *"L'iniziativa di dotare la città di moderni ed igienici quartieri popolari* – scrive Ferdinando Reggiori in "Milano. 1880-1943. Itinerario urbanistico-edilizio" – *trae la sua origine in anni ormai lontani, per assurgere a proporzioni particolarmente vaste così da innalzare Milano ad un notevole grado di attrezzatura sociale, con la creazione di vasti quartieri inconfondibili nell'aggregato urbano".*

I lavoratori stessi, riunitisi in cooperative, si fecero carico del problema allo scopo di costruire abitazioni dignitose.

Così la Società edificatrice di case operaie, bagni e lavatoi pubblici costruì tra il 1862 e il 1868, su progetto degli ingegneri Sarti, Cereda e Ornago un gruppo di case di quattro e cinque piani tra le vie Moscova, San Fermo e Montebello, e poi un complesso di cinque grandi fabbricati, su progetto degli ingegneri Valerio e Squadrelli, in via Benedetto Marcello.

La SEAO (Società Edificatrice Abitazioni Operaie), tuttora attiva, costruì nel 1886 il Villaggio Lincoln per i ferrovieri su un'area dismessa precedentemente occupata dalla Stazione ferroviaria di Porta Tosa, abbattuta dopo la costruzione della Stazione Centrale. Il Villaggio era costituito da una serie di casette unifamiliari a due piani dotate di un piccolo spazio verde coltivabile. La stessa Società costruì più tardi un altro complesso di casette in zona Porta Vittoria su progetto dell'ingegner Mazzocchi.

Ed ancora attive in campo edilizio sono la Coop Niguarda, fondata nel 1893, l'Unione Operaia, fondata nel 1903, l'Edificatrice di Dergano, fondata nel 1904, che nel 2011 si sono fuse per dar vita alla Cooperativa Abitare e, più di recente, la Cooperativa Edificatrice Ortica, fondata nel 1951.

Significativa fu anche l'opera di organizzazioni filantropiche, come la "Società Umanitaria", voluta dall'imprenditore Moisè Loria che destinò tutto il suo patrimonio alla costituzione di una società con la finalità di migliorare le condizioni di vita degli operai attraverso la formazione professionale, l'istruzione e la cooperazione. La società, tuttora attiva, fu costituita nel 1893, l'anno dopo la sua morte. Sotto la guida di Luigi Majno e Luigi Della Torre si occupò del problema delle abitazioni per la classe operaia, realizzando tra il 1905 e il 1908 due quartieri operai su disegno di

Giovanni Broglio, il primo in via Solari e il secondo in viale Lombardia.

L'intervento più massiccio fu di natura pubblica con la cosiddetta Legge Luzzatti (Legge 31.3.1903 n.254) e successive modifiche del 1907 e 1908. *"La profonda riforma istituzionale* - scrivono Maurizio Grandi e Attilio Pracchi in "Milano. Guida all'architettura moderna", - *la cui urgenza era stata messa in luce dai dati del censimento del 1901 e dall'indagine promossa l'anno seguente dallo stesso Luzzatti, riconosceva come indispensabile, in un settore fino allora demandato alle iniziative paternalistiche, filantropiche o mutualistiche, ma in realtà lasciato alla più sfrenata speculazione, l'intervento pubblico"*.

Grazie alle facilitazioni previste dalla Legge Luzzatti nasce a Milano il 12 agosto 1908 l'Istituto per le Case Popolari, trasformato in Azienda Lombarda per l'Edilizia residenziale, ente socio-economico dotato di propria autonomia e personalità giuridica, con la Legge della Regione Lombardia 10.6.1996 n.13. Compito principale del nuovo ente era, secondo le stesse parole pronunciate dal sindaco dell'epoca, il Senatore Ettore Ponti, alla presentazione del progetto al Consiglio Comunale il 24 giugno 1908, *"provvedere alloggi igienici e a buon mercato alle classi meno abbienti"* oltre quelli di individuare forme amministrative e tecniche per l'accoglienza della nuova classe operaia, progettare strumenti per il controllo delle dinamiche socio-urbanistiche ed economiche, sperimentare nuove proposte abitative adeguate alle esigenze delle nuove famiglie che si trasferivano dalle campagne a Milano, in una realtà completamente estranea alla propria.

Da allora è stato costruito su iniziativa pubblica un patrimonio abitativo pubblico di circa 70.000 alloggi tuttora di proprietà dell'ente e altrettanti alienati in varie fasi della storia aziendale.

Fin dai primi anni l'attività dell'Istituto fu particolarmente intensa. Il Regio Decreto di costituzione dell'Istituto venne licenziato il 12 agosto 1908 e il Consiglio di Amministrazione si riunì per la prima volta il 29 febbraio 1909: Francesco Pugno venne eletto primo Presidente dell'Istituto e Alessandro Schiavi divenne il primo Direttore Generale nel 1910. Grazie all'attivismo dei due vertici e ad una perfetta sinergia operativa avviata con la Giunta Comunale, l'Istituto, come ricorda Ferdinando Reggiori, *"integra il quartiere Ripamonti (ingegnere Miazza, 1913, locali 18), erige i quartieri Lulli (ingegneri Ferrini e Scotti, architetto Broglio, 1913, locali 1330), Lombardia (ingegneri Mariani e Rondoni, 1911, locali 1464), Cialdini (ingegnere Verganti, 1912, locali 702), Niguarda (ingegneri Gattinoni e Zanetti, 1913, locali 630)"* e aggiunge *"Predominano in questi quartieri gli edifici di grande mole a tre e quattro piani, corpi in fregio alle strade e risvoltati nell'interno ad abbracciare vasti cortili chiusi; allo scopo di non creare isole troppo vaste, vi appaiono interruzioni destinate ad un poco di verde"*.

Il canone di locazione applicato, sulla scorta dell'esperienza anglosassone, non doveva superare il 18% del salario medio operaio.

Nel 1914 fu attuata una riorganizzazione dell'Istituto finalizzata a rendere più rapidi i processi decisionali ed esecutivi con l'istituzione di un Ufficio Tecnico interno, diretto dall'Architetto Giovanni Broglio, cui venne affidata la responsabilità dei progetti di costruzione. Nacquero così, ricorda Reggiori, *"i Villaggi: Campo dei Fiori (1919-20, locali 1138), Baravalle e Balilla (1919-25, locali 813), Gran Sasso (1919-1920, locali 278), Tiepolo (1919-20, locali 199), Postelegrafonico (1920, locali 1103), Pirelli (1920-23, locali 500, con una grande casa a tre piani comprendente le botteghe), Andrea del Sarto (1924-25, locali 182)."*

Dal 1919 al 1935 l'Istituto, in particolare durante il periodo di presidenza di Giuseppe Borgomaneri, metteva in cantiere una trentina di quartieri, tra cui Genova, Vittoria, Magenta, Breda, Botticelli, Monza, Friuli, Regina Elena, Giambologna, Villapizzone, Vanvitelli, Plinio, Anzani, Lipari, Crespi, Tonoli, Pepe, Romagna, Melloni, Battisti, Baracca, Corridoni, Caimi, Piola, Stadera, Bibbiena, Bellinzaghi, Forlanini, Aselli, Anzani, Mazzini, Polesine, Calvairate, e Piolti-De Bianchi.

Per questi fabbricati fu studiata una nuova tipologia di casa popolare, caratterizzata dalla presenza di cortili e giardinetti interni, di motivi decorativi sulle facciate come bow-window, mensole, cornici e frontoni, tipici delle abitazioni borghesi dell'epoca.

Oltre all'opzione dell'affitto semplice, furono introdotti in questi anni il "deposito a sovvenzione" e il "patto di futura vendita".

Nel 1932 fu indetto un concorso per la progettazione e realizzazione del quartiere San Siro, che rappresenta una svolta nel campo dell'edilizia popolare. Gli architetti Piero Bottoni e Enrico Griffini proposero una nuova concezione del problema dello spazio, da organizzare in base al numero degli abitanti. Al fine di utilizzare al meglio lo spazio, ogni elemento strutturale fu pensato per poter essere prodotto in serie e gli alloggi cominciarono ad essere consegnati provvisti di arredo, come i quartieri San Siro e Fabio Filzi, opera del gruppo Albini, i Rioni Baracca e Bossi, di Cesare e Maurizio Mazzocchi.

L'attività edilizia si interruppe con

l'intensificarsi delle attività belliche per riprendere con rinnovato vigore nel dopoguerra.

Alla fine della seconda guerra mondiale gli alloggi dello IACP resi inagibili dai bombardamenti rappresentavano il 60 % del patrimonio complessivo. Nel giro di qualche anno, grazie ai finanziamenti della Giunta Comunale, furono ricostruiti 4.528 vani e venne avviato il progetto per la realizzazione del quartiere Varesina e tra il 1947 e il 1954 fu costruito QT8, Quartiere Triennale Ottava, su progetto di Piero Bottoni

Nel 1949, l'approvazione del piano Fanfani, che prevedeva finanziamenti statali strutturali agli IACP. consentì l'avvio di una programmazione articolata di interventi: 1.735 vani e 541 locali in undici comuni dell'hinterland a forte vocazione industriale e nuovi complessi abitativi in città: Harar Dessiè, Montegani, Boccioni, Mangiagalli, Omero, Pezzotti, Lorenteggio e Baggio. Nel biennio 1951-1952 furono realizzati 6.500 nuovi locali. Nel 1955 grazie ai fondi statali destinati all'edilizia, con nuove costruzione lo IACP arrivò ad un patrimonio di 36.575 alloggi.

Il quinquennio 1956-1960 si caratterizzò per le innovazioni urbanistico-architettoniche con le quali lo IACP fece fronte all'emergenza dei nuovi flussi migratori. Vennero realizzati i quartieri Barzoni, Lorenteggio-Inganni, le casette unifamiliari di Primaticcio e Palmanova, Meda e Vialba, quest'ultimo progettato da Marco Zanuso e Luigi Caccia Dominioni, un lotto del Gallaratese e Taliedo.

Dopo il 1959 lo IACP, nonostante una crisi finanziaria dovuta alla contrazione dei finanziamenti realizzò i quartieri Chiesa Rossa, Forlanini nuovo e Feltre. Quest'ultimo supera il paradigma del complesso autosufficiente e rappresenta una soluzione di inserimento di un nuovo comparto residenziale nel tessuto urbano costruito.

Nel 1972, dopo circa un decennio, si conclude la costruzione del quartiere Gratosoglio, lungo via Dei Missaglia. Vengono scelte le grandi dimensioni e la ripetitività dei moduli, con ricorso sistematico alla prefabbricazione. Gli anni '60 si concludono con la progettazione dei quartieri esclusivamente residenziali Sant'Ambrogio, Monte Rotondo, Gallaratese II, La Spezia e San Leonardo. Tra il 1975 e il 1980 vennero realizzate numerose tipologie di torri, di altezza compresa fra i 30 e i 60 metri e in grado di ospitare tra i 50 e i 100 appartamenti l'una.

La casa di ringhiera

A Milano appena fuori della cinta dei Bastioni sorgevano enormi cubi di pietra, nei quali si ammassavano i nuovi venuti attratti dalle prospettive lavorative offerte dalla città. Costruttori spesso oscuri e sconosciuti assecondavano le richieste dei proprietari dei suoli e nascevano così quei caseggiati dalla struttura semplice e ripetitiva, modellata sulla cascina, la casa di ringhiera o a ballatoio. Un unico portone, spesso con più cortili, uno dietro l'altro, con altezza variabile da due a sei piani e un'unica rampa di scale, di solito senza balconi sulla facciata esterna, immancabilmente di colore rosso mattone o giallo Milano, quella particolare tonalità di giallo caratteristica di Milano, conosciuta anche con il nome di giallo Maria Teresa, che si diffuse in città durante il diciannovesimo secolo. Appartamenti composti di pochi locali, ai quali si accedeva direttamente dalla balconata protetta da una ringhiera, che consentiva un risparmio di spazio interno, con l'eliminazione dei pianerottoli e la riduzione dei vani scale. In genere i locali erano due, in successione, il primo, soggiorno-cucina, e il secondo, camera da letto. Un'unica latrina per piano, per cui era sufficiente una sola colonna fecale, ma talvolta anche una sola latrina nel cortile per tutto il caseggiato. Non sempre i piccoli appartamenti erano dotati di acqua corrente. Qualche volta era collocato in cortile un'unica fontana di cui si servivano, a turno, tutti gli abitanti.

La tipologia della casa a ballatoio in realtà è una manifestazione evidente del concetto che sta alla base della definizione più ampia che si attribuisce al tipo della casa a corte, un tipo che nei secoli, dai Romani in poi, ha spiegato il suo carattere e la sua funzione di delimitazione, di recinto comunitario. L'affaccio, il percorso, l'ingresso degli alloggi, che si svolge su più livelli, rivolti al cortile determina un senso di comunità, di uguaglianza, di consanguineità, non necessariamente in senso positivo, che è rimasto insuperato riguardo a ogni altro tipo architettonico precedente o successivo.

In tutto ciò le forme dell'architettura hanno segnato un punto fondamentale, determinando funzionalmente un sistema che consente una distribuzione degli alloggi molto intensa, favorendo certo la speculazione, e iconograficamente immagini di facciata rese originalissime e caratteristiche da un ripetersi continuo di pieni e vuoti, di chiari e scuri, di profili in ferro battuto che ricamano di tessiture le balconate continue. Nè mancano lievi spunti decorativi come le cornici attorno alle fontane, nei cortili.

Questo tipo di abitazione trovò diffusione nelle città dell'Italia settentrionale, in particolare Milano e Torino. La ringhera o linghera era fino a qualche tempo fa icona di una Milano povera, emarginata, scalcagnata, ma non priva di una sua dignitosa fierezza e nello stesso tempo rappresentativa di ambienti di piccola criminalità.

Nel 1925 un poeta milanese, Federico Bussi, rendeva omaggio alla casa di ringhiera intitolando una sua nostalgica raccolta poetica "Ringhera". Una poesia, "On casament" in un colorito dialetto descrive con gustoso umorismo la vita che vi si svolgeva:

De mestee foo el sciavatin
ma intratant foo el portinar
d'ona ca che per vesin
la par propi on port de mar.

Piegaa sora al me banchett,
foo de tutt per stagh attent
alla muccia di donnett
che va foeura e che ven dent.

Anca d'omen ghe n'è on mucc:
vecc, bagai e giovinott.
Se dovess badagh a tucc
poss dormì ne dì ne nott.

L'è la ca di gran fracass!
Se po di ch'ogni moment
gh'è quaidun ch'è adree a pestass
per question de pocch o nient;

O l'è on ciocch ch'el fa baccan,
bestemmand come on dannaa,
perché avend sbagliaa el ripian
el voeur minga avè sbagliaa.

O gh'è i solit do zabett
sui lingher a zabettà,
che risolven poeu el duett
col s'giafass a tutt andà.

Gh'è chi pesta la miee.
Gh'è chi pesta a sopressà.
Gh'è chi pesta sempr'i pee
per dacch forza al comandà.

Gh'è chi pesta allegrament
sora un cembol tutt scordaa.
Gh'è chi pesta el fioeu student
perché el ven a ca strasciaa.

*Gh'è el bandista col trombon
ch'el trombona per tre orett,
e poeu el tacca a da lezion
de cornetta e clarinett.*

*Gh'è chi frega sul violin.
Gh'è chi frega sul vioron.
Gh'è chi soffia on l'otavin.
E chi batt sul tamboron.*

*Gh'è el ramee che tutt el dì
lu nol fa che martellà.
Gh'è di macchin de cusì
che fann fin tremà la ca.*

*De bagai ghe n'è on vespee!
Sui lingher lor fann tuttcoss
per denanz e per dedree
macarand a pu non poss.*

*E de spess fann la fanfara
con trombett de tutt i sort,
e tra lor poeu fann a gara
a chi soffia pussee fort.*

*Sonador che passa dent
a grattà sul mandolin
ghe n'è lì tutt i moment
con gran gioia di inquilin.*

*Orghenitt de tutt i razz
con la nota rantegona
sonnen walzer de strapazz
seguitand un'ora bona.*

*Gh'è cantant per ogni pian
che solfeggien tutt el dì;
se po digh la ca di can
stant ai vers che fann sentì.*

*Dent per dent, su per i scal,
o gh'è in ball on sposalizi,
o gh'è in ball on funeral,
o el battesim d'on pendizi.*

*Per amor o per invidi,
per vendetta o tradiment,
gh'è de spess on quai suicidi*

o baruff con feriment.

*Come quest fuss minga assee,
stann in cort a lavorà
cinq o sess materassee
che no fann che bacchettà.*

*Mi però... fo el sciavatin,
stoo piegaa sul me banchett;
sari on oeucc sui me vesin,
tanto pu s'hin bei donnett.*

*Vedi tutt, ma mi...soo nient
senti tutt, ma foo el sordon,
col fa l'orb, col vess prudent
de bonn manc ghe n'hoo on monton.*

*L'è che a mi m'han insegnaa
che a sta in mezz ai molla e tira,
ghe voeur fa compagn di fraa:
"Lassà pur ch'el mond el gira".*

La figura del portinaio/ciabattino ricorre in altri contesti popolari. In un breve scritto di Alfredo Panzini, "Nostalgia di Milano", compare il scior Battista, portinaio in una vecchia casa intorno alla chiesa di Sant'Ambrogio e nello stesso tempo ciabattino: *"Le sue risolature erano celebrate per notevole resistenza come per il prezzo irriducibile. Al solo parlare di ribasso i suoi occhi si torcevano dietro le lenti, ma non parlava. Era la moglie che spiegava con blanda voce la necessità di quelle lire quattro. Il suo uomo tirava sul serio lo spago, cioè faceva piccolo buco con la lesina e usava filo grosso, non il contrario come fanno i lazzaroni."*

Cinquanta anni più tardi il cantautore Ivan Della Mea pubblicava un album, intitolato proprio "Ringhera". Uno dei brani, con lo stesso titolo dell'album, identifica gli abitanti della ringhiera con i protagonisti della lotta al fascismo, stabilendo un legame tra la guerra di Spagna e l'attentato di Piazza della Loggia a Brescia. Il motivo musicale è quello della canzone del "Quinto Reggimento", un corpo militare di volontari repubblicani della Seconda Repubblica spagnola, attivo dal 18 luglio 1936 al 22 gennaio 1937, e il testo inizia così: *"Il 18 del mese di luglio nel chiostro di un convento i compagni della ringhera hanno formato il loro reggimento"*.

I massicci bombardamenti della seconda guerra mondiale avevano drasticamente ridotto le disponibilità abitative della città, tanto da costringere i più miseri a trovare ospitalità in baracche di fortuna, teatro delle vicende del film "Miracolo a Milano" di Vittorio De Sica del 1951. Le case di ringhiera sopravvissute erano pronte ad accogliere con generosità nel dopoguerra nuovi immigrati, questa volta dal meridione. Così nel film "Napoletani a Milano" di Eduardo De Filippo del 1953 il drappello di napoletani, spacciatisi per parenti delle vittime di un crollo conseguente ai lavori per impiantare una fabbrica, accorsi a Milano per ottenere un risarcimento, vengono alloggiati in una "Pensione Ticinese", naturalmente una casa di ringhiera sui Navigli. Nei film polizieschi degli anni '70 ambientati a Milano la casa di ringhiera era l'abitazione di malavitosi di mezza tacca, ben diversi dai potenti boss insediati nelle lussuose case del centro.
In epoche più recenti rappresentano nell'immaginario l'inventiva, la creatività tra chi è semplicemente in attesa di fare il grande salto, abbandonare questi ambienti poveri, promiscui per raggiungere le appetitose mete della piena integrazione. In "Tutto a posto, niente in ordine" di Lina Wertmuller del 1974 un gruppo di emigrati divide lo stesso appartamento in attesa di trovare, ciascuno con modalità diverse, la sua strada per una migliore collocazione nella città. L'appartamento è in una casa di ringhiera in via Gustavo Fara, 33, tuttora incredibilmente in piedi sebbene si trovi in una delle zone che ha subito

maggiori modifiche negli ultimi anni, a due passi dagli eleganti grattacieli, opera di prestigiosi architetti. Nel film ad episodi di vari registi "Signore e signori, buonanotte" del 1976, Ugo Tognazzi nell'episodio "Il personaggio del giorno. Poco per vivere, troppo per morire" è un pensionato che deve vivere con 32.000 lire al mese ed abita naturalmente in una casa di ringhiera, con l'acqua soltanto in cortile. E in una casa di ringhiera vive lo stralunato ingegner Colombo, protagonista di "Ratataplan" di Maurizio Nichetti del 1979. In una delle poche case di ringhiera romane, anche questa tuttora in piedi, Palazzo Lamperini nel quartiere San Lorenzo, in via Tiburtina, 180, è stata girata qualche scena de "I soliti ignoti" di Mario Monicelli del 1958.

Ma è forse nei cortometraggi che la sua presenza si fa più significativa, accentuando l'accostamento tra quella tipologia abitativa e mondi in declino. Ne "Il pensionato" di Ermanno Olmi del 1958, un annoiato operaio in pensione, dopo aver protestato per i rumori di una piccola tipografia installata nei locali al pianoterra, che gli impediscono di dormire, interviene mettendo a frutto la sua esperienza per risolvere un problema tecnico che i giovani e inesperti tipografi non sanno risolvere. L'anziano riconquista così il suo ruolo perduto e la piccola comunità della casa di ringhiera, divisa tra declino della vecchiaia e futuro dei giovani imprenditori, ritrova una sua armonia. In "D'estate" di Silvio Soldini del 1994 una trasognata Sonia Bergamasco legge famose opere letterarie ad un pensionato, che vive solo in una triste casa di ringhiera, aspettando la visita della lettrice per godere forse più della sua presenza che delle complesse trame romanzesche.
E dove poteva nascere la mesta storia d'amore della canzone "Porta Romana" di Giorgio Gaber se non in una casa di

ringhiera, "dal cortile largo e fatto a sassi" e lei che si affaccia alla ringhiera?

Amate dai fotografi per la loro accesa vitalità, teatro di esistenze faticose ma dignitose, ricche di significative tracce di dolorosi destini, pur nella monotona uniformità strutturale, hanno costituito oggetto di suggestive immagini fotografiche.

Rimpiante dai nostalgici cantori di un'età dell'oro dell'umanità quando i rapporti erano improntati a sentimenti positivi, come la solidarietà, la disponibilità, l'accoglienza. La vita era come quella di una grande famiglia, con le chiacchiere da un ballatoio all'altro, le simpatie, qualche amore. Così le rievoca con malcelata commozione Roberto Bagnera in "Milano minima": *"Gran parte del fascino e del mistero di Milano è legata al mondo dei cortili milanesi, veri gioielli rimasti a testimoniare la città dei tempi andati, dei cicalecci sulle ringhiere, dei carretti e delle biciclette, dei servizi igienici sul ballatoio, dei convegni sul portone per fare due chiacchiere e prendere il fresco nelle sere d'estate, magari in canottiera perché anche l'afa un tempo aveva un sapore diverso: non l'asfalto che si liquefa molliccio sotto le scarpe, ma un vago sentore di polvere in gola, che era così piacevole sciogliere con un bicchiere di vino schietto. Il cortile, con i suoi affanni, le sue comprensioni, i suoi legami particolari, dove le vicende domestiche, compresse in uno spazio ridotto sono di pubblico dominio..."il Nando ha cambiato la macchina, guarda il vestito della Pierina, ne voglio anch'io uno così, è morto il papà del Beppe, poer fioeu". Tutti sanno tutto di tutti, vivono e si confrontano fra pochi, una vita di paese, tanti cortili come se fossero singole frazioni di un comune più grande."*

Per le stesse ragioni ricordate mal volentieri da chi non apprezzava la mancanza di privacy, l'ingerenza dei vicini. Fa propria questa posizione senza mezzi termini Luca Doninelli che così ne parla ne "Il crollo delle aspettative": *"Una certa tendenza al piagnisteo, diciamo pure alla nostalgia, ma comunque alla nostalgia bugiarda, vigliacca, sospinge il milanese al rimpianto delle belle case di ringhiera, un tempo forse numerose, ma oggi scarse e spesso carissime: quelle case sorte a cavallo tra XIX e XX secolo, fatte per il popolo e dunque votate alla promiscuità, con lunghi ballatoi attraverso i quali si accede ai singoli, piccoli alloggi, con i gabinetti comuni a più famiglie, case votate dunque alla vita comune, forse alla solidarietà, ma sicuramente all'odio comune, all'adulterio, al delitto di passione, case legate alle canzoni della mala, oggi rimpiante oppure ricercate a causa dell'inguaribile romanticismo disfattista di chi pensa che quella Milano non c'è più (rieccolo il crollo delle aspettative)".*

Il poeta Giovanni Raboni, pur senza negare le malsane condizioni di vita, non può fare a meno di ricordare con nostalgia tutto il dolente intreccio di destini che caratterizzava quei quartieri. Scrive nella poesia "Risanamento", da "Le case della Vetra":

Di tutto questo
non c'è più niente (o forse qualcosa
s'indovina, c'è ancora qualche strada
acciottolata a mezzo, un'osteria...)
Mio padre diceva che la gente
di qui, di piazza della Vetra, dietro
a San Lorenzo, era
gente da uscir di casa col coltello
alle sette di sera. Eh sì, il Naviglio
è a due passi, la nebbia era più forte
prima che lo coprissero, la piazza
piena di bancarelle con le luci
a acetilene, le padelle nere
delle castagne arrosto, i mangiatori
di chiodi e di stoviglie
non era certo un posto da passarci

In "Un'educazione milanese" Alberto Rollo ricorda la sua infanzia in una casa di ringhiera: *"Alla casa di via Grigna si accedeva per uno stretto androne che si apriva su cortile immenso: lì si levavano due altissimi abeti che allungavano i flabelli dei loro rami verso i ballatoi profondi che correvano su tutti i lati del quadrilatero. Noi stavamo all'ultimo piano e la porta dell'appartamento dava su un pianerottolo-piazza dove i bambini potevano giocare anche quando pioveva. Non solo. La connessione con gli altri pianerottoli era tale per cui ci si faceva segno da un piano all'altro, da un lato all'altro del cortile, e bande di ragazzini si formavano con la stessa magica velocità con cui poi si scioglievano. Le frequentazioni in casa esistevano, ma erano precedute o accompagnate dalla conoscenza en plein air. Perlopiù erano appartamenti abitati da operai o piccoli artigiani."*

Delle numerosissime case di ringhiera tuttora esistenti a Milano, di cui manca una precisa stima, anche se qualcuno azzarda perfino il numero di 70.000, alcune sono sempre più malmesse e sono destinate ad ospitare i nuovi arrivati in città, gli immigrati extraeuropei, altre, accuratamente restaurate, sono divenute costose abitazioni di pregio, destinate a strati emergenti della popolazione milanese.
Qualcuna è stata trasformata in albergo come l'Hotel Maison Casa Borella sul Naviglio Grande o altre strutture in zona Sempione.

Sotto questo profilo assume particolare rilevanza il corretto restauro di questi edifici, procedura naturalmente diversa dal mero recupero e adeguamento funzionale.
In generale, a Milano le vecchie abitazioni sono state oggi adattate alle esigenze del vivere contemporaneo, con bagni e apparecchiature idriche e igieniche integrate nelle singole unità abitative, impianti ascensori inseriti nei corpi scala o in appositi volumi a torre, agganciati alle ringhiere affacciate nei cortili.
A fronte di interventi poco corretti, con materiali inadeguati, come l'alluminio, di colori accesi, di forme irregolari, le opere, pur meritoriamente eseguite con un'attenzione assoluta alle loro pregevoli caratteristiche estetiche e armoniche, hanno paradossalmente snaturato comunque tali edifici, trasformandoli in contesti abitativi destinati a soggetti che, non appartenendo alla categoria sociale per la quale erano stati concepiti originariamente, esprimevano esigenze radicalmente diverse.
La contraddizione presente in questo enunciato in realtà serve a confermare la validità e la qualità architettonica dell'edilizia di ringhiera, concepita in altri tempi e per altri fini.
Basta infatti sostituire l'aggettivo "povera", che accompagna di solito questa tipologia costruttiva con "semplice", per farne risaltare uno degli aspetti maggiormente apprezzabili, perché proprio la semplicità e il ripetersi tradizionale di materiali, forme, colori, modalità costruttive e di appartenenza al tessuto urbano ne caratterizzano la particolare fisionomia.
La linearità del disegno, la forma e la varietà delle aperture, la chiarezza compositiva sono gli elementi primari di

queste originali architetture caratterizzate da cortili ampi e regolari, pavimentati in ciottoli e lastroni di granito, cui vanno aggiunti i piani dei ballatoi in consistenti moduli lapidei, le ringhiere in profili ferrosi, i tamponamenti murari massivi in cotto, i portoni e portoncini in legno fodrinati, e, all'interno degli alloggi, i pavimenti in piastrelle di graniglia o di argilla, i caminetti. Si tratta di elementi estranei all'edilizia contemporanea originati da semplicità e artigianalità costruttiva e destinati a utilizzi senza ostentazione.

E' appena il caso di osservare che solo interventi di restauro specialistici e costosi, attenti alla loro particolarità costruttiva, possono oggi sorprendentemente esaltare l'originalità e la validità di questi edifici.

Queste operazioni da un lato consentono di mantenere nel panorama cittadino le austere facciate di edifici frutto di un'edilizia povera, sviluppatasi in un determinato momento storico, ma dall'altro con la trasformazione in condomini di lusso ne alterano irrimediabilmente l'originaria natura.

Critico verso questa nuova vita delle case di ringhiera è Maurizio Cucchi che ne "La traversata di Milano" scrive: *"Una parentesi sulle case di ringhiera, quelle che, superstiti, nei burocratici annunci immobiliari vengono definite ambiguamente come case "vecchia Milano". Il pittoresco di cui da qualche decennio sono state riverniciate falsifica la realtà di abitazioni misere, costruite con materiali spesso di scarto, realizzate con ballatoi per economizzare e in genere, nei loro tempi d'oro, prese in affitto e subaffittate a operai e altra gente sprovvista di mezzi...Erano case che riprendevano i caratteri della cascina dei braccianti, sviluppandola verso l'alto, e i simpatici ingegneri e costruttori del tempo pensavano di realizzare*

così una sorta di idea filantropica a vantaggio degli operai. In realtà, le condizioni in cui venivano a trovarsi gli inquilini erano infelici, antigieniche e malsane...I medio-piccoli borghesi, forzati appassionati delle antiche tradizioni e dell'"autentico", i turisti della povertà, coloro che amano il povero perché la sua vista li rassicura nel loro privilegio, hanno in genere accorpato due o tre di questi alloggi miserabili, sventrandoli e rifacendoli internamente. Per loro fortuna, si capisce. Anche se quegli "appartamenti vecchia Milano" erano ben poco apprezzati da coloro che vi erano vissuti e giustamente non li amavano affatto, tanto che appena potevano, se ne andavano, scappavano via, e non mancavano certo di vantarsene con i vicini. Si trattava di alloggi in cui la vita sociale era un obbligo: per avere più luce e sentirsi meno carcerati, meglio uscire sulla ringhiera o andare giù, sull'acciottolato del cortile. Certo la composizione umana era varia e allegra. Operai, come si diceva, magari immigrati da lontano o dalla provincia, artigiani che spesso avevano la loro bottega in cortile, piccoli impiegati, ma anche ladri e prostitute. Tutti si trovavano bene insieme, o quasi".

La valenza evocativa della casa di ringhiera non è sfuggita agli autori di messaggi pubblicitari che propongono al pubblico televisivo una miniserie dove la casa stessa fa da sfondo ad ogni piccolo episodio di una serie destinata a promuovere un noto detersivo. I protagonisti sono un giovane uomo e sua madre, di origine meridionale ma trasferiti ormai al nord, in una casa di ringhiera. Il figlio si azzarda a trascurare le regole igieniche materne usando il detersivo da promuovere. L'autoritaria madre, come tutte le madri meridionali, disapprova, ma si lascia poi convincere dinanzi a risultati indiscutibili. Confermano l'approvazione i vicini affacciati dai ballatoi, dai quali, in una luminosa giornata, pendono piante e fiori di ogni genere e colore. La scena comunica tutti i valori positivi trasmessi dal messaggio pubblicitario in mezzo minuto. L'inflessione meridionale e lo stesso cognome dei protagonisti, Surace, di origine calabrese, nel quale è abilmente contenuta la marca del prodotto, rimandano a solidi valori familiari, comunemente ritenuti ancora forti al sud, che non possono prescindere da un'accurata igiene domestica, fondamento di ogni altro tipo di igiene.

Da ultimo, per sottolineare la suggestione che ancora esercita la casa di ringhiera, va segnalato che nel 2011 uno scrittore italiano, Francesco Recami, ha pubblicato un romanzo giallo dal titolo esplicito "La casa di ringhiera". Il protagonista, Amedeo Consonni, tappezziere in pensione nutre un forte interesse per i fatti di cronaca nera, tanto da imboccare lui stesso la strada dell'investigatore. L'idea ha fortuna e Recami inaugurerà una serie pubblicando altri sette romanzi con lo stesso protagonista. E' interessante leggere la descrizione che l'autore fa della casa di ringhiera nel primo romanzo della serie: *"Il signor Consonni abitava in una delle poche case di ringhiera del quartiere Casoretto. Era stata costruita ai primi del Novecento, intorno a una corte rettangolare di circa 30 metri per 20, corte nella quale potevano parcheggiare solo alcuni degli inquilini, quelli che da sempre avevano diritto ai pochi posti macchina. Gli appartamenti erano una ventina, in aggiunta c'era il laboratorio di falegnameria e altri fondi al piano terra, molti dei quali inutilizzati. Tale casa di ringhiera si distingueva dal resto degli edifici del quartiere, peraltro caratterizzato da architetture assai diverse, da certe villette in stile liberty-moresco con anche le palme, a piccoli stabili dei primi Novecento, ad altre costruzioni a scopo commerciale dagli anni quaranta agli anni sessanta. In questo pittoresco mosaico la casa di ringhiera costituiva un curioso microcosmo, soprattutto perché il livello socio-urbanistico delle abitazioni era molto più basso, per non dire molto più povero, della media delle case del quartiere. Le ringhiere di ferro battuto si innestavano su stilemi architettonici ibridi, caratteristici dell'epoca, dagli stucchi cadenti che riproducevano motivi tipici della cultura industriale, alle piccole colonne di ghisa sverniciata, alle pesanti inferriate, non tutte coeve, di cui erano dotate le ampie finestre. Gli intonaci erano fatiscenti, salvo qualche intervento eseguito dai singoli occupanti degli appartamenti, così che a tratti le pareti grigio-giallo sporco erano interrotte da tasselli ritinteggiati di colori improbabili, bianco ghiaccio, ocra, o beige anni trenta, che davano all'insieme un che di pretenzioso e di misero. Peggio ancora, alcuni degli infissi, tradizionalmente di legno, erano stati sostituiti da altri di alluminio anodizzato, color ottone e color argento. Per non parlare delle numerose parabole TV che fiorivano sulla ringhiera, che danno un senso di miseria globalizzata. La pavimentazione della corte era in parte di selciato, dissestato, e in parte di terra battuta. Quindi in quella corte non era assente la polvere, che si depositava su tutte le facciate, uniformando involontariamente le difformità cromatiche fra le varie unità abitative. Per esempio i portoncini che davano sulla ringhiera erano tutti di colore diverso. Alcuni erano presuntuosamente dipinti in stile villaggio britannico, verde Lotus, rosso brillante, blu cobalto. Chissà perché la prima cosa che un inquilino della casa di ringhiera pensava di fare era quella di riverniciare di colori non autoctoni il portone di casa sua".*

L'ottimo stato di salute delle case di ringhiera oggi emerge da cinque articoli che nell'aprile 2022 il quotidiano milanese "Il Corriere della Sera" nella sua edizione locale dedica ad altrettante case, situate in zone diverse della città, in via Borsieri, 11 all'Isola, via Legnone, 79 alla Bovisa, via Padova, 90, via Corsico, 3, sui Navigli e via Selvanesco, 75, nella zona di via dei Missaglia.

Emerge dalla lettura degli articoli, pur opera di diversi giornalisti, un quadro idilliaco della vita che si svolge in questi stabili, ispirata alla solidarietà, alla cooperazione, all'aiuto reciproco, alla condivisione degli eventi della vita dei singoli abitanti, sia positivi che negativi. *"La ringhiera –* afferma Laura di via Padova - *è simbolo e veicolo reale di unione".*

La tipologia degli abitanti non è certamente quella dei primi anni di vita di questi stabili, anche se si può trovare ancora al pianterreno di via Borsieri un'officina di fabbro. Gli abitanti non sono certamente più operai di industrie, ormai trasferite altrove. Sono giovani tesi alla conquista della grande città esercitando i lavori oggi più attrattivi, registi, attori, personal trainer, volontari di Emergency, gestori di bar, enoteche e librerie ma non mancano medici, architetti, psicologi e perfino un avvocato. In via Legnone c'è anche qualche straniero, come il marocchino Hind, che lavora in un'impresa di servizi, e l'egiziano Salah, che fa ristrutturazioni. I rapporti si consolidano con attività in comune, come aperitivi, grigliate, giochi, ascolto di musica, proiezioni cinematografiche e lezioni di cucina araba impartite da Hind ma anche con contatti diretti tra i singoli come la ragazza che insegna l'italiano alla moglie di Salah, appena giunta in Italia.

Le mura e le porte

"La costruzione delle mura è il primo atto della fondazione di una città" afferma Cesare De Seta ne "Le mura simbolo della città" in "La città e le mura". Delimita lo spazio urbano, segna un confine, assicura protezione con una struttura che ha subito ben poche modifiche nel corso dei millenni. Le città alto-mesopotaniche, si legge in "Gli Assiri" di Vincenzo Mistrini, erano *"cinte da mura poderose, con uno scosceso terrapieno d'argilla e pietrisco, il cui scavo frutta anche la creazione del fossato esterno, rinforzato da un rifascio di pietra alla base e da uno strato d'intonaco che lo compatta e ne rende scivolosa la superficie, sulla cui sommità sorge la cinta vera e propria, in pietra e mattoni".*

Milano, sorta in piena pianura e pertanto priva di tutele naturali, si è fin dalla sua fondazione dotata di una cinta muraria, ampliata nel corso dei secoli, in ragione dell'aumento della popolazione e dell'importanza stessa della città.

Una prima cinta fu edificata in epoca romana, nella seconda metà del I secolo a.C., allargata in età di Massimiano, tra il 286 e il 305.

Nel V secolo si rese necessario un sensibile allargamento, corrispondente all'attuale Cerchia dei Navigli. Destinata a durare a lungo nel tempo, consisteva in un fossato anulare, nel quale scorreva acqua e di un terrapieno costruito con lo stesso materiale di riporto.

Nella seconda metà del secolo XVI, sotto la dominazione spagnola la città fu racchiusa in poderose mura, l'attuale Cerchia dei Bastioni, caratterizzate da una geometria irregolarmente decagonale, lunghe 11 chilometri.

Si era reso necessario prevedere strumenti di difesa più efficaci per fronteggiare le nuove armi, che avrebbero avuto facilmente ragione delle fragili mura medievali. La costruzione, voluta dal governatore Don Ferrante I Gonzaga, ebbe inizio nel 1545 e terminò nel 1562 sotto la direzione di Giovanni Maria Olgiati, ingegnere militare. Il Castello Sforzesco, inglobato nell'apparato difensivo, fu trasformato in una cittadella fortificata, difesa da una consistente guarnigione. L'accesso alla città era garantito da sei porte, corrispondenti ai relativi sestieri, Porta Orientale, Romana, Ticinese, Vercelllina, Nuova e Comasina. I tratti di mura tra una porta e l'altra prendevano nome dalla Porta d'inizio in senso antiorario.

Ma anche quel sistema difensivo era destinato a rivelarsi inadeguato di fronte ad armi sempre più potenti. Inizia così, come osserva Cesare De Seta, *"la lunga agonia delle mura. Solo porte e fortezze reggono a questo assalto, che si consuma tra la fine del Settecento ed il secolo seguente: cadono le mura della città europee come quelle di Gerico, le une dopo le altre."*

Le mura di Milano subirono la stessa sorte. A partire dal 1750 il governatore Gian Luca Pallavicini ordinò che fossero adibite a passeggiata pubblica, cosicché la spianata fu progressivamente trasformata in un vero e proprio giardino pubblico, ad opera di Giuseppe Piermarini. La nascente industrializzazione della città con le relative esigenze di movimento non poteva conciliarsi con l'imponente struttura che stringeva la città, consentendo l'accesso soltanto attraverso le porte. All'apertura di nuovi varchi seguì progressivamente la totale demolizione, che ebbe termine negli anni immediatamente successivi alla fine della seconda guerra mondiale.

Con l'abbattimento delle Mura Spagnole e la predisposizione nel 1884 del primo Piano regolatore della città, opera di Cesare Beruto, approvato e poi entrato in vigore nel 1889, iniziò lo sviluppo urbanistico della città oltre la Cerchia dei Bastioni. Tale impostazione pianificatoria confermò il carattere radiocentrico della struttura urbana, creando anche un'ulteriore circonvallazione esterna e mantenendo gli assi radiali delle strade di uscita dalla città.

Nelle pagine che seguono si evidenzia pertanto lo sviluppo immobiliare della città, mettendo a confronto planimetrico la situazione urbana di ciascuna parte alla fine del XIX secolo e all'inizio del XX, con la situazione contemporanea. Gli edifici abitativi con distribuzione a ballatoio censiti punteggiano le planimetrie di ciascun "fuori porta", caratterizzando ancor oggi intere strade e consolidando i caratteri dei "borghi" esistenti fuori dalle mura.

Mappe dei ballatoi fuori porta

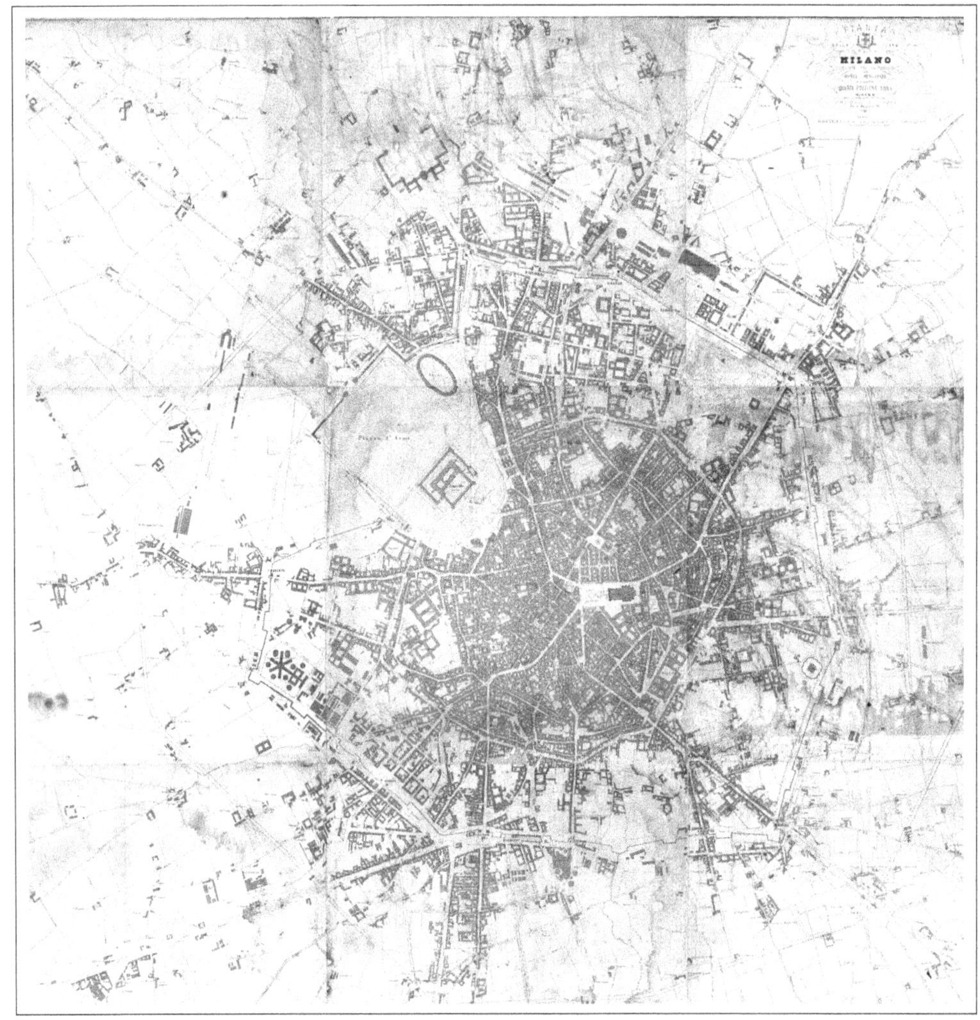

Carta Tecnica Comunale del 1884

Fuori Pusterla Giovia e fuori Porta Tenaglia

Arco della Pace - disegno attribuito a Luigi Mantovani presso la raccolta delle Stampe Bertarelli

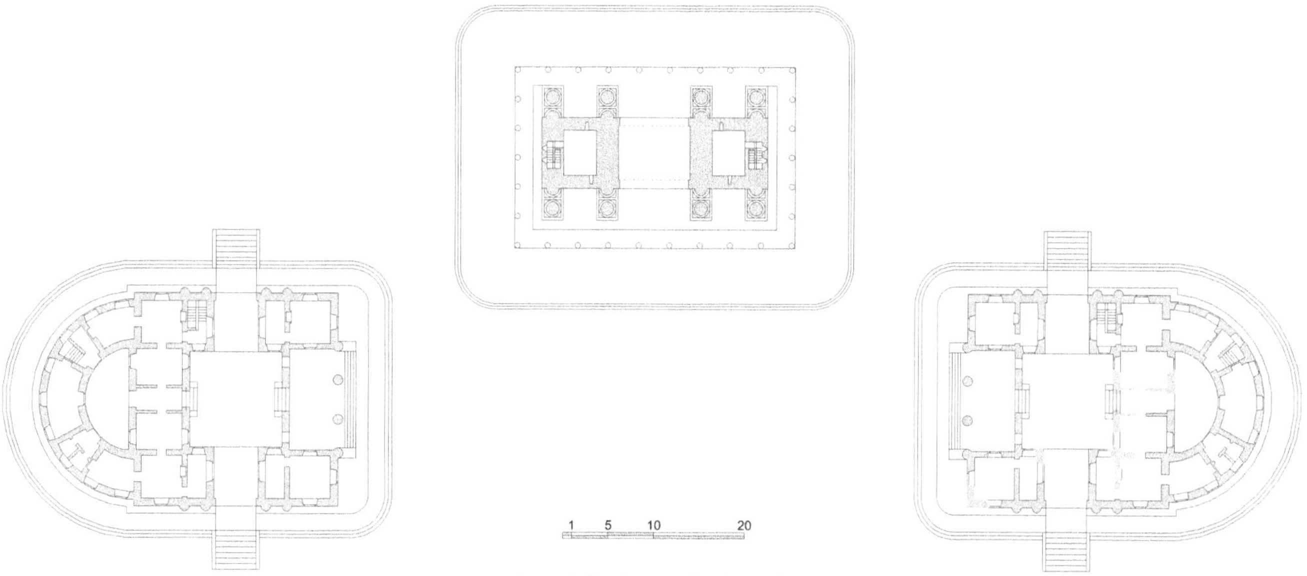

Arco della Pace - planimetria

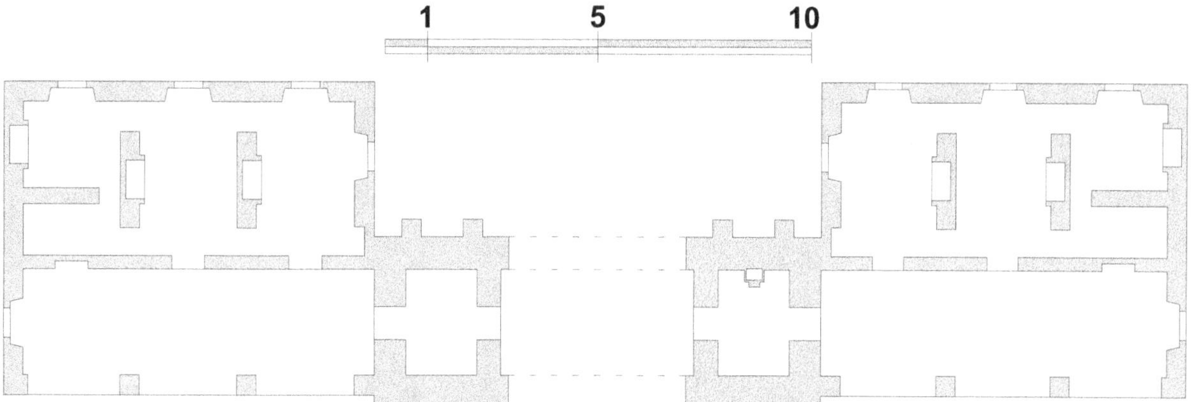

Porta Tenaglia - planimetria

Pusterla Giovia era aperta sul tracciato delle mura medievali verso nord-ovest. Porta Tenaglia, progettata nel 1521 da Cesare Cesariano e terminata solo nel 1560, si apriva lungo i bastioni spagnoli nella stessa direzione. Demolita nel 1571, fu assorbita nel più ampio complesso difensivo del Castello Sforzesco.

In direzione nord si apre oggi Porta Sempione, che è stata la prima delle nuove porte. Più nota come Arco della Pace, è un arco trionfale dedicato alla pace raggiunta nel 1815 con il Congresso di Vienna. La costruzione si protrasse per molti anni, anche in relazione alle vicende politiche della città: iniziata nel 1807 su progetto di Luigi Cagnola, sospesa l'anno successivo, ripresa nel 1826, ebbe termine nel 1838, sotto la direzione di Carlo Giuseppe Londonio. A coronamento dell'Arco nel 1837 fu posto sulla sommità la Sestiga della Pace di Abbondio Sangiorgio e quattro Vittorie a cavallo di Giovanni Putti. L'inaugurazione avvenne alla presenza dell'Imperatore Francesco I, incoronato Re del Lombardo-Veneto. Coevi sono i caselli daziari, progettati dallo stesso Cagnola, che sorgono ai lati dell'Arco.

All'esterno lo sviluppo urbano si consolida verso il Sempione, lungo la direttrice Varesina, via Luigi Canonica e al suo proseguimento nella via Piero della Francesca. Alle spalle della Porta si erge uno dei monumenti simbolo della città, il Castello Sforzesco. Molteplici vicende, storiche, architettoniche, urbanistiche, militari hanno modificato la sua forma nel corso dei secoli. Galeazzo Visconti tra il 1358 e il 1368 lo fece costruire a ridosso delle mura trecentesche nei pressi di Porta Giovia, da cui prese il nome, Castrum Portae Jovis. Francesco Sforza ordinò i primi interventi, che prevedevano, in particolare, i due massicci torrioni verso la città, rivestiti con eleganti bozze di serizzo a punta di diamante, tanto che alla sua morte nel 1466 il figlio Galeazzo Maria ne fece la sua residenza abbandonando il palazzo accanto al Duomo. Nel corso di tutta la seconda metà del secolo XV il castello fu oggetto di continui interventi, ad opera di artisti e architetti come Vincenzo Foppa, Cristoforo Moretti, Benedetto Ferrini, Leonardo, Bernardino Zenale, Bernardino Butinone, Bramante, che lo resero un'elegante dimora teatro di memorabili cerimonie nuziali come quella di Gian Galeazzo con Isabella d'Aragona nel 1489 e di Ludovico il Moro con Beatrice d'Este due anni dopo. Negli stessi anni fu costruito un baluardo allungato, detto Tenaglia, che diede il nome alla vicina porta. I governatori spagnoli a partire dal 1535 stabilirono la loro residenza nel Palazzo Ducale e il Castello riassunse il suo ruolo difensivo, con la costruzione di nuove fortificazioni, su una base prima pentagonale e poi esagonale con sei punte, divenute più tardi dodici, con l'inserimento di mezzelune tra un baluardo e l'altro. Durante il dominio francese l'antica struttura, ormai obsoleta, venne demolita in gran parte, lasciando spazio alle sue spalle all'Arena, all'Arco della Pace e ad una vasta piazza d'Armi, poi trasformata nel Parco Sempione. Luca Beltrami nel 1893 conferì al Castello l'aspetto attuale. Tra demolizioni e rifacimenti, documenti e deduzioni lo ricostruì in una forma che doveva riprodurre l'originaria struttura. Oggi il Castello è al centro della vita cittadina, ospitando istituzioni culturali e museali.

L'imponente costruzione sembra proteggere ancora il cuore della città, la Galleria, il Palazzo Reale, il Duomo.

Non c'è nessun visitatore che non si sia soffermato a lungo dinanzi al suo monumento più rappresentativo, quel maestoso Duomo che si erge in una vasta piazza, al centro della città, visitandone l'ampio interno e le iperdecorate pareti esterne e fornendone una sua personale lettura, ora ammirata, ora estasiata, ora ironica, ora denigratoria. Il poeta tedesco Heinrich Heine così lo descrisse in "Impressioni di viaggio" del 1828: *"Visto da lontano, sembra ritagliato in carta velina bianca; da vicino fa quasi spavento perché tutto questo lavorio di intagli appare fatto, senza possibilità di dubbio, nel marmo. Le innumerevoli statue che coprono tutto l'edificio, che appaiono dappertutto sotto le acuminate nicchie gotiche, e che più in alto sono piantate su ogni guglia, tutto questo popolo di pietra fa quasi perdere la testa. Osservando la costruzione nel suo insieme si vede come essa sia leggiadra, una specie di giocattolo per figli di giganti. Al chiaro di luna, verso mezzanotte, il duomo offre uno spettacolo ancora più bello; tutte le bianche figure di pietra scendono dalla loro altezza formicolante, e passeggiano con te sulla piazza e ti sussurrano all'orecchio antiche storie, storie buffe e sante, storie misteriosissime di Galeazzo Visconti che dette inizio alla costruzione del duomo, e di Napoleone Bonaparte, che la continuò più tardi".*

Il critico inglese John Ruskin scrisse in una lettera al padre datata 16 luglio 1845: *"Mio caro padre, mi ha riempito di gioia scoprire che il Duomo mi affascina come prima, se non di più: è davvero l'opera più maestosa del mondo".*

Hippolyte Taine, che lo visitò nel 1864, ne scrisse con toni intensi e suggestivi: *"Questa cattedrale è dapprima abbagliante: il gotico, trapiantato in blocco in Italia alla fine del Medioevo, raggiunge il trionfo e il suo successo. Mai lo si è visto più acuto, più ricamato, così complicato, sovraccarico, simile ad un pezzo d'oreficeria... La chiesa sembra una cristallizzazione colossale e magnifica. La foresta di guglie, la merlettatura di marmo scavato, scanalato, svuotato, ricamato, forato, multipla e infinita, stagliano i loro candori nell'azzurro del cielo."*

Mark Twain durante un viaggio in Europa nel 1866 ne fu molto impressionato, quasi ipnotizzato, come si legge nei resoconti dei suoi viaggi pubblicati nel 1869: *"Che meraviglia! Così imponente, così solenne, così grande! Eppure, così delicata, così eterea, così elegante! Un mondo solido che, tuttavia, al chiaro di luna, pare un'illusione fatata di arabeschi di ghiaccio pronta a svanire in un soffio! Con quale nitidezza le sue guglie ornate di angeli e la turbolenza dei suoi pinnacoli si stagliavano contro il cielo e con quale ricchezza le loro ombre si proiettavano sul suo tetto candido! Una visione! Un miracolo! Un inno intonato nella pietra, una poesia incisa nel marmo! In qualunque modo osserviate la grandiosa cattedrale, è nobile, è meravigliosa!"*.
Con un occhio completamente diverso lo vide Karel Čapek. Così lo descrisse in "Fogli italiani", resoconto di un viaggio in Italia nel 1923: *"Poi ho visto la torre di Babele, sulla quale si sono intrecciate le lingue per cinque secoli: è il Duomo di Milano. Da lontano sembra un'enorme antimonite, che si cristallizza in simili aghi sottili, oppure uno smisurato carciofo di marmo; ciascun ago, ovvero torretta o pinnacolo, se lo sgusciate, ha l'interno pieno di statue e al di sopra ne ha un'altra, la qual cosa la scoprirete solo quando sarete saliti sul tetto; di quelle statue ce ne sono, solo all'esterno, 2.300, come indica il Baedeker con una cifra, come al solito, contenuta, ma penso che non conti le figure che sono in rilievo. E' una delle più grandi aberrazioni che abbia mai visto, ma anche voi sarete confusi dalla sua mania estensiva; è vero sì che quelle statue non valgono molto, che gli archi di sostegno sono banali, che gli aghi e le torrette sono insensate, ma la loro quantità è tale che alla fine ti avviluppa completamente con la sua smoderatezza fantastica, pazza, candida e caratteristica"*.
Ma, tagliando corto su ogni diversità di giudizi, il Duomo di Milano, ammonisce Emilio De Marchi in "El noster Domm", *"per capirlo bisogna esser nati sotto Santa Tecla, bisogna cominciare da piccoli a guardar su a quelle statue, a quelle guglie, a quei finestroni antichi, scuri, maestosi, dove il sole gioca a nascondersi"*.
Non tutti gli scrittori milanesi lo apprezzano senza riserve: a Giovanni Rajberti infatti piace soltanto l'abside. Dichiara ne "Il viaggio di un ignorante" del 1857: *"Il nostro Duomo...rassomiglia piuttosto a una maestosa Regina sgraziatamente sfregiata nel volto, che abbisogna d'una maschera perpetua; ma bellissima di dietro ogni oltre dire: è là, là, che dovrebbe farsi una piazza degna del gran tempio Callipige"*.

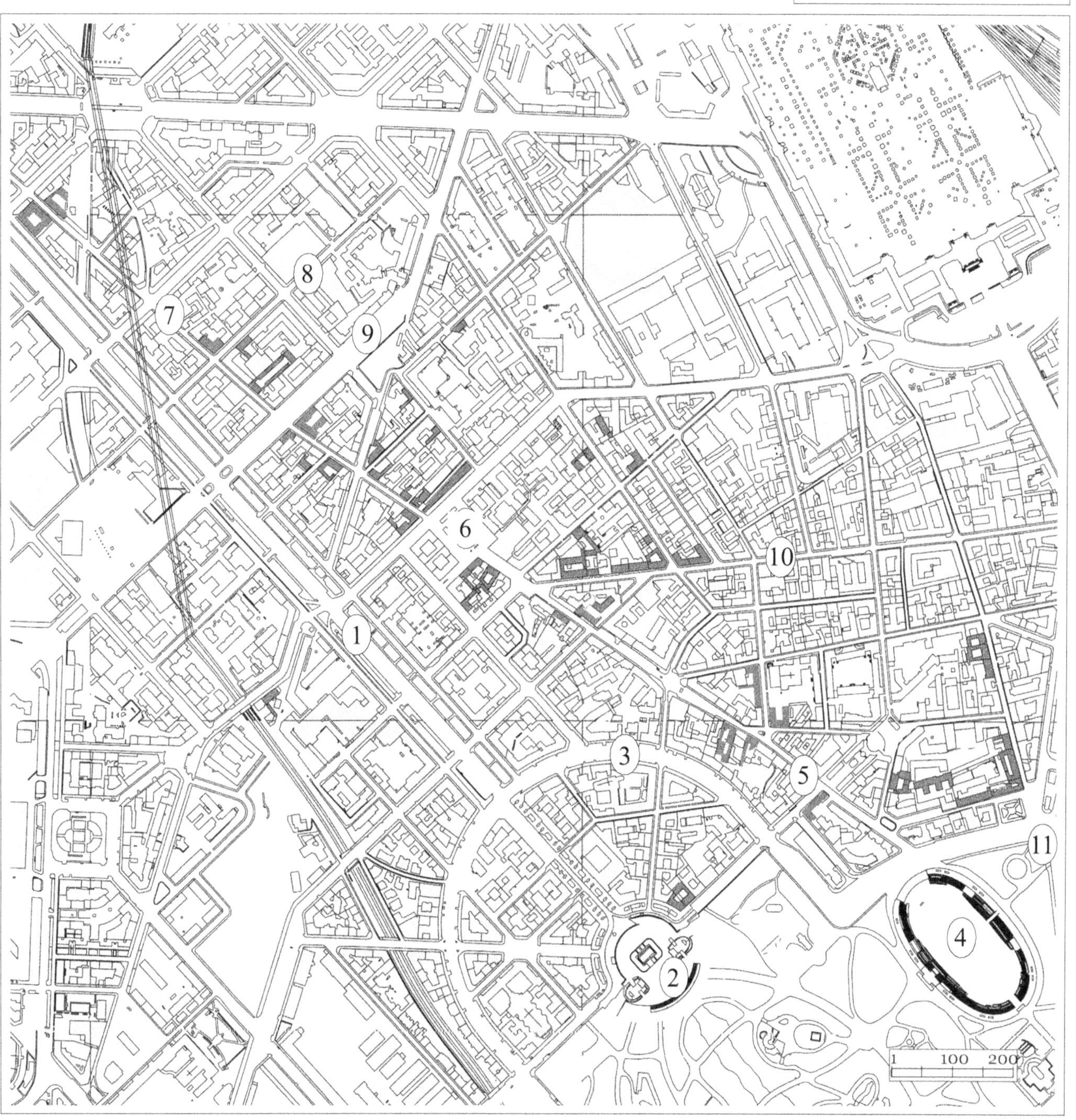

1 corso Sempione
2 Arco della Pace
3 via Francesco Melzi d'Eril
4 Arena Civica
5 via Luigi Canonica
6 piazza Antonio Gramsci
7 via Piero della Francesca
8 via Ludovico Castelvetro
9 via Angelo Poliziano
10 via Paolo Sarpi
11 ex Porta Tenaglia
1 100 200

Carta tecnica comunale - Milano 1884

Pianta di Milano compilata dall'Ufficio Tecnico Municipale - 1906 - Bertarelli Sacchi

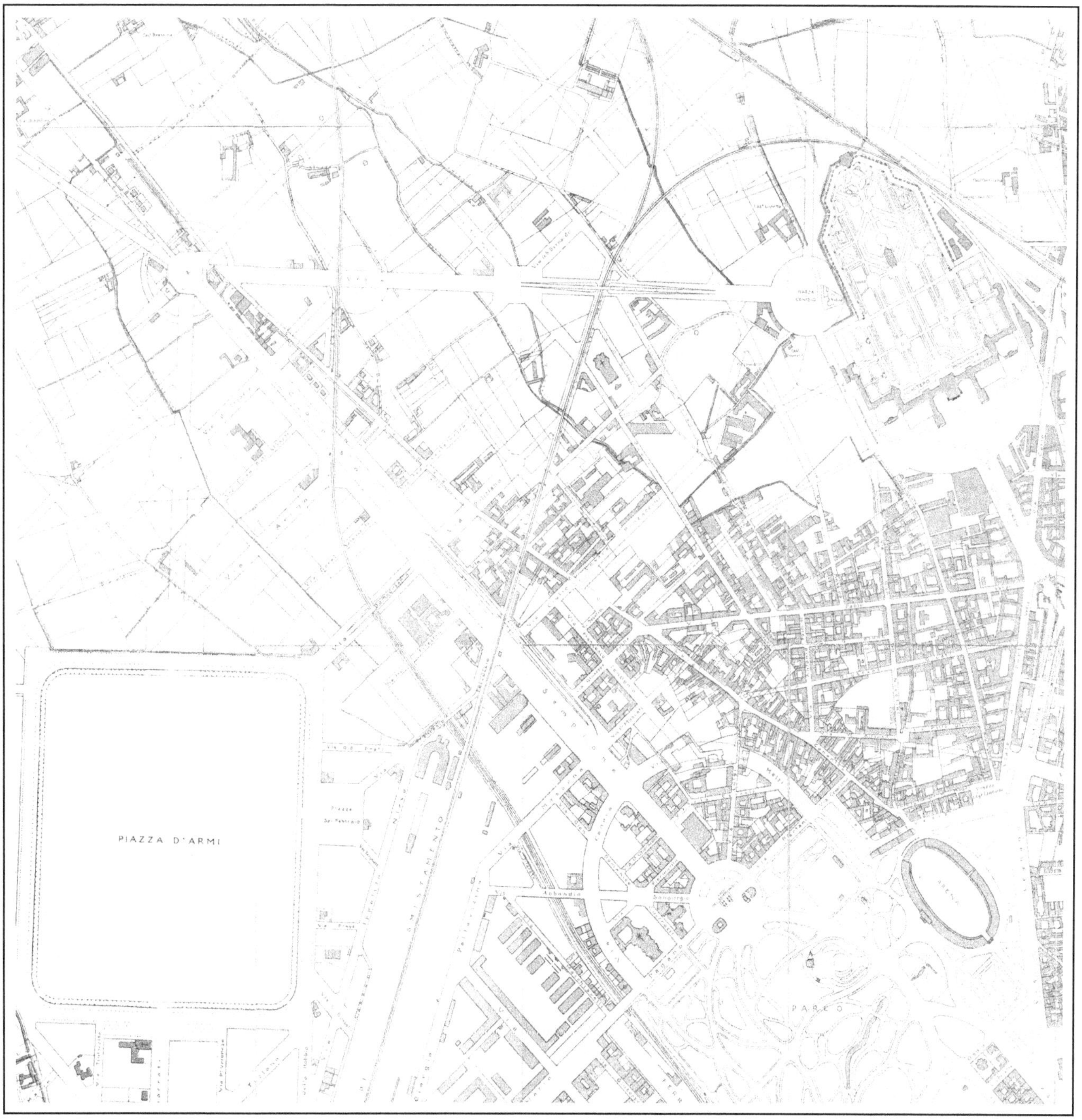

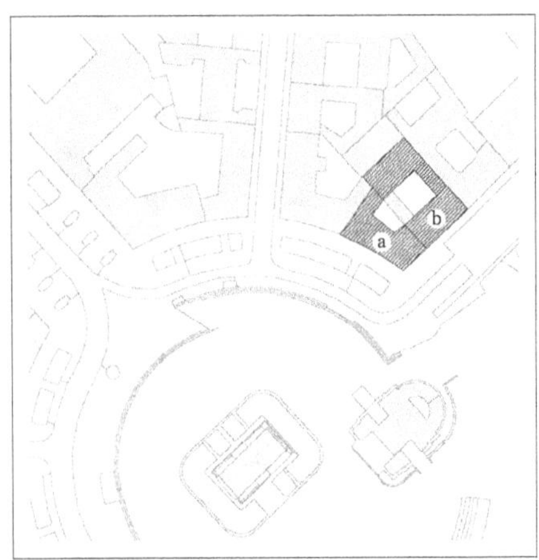  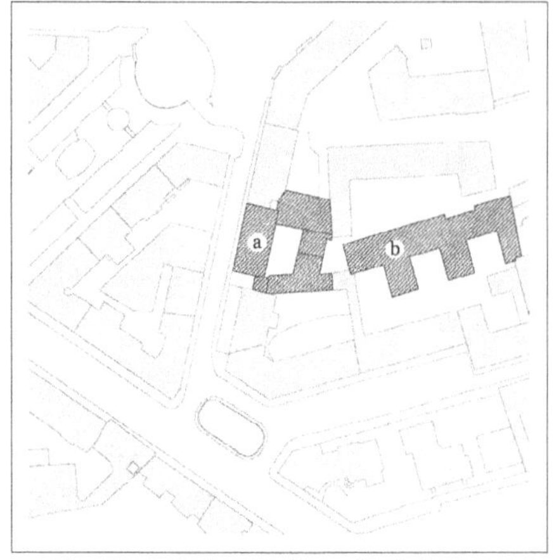

a- Piazza Sempione 2
Edificio d'angolo con via Agostino Bertani
Piani 5
    Fronte strada
File di finestre 7
Balconi 3+terrazza attico
Vetrine di negozi 6
Intonaco giallo con zoccolatura in cemento
    Cortile
Forma rettangolare
    Ballatoi
Livelli 4
Distribuiti su 2 lati

b- Via Agostino Bertani 16
Piani 6
    Fronte strada
File di finestre 6
Balconi 5
Vetrine di negozi 4
Intonaco giallo con zoccolatura in cemento
    Cortile
Forma quadra
Intonaco giallo
Pavimento in ciottoli
    Ballatoi
Livelli 4
Distribuiti su 2 lati
Piani in pietra

a- Via Cesare Cesariano 11
Edificio d'angolo con via Luigi Canonica e
con viale Elvezia
Piani 4
    Fronte strada
File di finestre 13
Balconi 2
Vetrine di negozi 12
Intonaco giallo con zoccolatura in cemento
    Cortile
rettangolare
Intonaco giallo
Pavimento in ciottoli
    Ballatoi
Livelli 3
Distribuiti su 2 lati
Piani in cemento

a- Via Domenico Balestrieri 6
Piani 5
    Fronte strada
File di finestre 7
Vetrine di negozi 6
Intonaco color ruggine
    Cortile
Forma poligonale
Intonaco color ruggine
Pavimento lastre
    Ballatoi
Livelli 3
Distribuiti su 3 lati
    Anno di costruzione 1887
Proprietario costruttore Gaspare Dugnani
Progettista ing. Giorgio Dugnani

b- Via Carlo Maria Maggi 6
Piani 6
Corpi interni all'isolato
    Cortile
A pettine
Intonaco giallo
Pavimento in lastre
    Ballatoi loggiati
Livelli 3
Distribuiti su 2 lati
Piani in cemento

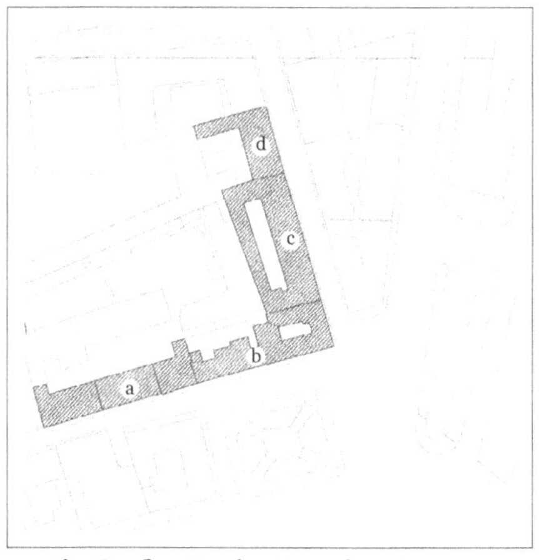

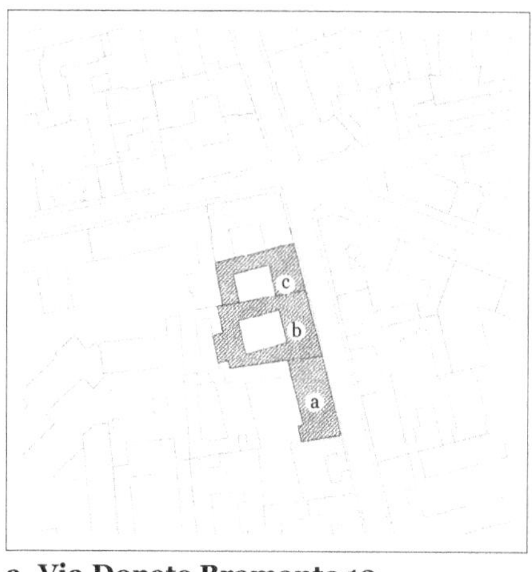

a- Via Carlo Maria Maggi 2-4
Edificio che accorpa 3 corpi di fabbrica
Piani 4-5-6
   Fronte strada
File di finestre 3-7-6
Balconi 1-3-8
Vetrine di negozi 12
Intonaco giallo con zoccolatura in cemento
   Cortile
Forma rettangolare
Intonaco giallo
   Ballatoi
Livelli 4
Distribuiti su 1 lato

b- Piazza Lega Lombarda 3-5
Edificio d'angolo con via Bramante
Piani 4
   Fronte strada
File di finestre 15
Balconi 10
Vetrine di negozi 12
Intonaco giallo con zoccolatura in granito
   Cortile
Forma ridotta e irregolare
Intonaco giallo
   Ballatoi
Livelli 3

c- Via Donato Bramante 1
Piani 4
   Fronte strada
File di finestre 13
Balconi 2
Vetrine di negozi 12
Intonaco giallo
   Cortile
Forma rettangolare allungata
Intonaco giallo
Pavimento ciottoli
   Ballatoi
Livelli 3
Distribuiti 4 lati
Piani in pietra

d- Via Donato Bramante 5
Ex Casa delle Canossiane Figlie della Carità
Piani 4
   Fronte strada
File di finestre 5
Balconi 5
Vetrine di negozi 4
Intonaco grigio con zoccolatura in cemento
   Cortile
Forma quadra
Intonaco grigio
Pavimento ciottoli
   Ballatoi
Livelli 3-2
Distribuiti su 2 lati
Piani in pietra
   Anno di costruzione 1896
Proprietario costruttore Madre Adalgisa
Pessina

a- Via Donato Bramante 13
Piani 5
   Fronte strada
File di finestre 7
Balconi 3
Vetrine di negozi 6
Intonaco giallo con zoccolatura in cemento
   Cortile
Forma quadra
Intonaco giallo
Pavimento in cemento
   Ballatoi
Livelli 4
Distribuiti su 1 lato

b- Via Donato Bramante 15
Piani 6
   Fronte strada
File di finestre 7
Balconi 1
Vetrine di negozi 4
Intonaco rosa salmone
   Cortile
Forma quadra
Intonaco
   Ballatoi
Livelli 4
Distribuiti su 4 lati
Piani in pietra

c- Via Donato Bramante 17
Piani 5
   Fronte strada
File di finestre 5
Balconi 1
Vetrine di negozi 4
Intonaco giallo con zoccolatura in cemento
   Cortile
Forma quadra
Intonaco giallo
Pavimento ciottoli
   Ballatoi
Livelli 4
Distribuiti su 3 lati
Piani in pietra

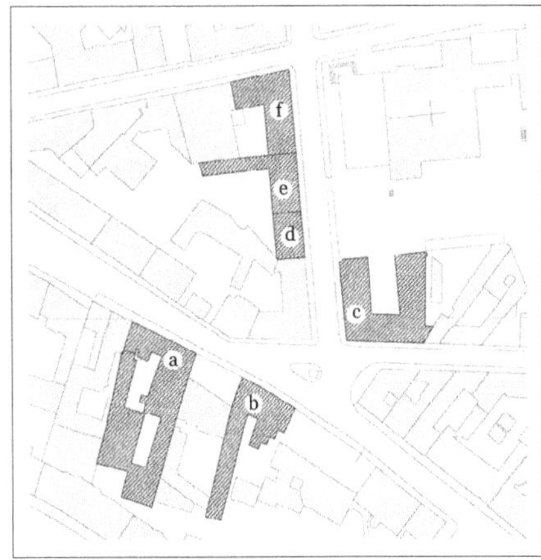

a- Via Luigi Canonica 37 – 39
Piani 5
   Fronte strada
File di finestre 9
Vetrine di negozi 8
Intonaco giallo
   Cortile
Forma irregolare
Intonaco giallo
   Ballatoi
Livelli 4
Distribuiti su 2 lati

b- Piazza Ercole Luigi Morselli 3
Piani 3
   Fronte strada
File di finestre 3
Vetrine di negozi 5
Intonaco giallo
   Cortile
Forma rettangolare
Intonaco giallo
Pavimento ciottoli
   Ballatoi
Livelli 2
Distribuiti 2 lati
Piani in pietra
   Anno di costruzione 1873

c- Via Antonio Rosmini 2
Edificio d'angolo con via Vittorio Alfieri
Piani 5
   Fronte strada
File di finestre 7
Balconi 7
Vetrine di negozi 6
Intonaco giallo con rilievi in cemento
   Cortile
Forma quadra
Intonaco giallo
Pavimento in cemento
   Ballatoi
Livelli 4
Distribuiti su 3 lati
Piani in pietra

d- Via Antonio Rosmini 1b
Piani 5
   Fronte strada
File di finestre 5
Balconi 3
Vetrine di negozi 4
Intonaco giallo
   Cortile
Forma triangolare
Intonaco giallo
   Ballatoi
Livelli 4
Distribuiti su 1 lato

e- Via Antonio Rosmini 3
Piani 5
   Fronte strada
File di finestre 5
Balconi 3
Vetrine di negozi 4
Intonaco giallo con zoccolatura in cemento
   Cortile
Forma triangolare
Intonaco giallo
Pavimento in cemento
   Ballatoi
Livelli 4
Distribuiti su 2 lati
   Anno di costruzione 1885
Proprietario Adelaide Figini
Costruttore Giuseppe Bisio
Progettista Francesco Ruggeri
Capomastro Maurilio Mazzola

f- Via Antonio Rosmini 5
Edificio d'angolo con via Giuseppe Giusti
Piani 5
   Fronte strada
File di finestre 7
Balconi 10
Vetrine di negozi 6
Intonaco giallo con fasce in cemento
   Cortile
Forma quadra
Intonaco giallo
   Ballatoi
Livelli 4
Distribuiti su 2 lati

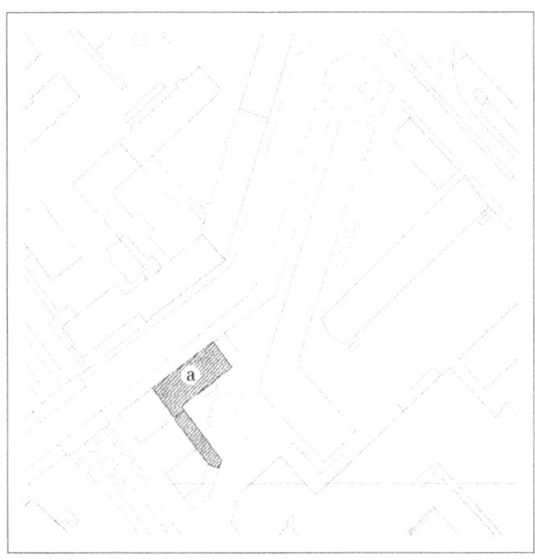 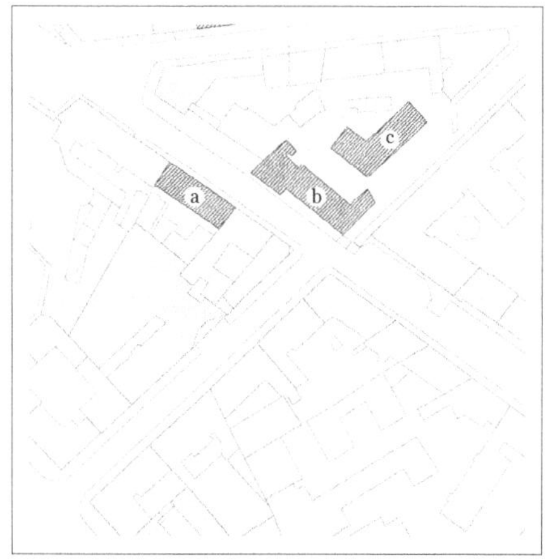

a- Via Francesco Ferrucci 1
Piani 5
    Fronte strada
File di finestre 7
Balconi 2
Vetrine di negozi 6
Intonaco giallo con zoccolatura in cemento
    Cortile
Forma trapezoidale
Intonaco giallo
Pavimento in cemento
    Ballatoi
Livelli 4
Distribuiti su 2 lati
Piani in pietra - cemento
    Anno di costruzione 1885
Proprietario costruttore Eugenio Bignami

a- Via Luigi Canonica 81
Piani 6
    Fronte strada
File di finestre 6
Balconi 6
Vetrine di negozi 5
Intonaco giallo
    Cortile
Forma rettangolare
Intonaco giallo
Pavimento in cemento
    Ballatoi
Livelli 5
Distribuiti su 1 lato
Piani in cemento
    Anno di costruzione 1883
Proprietario costruttore Francesca Osculati
vedova Bonacina Cervieri
Progettista Enrico Roca

b- Via Luigi Canonica 72
Edificio d'angolo con via Alfredo Albertini
Piani 3
    Fronte strada
File di finestre 13
Balconi 2
Vetrine di negozi 9
Intonaco giallo
    Cortile
Forma rettangolare
Intonaco giallo
Pavimento in ciottoli
    Ballatoi
Livelli 2
Distribuiti su 1 lato
Piani in pietra

c- Via Alfredo Albertini 3
Piani 4+attico
    Fronte strada
File di finestre 7
Balconi 5
Intonaco giallo e cemento
    Cortile
Forma irregolare
Intonaco giallo
Pavimento in ceramica
    Ballatoi
Livelli 4
Distribuiti su 2 lati

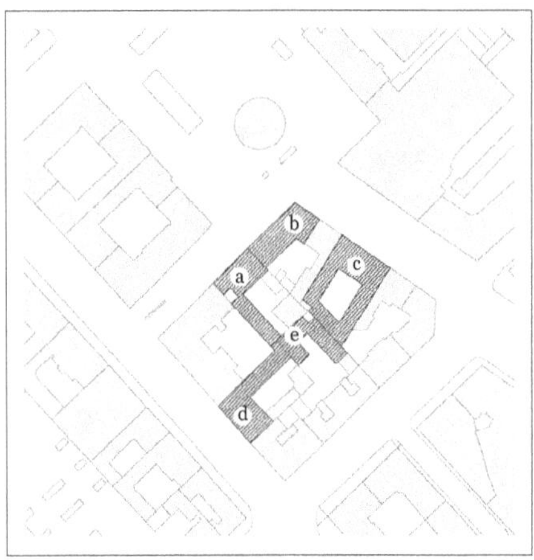

a- Via Luigi Sabatelli 1
Piani 5
  Fronte strada
File di finestre 5
Balconi 5
Vetrine di negozi 4
Intonaco giallo e rosso
  Cortile
Forma rettangolare
Intonaco giallo
  Ballatoi
Livelli 4
Distribuiti su 2 lati

b- Via Luigi Canonica 91
Edificio d'angolo con piazza Antonio
Gramsci
Piani 5
  Fronte strada
File di finestre 3
Balconi 9
Vetrine di negozi 2
Intonaco giallo con zoccolatura in cemento
  Cortile
Forma irregolare
Intonaco giallo
  Ballatoi
Livelli 4
Distribuiti su 1 lato

c- Via Luigi Canonica 87
Piani 5
  Fronte strada
File di finestre 6
Balconi 2
Vetrine di negozi 5
Intonaco giallo
  Cortile
Forma quadra
Intonaco giallo
Pavimento in ciottoli
  Ballatoi
Livelli 4
Distribuiti su 3 lati
Piani in pietra

d- Via Francesco Londonio 22
Piani 4+attico
  Fronte strada
File di finestre 4
Balconi 7
Vetrine di negozi 3
Intonaco ocra con zoccolatura in cemento
  Cortile
Forma rettangolare
Intonaco giallo
  Ballatoi
Livelli 3
Distribuiti su 2 lati
Piani in pietra

e- Via Giuseppe Prina 4
Piani 6
  Fronte strada
File di finestre 8
Balconi 16
Vetrine di negozi 7
Intonaco color crema
Zoccolatura lapidea
  Cortile
Forma poligonale
Intonaco giallo
Pavimento in cemento
  Ballatoi
Livelli 3
Distribuiti su 2 lati
Piani in cemento

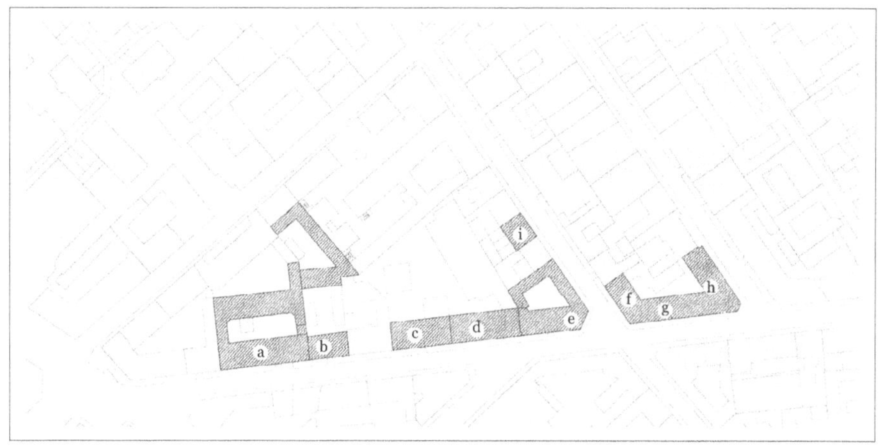

a- Via Paolo Sarpi 60
Piani 4+ attico
    Fronte strada
File di finestre 10
Balconi 15
Vetrine di negozi 9
Trattamento in cemento graffiato e mattoni
Cornici sagomate
Zoccolatura composita
Parapetti balconi in ferro battuto e in
cemento
    2 Cortili
Forma rettangolare e triangolare
Intonaco giallo
Pavimento in cemento
    Ballatoi
Livelli 3
Distribuiti su 2 lati
Piani in cemento

b- Via Paolo Sarpi 58
Piani 5
    Fronte strada
File di finestre 5
Balconi 10
Vetrine di negozi 4
Intonaco giallo con zoccolatura in cemento
    2 Cortili
Forma rettangolare e trapezoidale
Intonaco giallo
Pavimento in ciottoli
    Ballatoi
Livelli 3
Distribuiti su 4 lati
Piani in pietra
    Anno di costruzione 1891
Proprietario costruttore Luigi Belloni
Progettista ing. Cipriano Borioli
Capomastro Maurilio Mazzola, Giuseppe
Colombo

c- Via Paolo Sarpi 54
Piani 4
    Fronte strada
File di finestre 7
Balconi 3
Vetrine di negozi 6
Intonaco giallo
    Cortile
Forma rettangolare
Intonaco giallo
Pavimento
    Ballatoi
Livelli 3
Distribuiti su 1 lato

d- Via Paolo Sarpi 52
Piani 5
    Fronte strada
File di finestre 7
Balconi 4
Vetrine di negozi 5
Intonaco giallo
    Cortile
Forma irregolare
Intonaco giallo
    Ballatoi
Livelli 4
Distribuiti su 1 lato

e- Via Paolo Sarpi 50
Edificio d'angolo con via Paolo Lomazzo
Piani 4
    Fronte strada
File di finestre 7
Balconi 6
Vetrine di negozi 6
Intonaco color crema zoccolatura cemento
    Cortile
Forma trapezoidale
Intonaco giallo
    Ballatoi
Livelli 3
Distribuiti su 2 lati

f- Via Polo Lomazzo 6
g- Via Paolo Sarpi 48
Piani 5
    Fronte strada
File di finestre 5
Balconi 1
Vetrine di negozi 4
Intonaco color ruggine
    Cortile
Forma trapezoidale
Intonaco giallo
    Ballatoi
Livelli 4
Distribuiti su 2 lati

h- Via Luca Signorelli 1
Edificio d'angolo con via Paolo Sarpi
Piani 5
    Fronte strada
File di finestre 8
Balconi 9
Vetrine di negozi 7
Intonaco color albicocca
    Cortile
Forma trapezoidale
Intonaco giallo
    Ballatoi
Livelli 4
Distribuiti su 2 lati

i- Via Paolo Lomazzo 13
Piani 4
    Fronte strada
File di finestre 3
Balconi 3
Vetrine di negozi 2
Intonaco giallo con zoccolatura in cemento
    Cortile
Forma rettangolare
Intonaco giallo
    Ballatoi
Livelli 3
Distribuiti su 1 lato

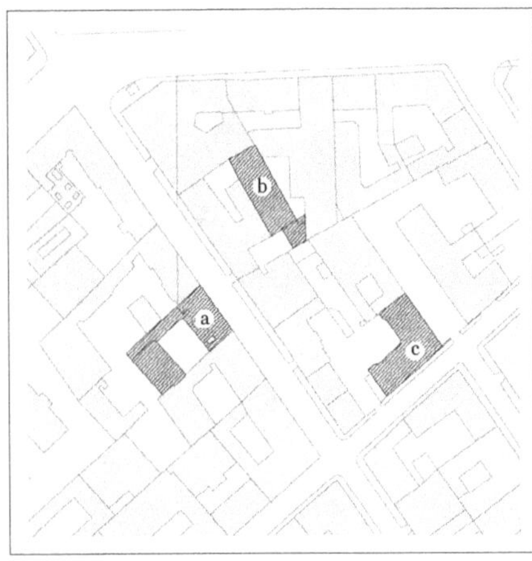 

a- Via Paolo Lomazzo 29

Piani 4 e 5
    Fronte strada
File di finestre 5
Balconi 1
Vetrine di negozi 4
Rivestimento in cemento e mattoni
    Cortile
Forma rettangolare
Intonaco giallo
    Ballatoi
Livelli 4
Distribuiti su 3 lati

b- Via Paolo Lomazzo 30-34

Corpo interno all'isolato
Piani 5
    Cortile
Forma rettangolare
Intonaco giallo
    Ballatoi
Livelli 3
Distribuiti su 1 lato

c- Via Giovanni Battista Bertini 17

Piani 4
    Fronte strada
File di finestre 6
Balconi 6+terrazza
Vetrine di negozi 3
Intonaco grigio con zoccolatura in cemento
    Cortile
Forma quadra
Intonaco giallo
Pavimento in ciottoli
    Ballatoi
Livelli 3
Distribuiti su 2 lati

a- Via Saronno 1

Piani 4
    Fronte strada
File di finestre 5+3
Balconi 3+3
Vetrine di negozi 3+2
Intonaco marrone
    Cortile
Forma irregolare
Intonaco marrone
Pavimento in cemento
    Ballatoi
Livelli 3
Distribuiti su 2 lati
Piani in pietra

b- Via Saronno 2

Piani 4
    Fronte strada
File di finestre 2
Intonaco rosa
    Cortile
Forma rettangolare con volume costruito
Intonaco rosa
Pavimento in granito
    Ballatoi
Livelli 3
Distribuiti su 1 lato
Piani in pietra

c- Via Andrea Mantegna 9

Piani 4
    Fronte strada
File di finestre 4
Balconi 4
Vetrine di negozi 3
Intonaco rosso con zoccolatura in cemento
    Cortile
Forma rettangolare
Intonaco giallo
    Ballatoi
Livelli 3
Distribuiti su 2 lati

d- Via Piero della Francesca 4

Piani 4
    Fronte strada
File di finestre 4
Balconi 4
Vetrine di negozi 3
Intonaco beige e giallo
    Cortile
Forma quadra
Intonaco beige e giallo
    Ballatoi
Livelli 3
Distribuiti su 1 lato
piani in pietra e cemento

e- Via Piero della Francesca 2/1

Piani 4
    Fronte vicolo
File di finestre 4
Balconi 3
Vetrine di negozi in strada 4
Intonaco grigio e giallo
    Cortile (vicolo)
Forma rettangolare
Intonaco grigio e giallo
Pavimento in ciottoli
    Ballatoi
Livelli 2
Distribuiti su 1 lato
Piani in cemento

f- Piazza Antonio Gramsci 12 – 14

Piani 5
    Fronte strada
File di finestre 20
Balconi 15
Vetrine di negozi 18
Intonaco giallo
    Cortile (vicolo)
Forma rettangolare
Intonaco giallo
Pavimento in ciottoli e granito
    Ballatoi
Livelli 4
Distribuiti su 1 lato
Piani in pietra
2 volumi ascensore aggiunti

g- Via Giulio Cesare Procaccini 54

Piani 6
    Fronte strada
File di finestre 9
Balconi 15
Vetrine di negozi 7
Intonaco giallo
    Cortile
Forma irregolare
Intonaco giallo
Pavimento in lastre
    Ballatoi
Livelli 4
Distribuiti su 3 lati
Piani in pietra

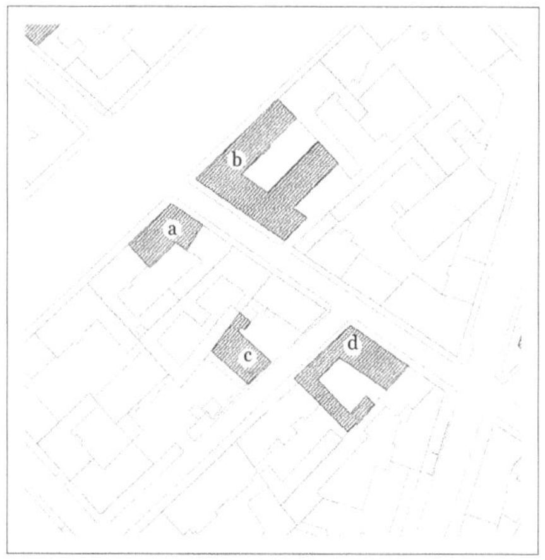

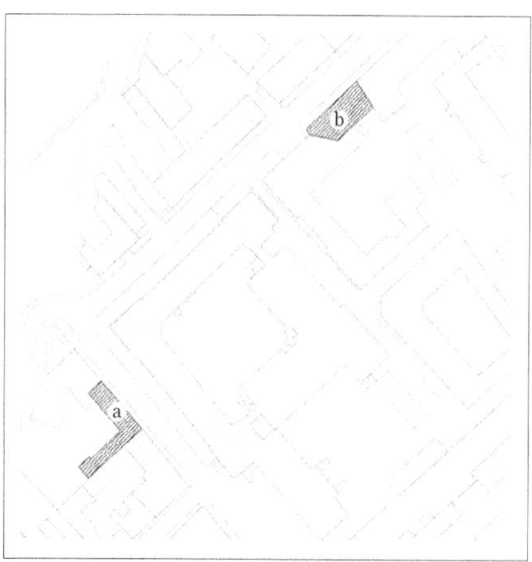

a- Via Piero della Francesca 23
Edificio d'angolo con via Angelo Poliziano
Piani 3 e 5
    Fronte strada
File di finestre 8
Balconi 4
Vetrine di negozi 7
Intonaco giallo
    Cortile
Forma rettangolare
Intonaco giallo
Pavimento in cemento
    Ballatoi su voltini laterizi
Livelli 4
Distribuiti su 2 lati
Piani in pietra

b- Via Angelo Poliziano 10
Edificio d'angolo con via Piero della
Francesca
Piani 5
    Fronte strada
File di finestre 11
Balconi 19
Vetrine di negozi 8
Intonaco giallo zoccolatura in cemento
    Cortile
Forma rettangolare
Intonaco giallo
Pavimento in cubetti
    Ballatoi
Livelli 4
Distribuiti su 1 lato
Piani in pietra

c- Via Tommaso Agudio 7
Piani 4
    Fronte strada
File di finestre 4
Vetrine di negozi 2
Intonaco giallo
    Cortile
Forma quadra
Intonaco giallo
Pavimento in cemento
    Ballatoi
Livelli 2
Distribuiti su 2 lati
Piani in pietra

d- Via Tommaso Agudio 10
Piani 3
    Fronte strada
File di finestre 6
Vetrine di negozi 2
Intonaco giallo zoccolatura in cemento
    Cortile
Forma rettangolare
Intonaco giallo
Pavimento in cemento
    Ballatoi
Livelli 2
Distribuiti su 3 lati
Piani in pietra

a- Via Andrea Mantegna 17
Piani 3
    Fronte strada
File di finestre 6
Vetrine di negozi 1
Intonaco giallo
    Cortile
Forma irregolare
Intonaco giallo
Pavimento in ceramica
    Ballatoi
Livelli 2
Distribuiti su 1 lato
Piani in cemento

b- Via Monviso 14
Piani 3+sottotetto
    Fronte strada
File di finestre 6
Balconi 8
Rivestimento in mattoni
Zoccolatura in cemento
    Cortile
Forma irregolare
Intonaco giallo
Pavimento in cemento
    Ballatoi
Livelli 3
Distribuiti su 1 lato
Volume ascensore aggiunto

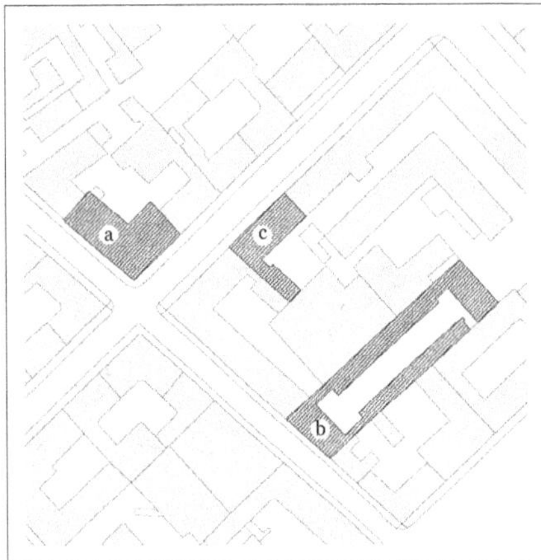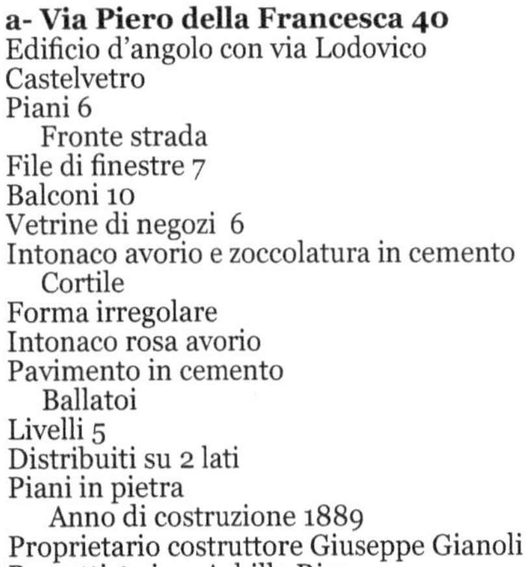

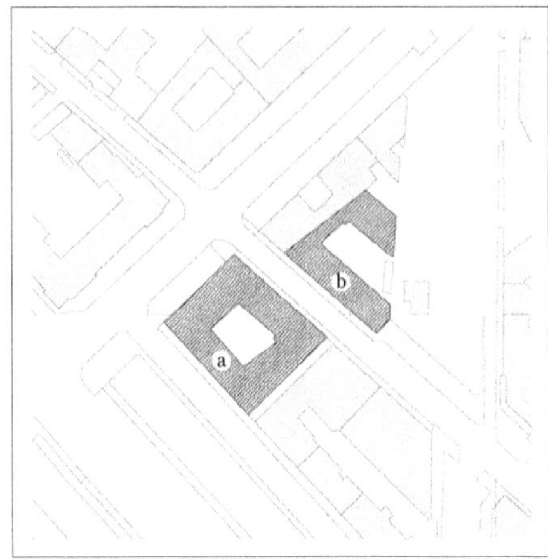

a- Via Piero della Francesca 40
Edificio d'angolo con via Lodovico
Castelvetro
Piani 6
    Fronte strada
File di finestre 7
Balconi 10
Vetrine di negozi 6
Intonaco avorio e zoccolatura in cemento
    Cortile
Forma irregolare
Intonaco rosa avorio
Pavimento in cemento
    Ballatoi
Livelli 5
Distribuiti su 2 lati
Piani in pietra
    Anno di costruzione 1889
Proprietario costruttore Giuseppe Gianoli
Progettista ing. Achille Riva
Capomastro Giuseppe Giani

b- Via Piero della Francesca 34
Edificio denominato Ca' longa
Piani 4 e 3
    Fronte strada
File di finestre 6
Balconi 6
Vetrine di negozi 5
Intonaco giallo zoccolatura in cemento
    Cortile
Forma rettangolare
Intonaco giallo
Pavimento in ciottoli
    Ballatoi
Livelli 3 e 2
Distribuiti su 4 lati
Piani in pietra
    Anno di costruzione 1886
Proprietario costruttore Abbondio Villa
Capomastro Baldassarre Villa

c- Via Lodovico Castelvetro 14
Piani 4+sottotetto
    Fronte strada
File di finestre 9
Balconi 13
Vetrine di negozi
Intonaco avorio e zoccolatura in cemento
    Cortile
Forma quadra
Intonaco giallo
    Ballatoi
Livelli 4
Distribuiti su 2 lati

a- Corso Sempione 88
Edificio d'angolo con via Ezio Biondi e con
via Piero della Francesca
Piani 5
    Fronte strada
File di finestre 11
Balconi 1
Vetrine di negozi 11
Rivestimento mattoni e cemento
    Cortile
Forma quadra
Intonaco giallo
Pavimento in ciottoli
    Ballatoi
Livelli 4
Distribuiti su 3 lati
Piani in pietra
    Anno di costruzione 1905
Proprietario costruttore Ettore Cantaluppi
Progettista ing. G.Carlo Vanini

b- Via Piero della Francesca 68
Piani 5
    Fronte strada
File di finestre 11
Balconi 4
Vetrine di negozi 10
Intonaco avorio zoccolatura in cemento
    Cortile
Forma trapezoidale
Intonaco avorio
Pavimento in ciottoli
    Ballatoi
Livelli 4
Distribuiti su 2 lati
Piani in pietra
    Anno di costruzione 1889
Proprietario costruttore Antonio Annoni
Progettista ing. Enrico Rosa
Capomastro Pietro e Angelo Annoni

Via Antonio Rosmini 3

Via Carlo Maria Maggi 2-4

Via Cesare Cesariano 11

Via Antonio Rosmini 2

Piazza Ercole Luigi Morselli 3

Via Francesco Ferrucci 1

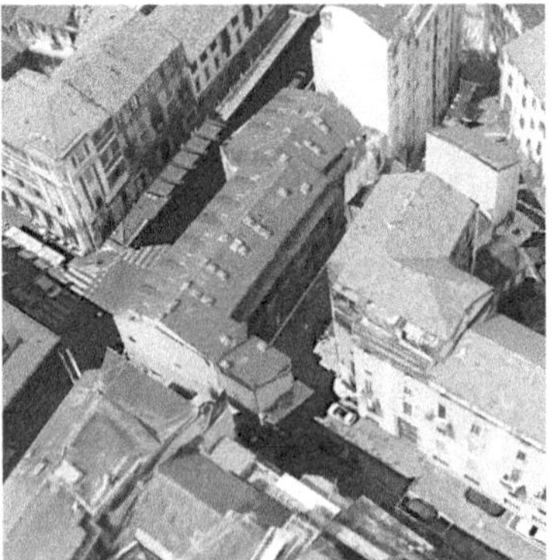

Via Luigi Canonica 72

Piazza Antonio Gramsci 12-14

Via Luigi Canonica 81

Via Andrea Mantegna 17

Via Tommaso Agudio 7

Via Tommaso Agudio 10

Via Piero della Francesca 23

Via Angelo Poliziano 10

Via Piero della Francesca 40

Via Piero della Francesca 68

Via Piero della Francesca 34

Corso Sempione 88

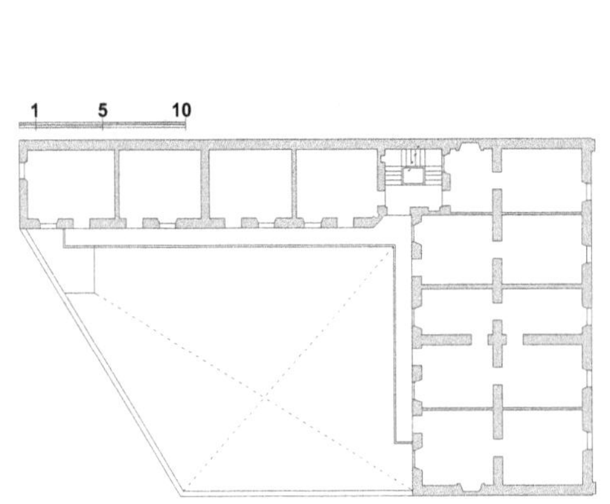

Via Antonio Rosmini 3

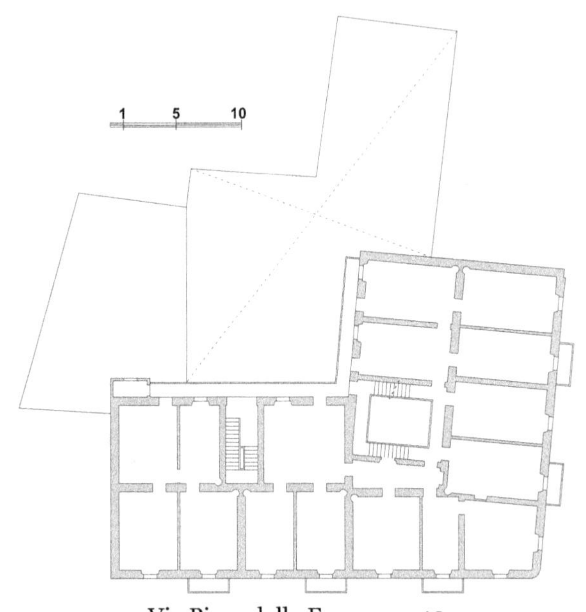

Via Piero della Francesca 40

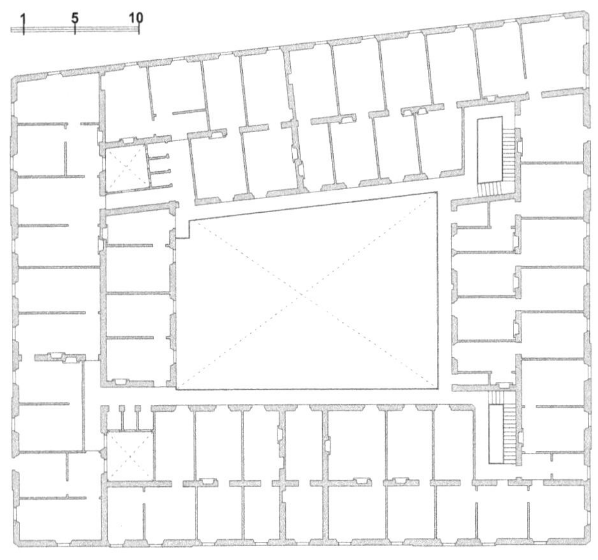

Corso Sempione 88

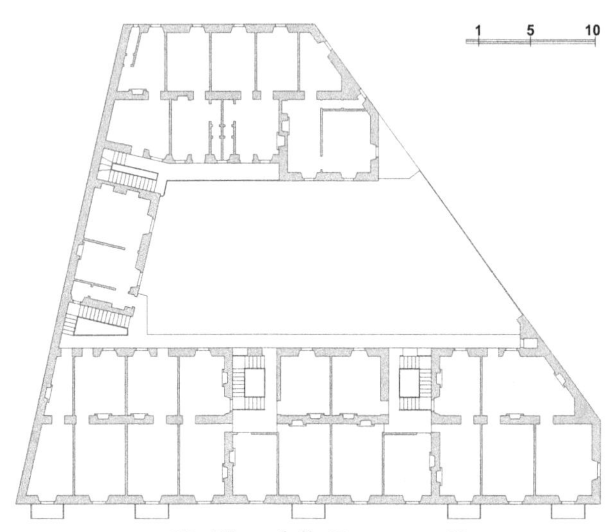

Via Piero della Francesca 68

Fuori Porta Volta

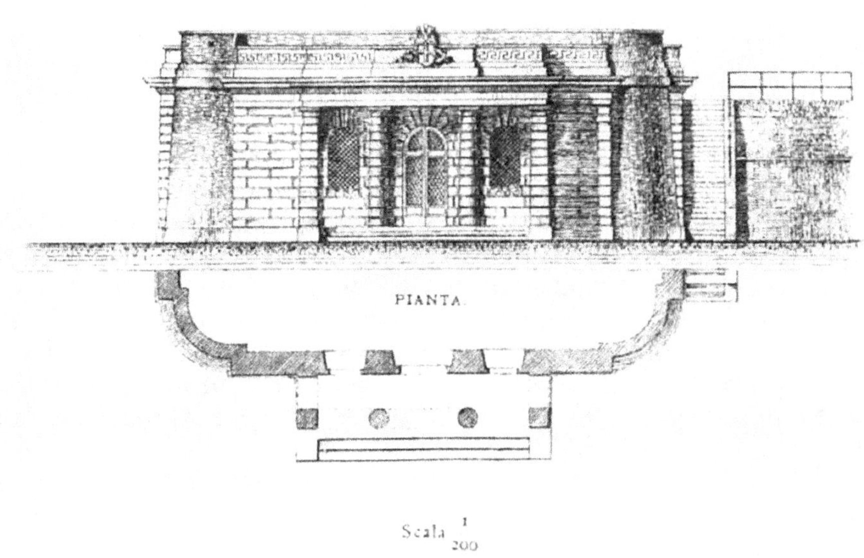

Barriera di Porta Volta - stampa da Milano Tecnica 1885

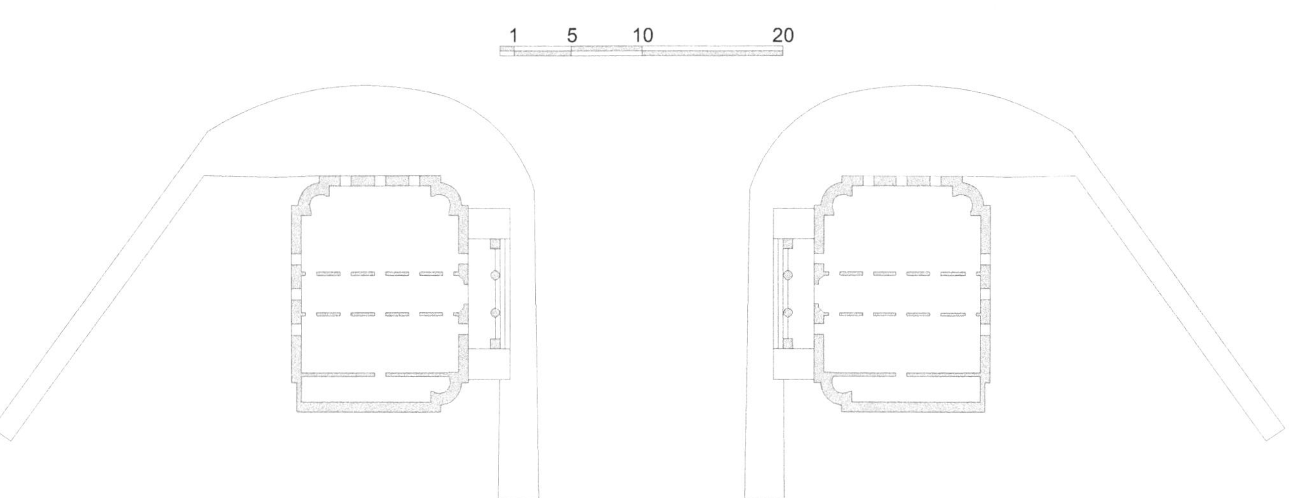

Caselli di Porta Volta - planimetria

orta Volta è una delle porte più recenti della città, aperta solo nel 1880 per consentire un agevole collegamento con il nuovo cimitero e con la nuova strada Comasina. Progettata da Cesare Beruto, era costituita da due caselli daziari, ancora esistenti, ed una cancellata, rimossa all'inizio del '900.

Fin dal 1837 si discuteva della opportunità e necessità di un nuovo cimitero per la città di Milano sia sotto il profilo dell'igiene che del prestigio della capitale del Regno Lombardo Veneto, che aveva fino ad allora utilizzato piccole strutture appena al di fuori della cinta muraria, i fopponi.

Un primo concorso per la costruzione di un nuovo cimitero non produsse risultati e solo nel 1862 la Commissione giudicatrice scelse il progetto presentato da Carlo Maciachini. I lavori ebbero inizio alla fine del 1863 e il 2 novembre 1866 si svolse la cerimonia di inaugurazione. *"Nel 1870* – scrivono Giovanna Ginex e Ornella Selvafolta in "Il Cimitero Monumentale di Milano" – *si completava il recinto in muratura, nel 1874 l'Ossario, allora con soprastante cappella cattolica, nel 1877 il Famedio, termine coniato per l'occasione su calco latino nel senso di Tempio della Fama, che, seppure ancora lacunoso nei lavori di rifinitura, suggellava con la sua imponente presenza sul piazzale di ingresso una prima e decisiva conclusione dell'opera"*.

Il problema della sepoltura era stato al centro dell'attenzione delle autorità pubbliche lungo l'intero secolo XVIII fino all'editto di Saint Cloud, emanato da Napoleone il 23 Pratile dell'anno XII (12 giugno nel 1804), che segna un vero e proprio spartiacque in materia, separando i vivi dai morti, portandoli fuori dalla cerchia urbana in luoghi distinti e distaccati dai centri abitati. Prima di quella data gli appartenenti alle classi più abbienti venivano seppelliti nelle chiese o nei piccoli cimiteri ad esse annessi, mentre la gente comune veniva gettata in ampie fosse comuni.

Lo stesso Mozart, morto in povertà il 5 dicembre 1791, era stato sepolto in una tra le tante tombe di una lunga fila, priva di ogni contrassegno, del Cimitero di San Marco a Vienna. Il provvedimento napoleonico, che trovava applicazione non solo in Francia ma anche in Italia, confermava definitivamente, come ricorda Philippe Ariés in "L'uomo e la morte dal Medioevo a oggi", *"il divieto di seppellire nelle chiese e nelle città, ad almeno 35-40 metri dalla cinta urbana"*, stabiliva che *"i corpi non debbano mai essere sovrapposti, ma sempre giustapposti"*. Ancora, osserva lo storico: *"Le sepolture individuali, fino ad allora riservate a chi pagava, erano ormai la regola comune: anche le sepolture dei poveri dovevano essere separate le une dalle altre...La distanza tra le fosse e la loro profondità era precisata esattamente. Nessuna fossa doveva essere aperta o riutilizzata prima che fossero passati cinque anni"*. Un primo tentativo di dare una nuova disciplina alle sepolture era stato attuato dal Re di Napoli Ferdinando IV, che nel 1762 aveva dato incarico a

Ferdinando Fuga di costruire un cimitero che consentisse la sepoltura dei morti in ciascun giorno dell'anno. L'architetto toscano progettò una struttura articolata in forma di quadrato perimetrato da una muratura, conosciuto con il nome di Cimitero delle 366 fosse. All'interno il cortile era suddiviso in 366 ambienti ipogei disposti in 19 file per 19 righe, consentendo così l'inumazione ordinata dei morti secondo un criterio cronologico, tenendo conto anche degli anni bisestili. Ciascuna fossa aveva una profondità di sette metri e una pianta di m.4,20 per 4,20. Ogni giorno veniva aperta una fossa diversa che a sera veniva poi richiusa e sigillata.
Oggi il Cimitero Monumentale di Milano si presenta come una vera e propria galleria d'arte all'aperto, in cui si sono cimentati illustri scultori ed architetti, all'altezza dei più famosi Cimiteri Monumentali, come quello di Staglieno a Genova o del Verano a Roma o di Poggioreale a Napoli. Nel Famedio si trovano le tombe dei più illustri cittadini ed è meta di numerose visite turistiche. La struttura si rivelò presto insufficiente alla luce del continuo aumento di popolazione della città, tanto che nel 1886 ebbe inizio la costruzione di un nuovo cimitero nei pressi della Certosa di Garegnano, che fu inaugurato il 23 ottobre 1895, prendendo il nome di Cimitero Maggiore o di Musocco. Furono così definitivamente chiusi i vecchi cimiteri, quello di San Gregorio a Porta Orientale, di San Rocco al Vigentino, quello di Porta Comasina, meglio noto come la Mojazza, dove erano sepolti Cesare Beccaria e Giuseppe Parini, quello di Porta Ticinese, conosciuto come il Gentilino, quello di San Giovannino a Porta Magenta, anche chiamato Fopponino di Porta Vercellina e quello di Porta Vittoria o di Porta Tosa.
Tra la via Luigi Canonica e la via Paolo Sarpi si è insediata nel corso degli anni una comunità sempre più numerosa di cinesi, tanto che ormai la zona ha preso proprio il nome di quartiere cinese. I primi cittadini cinesi, originari della città di Wenzhou, si insediarono nella zona intorno al 1920 e da allora il loro numero è costantemente aumentato. Con la loro consueta operosità si sono facilmente inseriti nel tessuto produttivo, occupandosi via via nel corso degli anni della lavorazione della seta, della pelle, del commercio di abbigliamento e di assistenza e riparazione di oggetti di alta tecnologia. Il quartiere occupa parte di un vecchio borgo agricolo che i vecchi milanesi chiamano Borgh di Scigulatt, Borgo degli ortolani, per la presenza di numerose cascine, insediate nella zona per la ricchezza d'acqua derivante dal fiume Nirone.
La circonvallazione esterna che collega il quartiere della Ghisolfa con piazzale Lugano è quasi interamente ricoperta dal Cavalcavia Bacula, terminato nel 1941 e dedicato a un eroe dell'aviazione della prima guerra mondiale, Adriano Bacula.

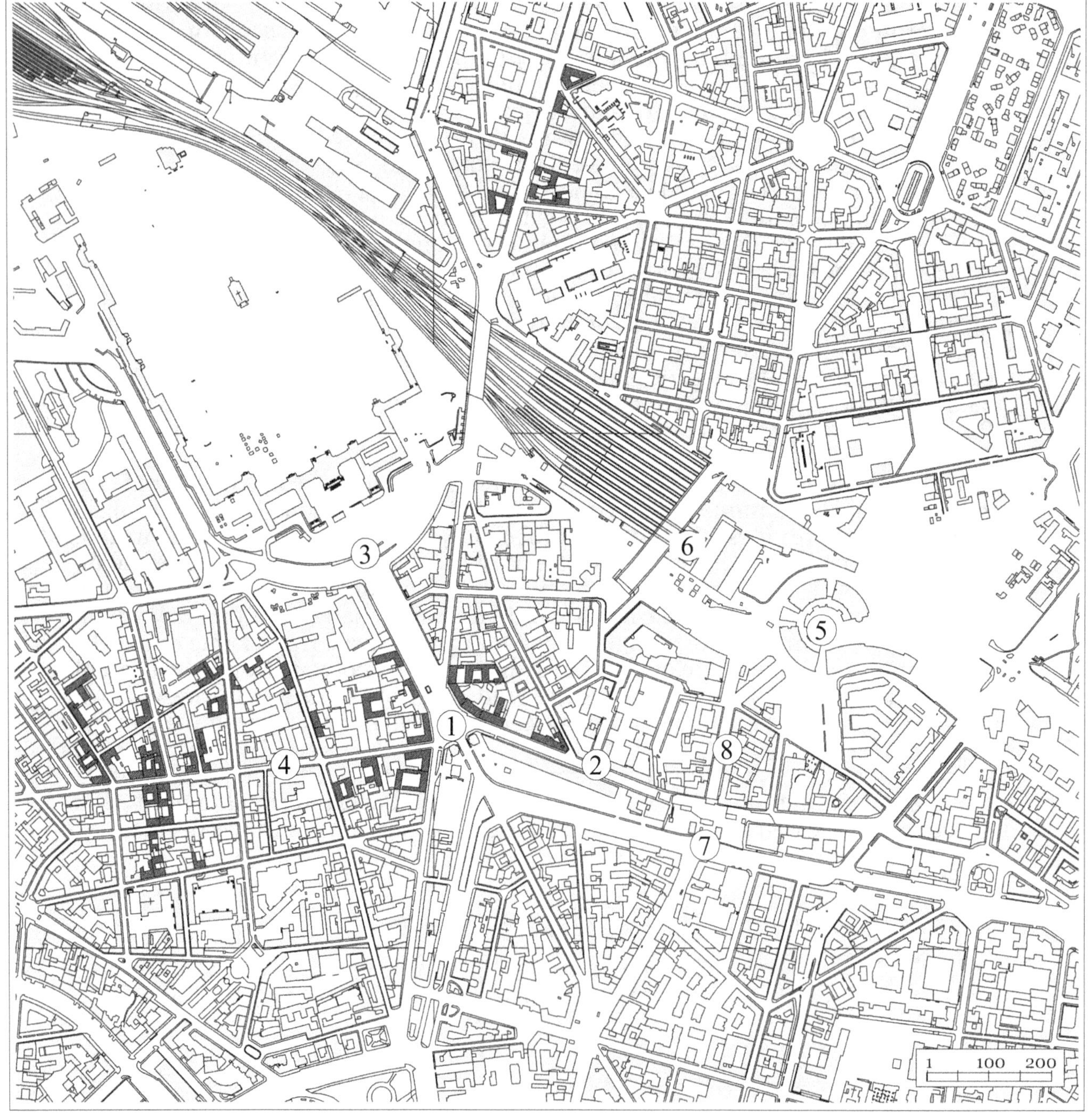

1 Piazzale Antonio Baiamonti - Porta Volta
2 Viale Pasubio
3 Piazzale Cimitero Monumentale
4 Via Paolo Sarpi
5 Piazza Gae Aulenti
6 Stazione ferroviaria di Porta Garibaldi
7 Piazza XXV Aprile - Porta Garibaldi
8 Corso Como
1   100   200

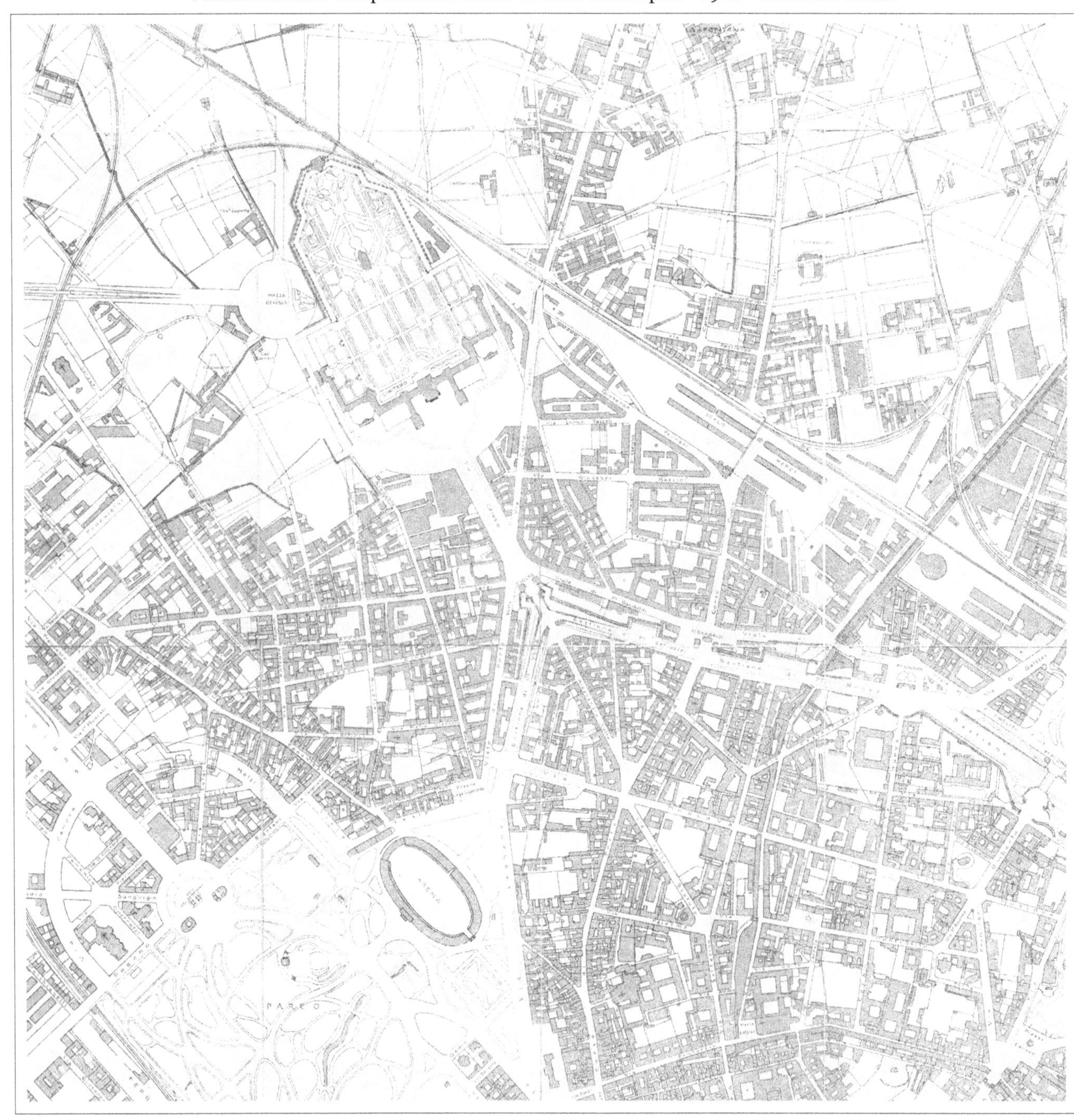

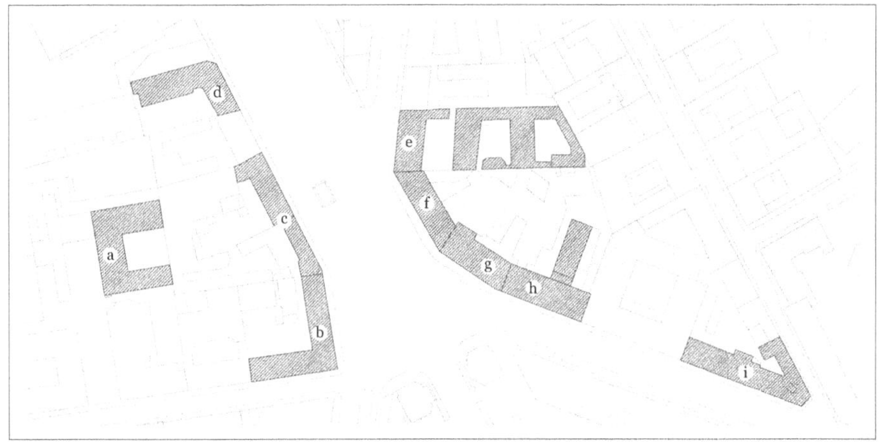

a- Via Paolo Sarpi 8
Piani 4
    Fronte strada
File di finestre 6
Balconi 1
Vetrine di negozi 5
Intonaco color ruggine
    Cortile
Forma quadra
Intonaco color ruggine
Pavimento in ciottoli
    Ballatoi
Livelli 3
Distribuiti su 3 lati

b- Piazzale Antonio Baiamonti 1
Edificio d'angolo con via Paolo Sarpi
Piani 5
    Fronte strada
File di finestre 11
Balconi 25
Vetrine di negozi 10
Intonaco grigio
    Cortile
Forma quadra con superfetazioni
Intonaco giallo
Pavimento in ciottoli
    Ballatoi
Livelli 4
Distribuiti su 2 lati
Piani in pietra

c- Piazzale Antonio Baiamonti 3-5
Piani 6
    Fronte strada
File di finestre 17
Balconi 5
Vetrine di negozi 15
Intonaco giallo
    Cortile
Forma quadra con superfetazioni
Intonaco giallo
Pavimento in lastre
    Ballatoi
Livelli 5
Distribuiti su 1 lato
Piani in pietra

d- Via Ceresio 3
Piani 6
    Fronte strada
File di finestre 7
Balconi 1
Vetrine di negozi 5
Intonaco marrone
    Cortile
Forma rettangolare
Intonaco giallo
Pavimento in blocchi di cemento
    Ballatoi
Livelli 5
Distribuiti su 1 lato
Piani in pietra

e- Via Carlo Farini 2
Edificio d'angolo con Piazzale Antonio
Baiamonti
Piani 5
    Fronte strada
File di finestre 7
Balconi 7
Vetrine di negozi 6
Intonaco giallo
    Cortile
Forma quadra
Intonaco giallo
Pavimento in ciottoli
Volume ascensore aggiunto
    Ballatoi
Livelli 3+sopralzo loggiato
Distribuiti su 2+1+1 lati
Piani in pietra

f- Piazzale Antonio Baiamonti 4
In continuità con edificio di via Farini 2
Piani 5
    Fronte strada
File di finestre 9
Balconi 11
Vetrine di negozi 8
Intonaco giallo
    Cortile
Forma irregolare
Intonaco giallo
Pavimento in porfido
Volume ascensore aggiunto
    Ballatoi
Livelli 4
Distribuiti su 1 lato
Piani in pietra

g- Piazzale Antonio Baiamonti 2
Piani 5
    Fronte strada
File di finestre 9
Balconi 14
Vetrine di negozi 8
Intonaco rosa con zoccolatura irregolare
    Cortile
Forma irregolare
Intonaco giallo
Pavimento in ciottoli
Volume ascensore aggiunto
    Ballatoi
Livelli 4
Distribuiti su 1 lato
Piani in pietra

h- Viale Pasubio 16
Piani 5
    Fronte strada
File di finestre 9
Balconi 14
Vetrine di negozi 8
Intonaco giallo e rosa
    Cortile
Forma irregolare
Intonaco giallo
Pavimento in ciottoli e lastre carrabili
    Ballatoi
Livelli 4
Distribuiti su 1 lato e su una manica
Piani in pietra

i- Viale Pasubio 12
Edificio d'angolo con via Pietro Maroncelli
Piani 4
    Fronte strada
File di finestre 12
Balconi 6
Vetrine di negozi 10
Intonaco grigio
    Cortile
Forma irregolare
Intonaco giallo
Pavimento ciottoli
    Ballatoi
Livelli 3
Distribuiti su 1 lato
Piani in pietra

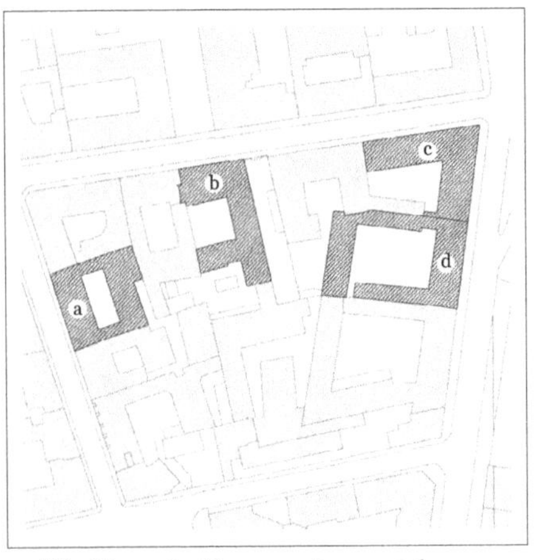

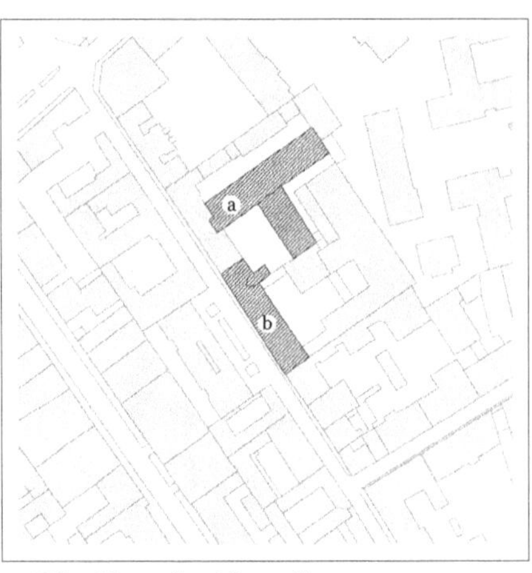

a- Via Donato Bramante 24-26
Piani 5
    Fronte strada
File di finestre 9
Balconi 6
Vetrine di negozi 7
Intonaco giallo
    Cortile
Forma rettangolare
Intonaco giallo
Pavimento in ciottoli
    Ballatoi
Livelli 4
Distribuiti su 4 lati
Piani in pietra

b- Via Paolo Sarpi 7
Piani 4
    Fronte strada
File di finestre 7
Balconi 10
Vetrine di negozi 6
Intonaco giallo con zoccolatura in cemento
    Cortile
Forma quadra
Intonaco giallo
Pavimento in ciottoli
    Ballatoi
Livelli 3
Distribuiti su 1 lato
Piani in in cemento

c- Via Paolo Sarpi 1
Edificio d'angolo con viale Montello
Piani 4
    Fronte strada
File di finestre 12
Balconi 9
Vetrine di negozi 11
Intonaco giallo
    Cortile
Forma trapezoidale
Intonaco giallo
Pavimento in ciottoli
    Ballatoi
Livelli 3
Distribuiti su 2 lati
Piani in pietra
    Anno di costruzione 1895

d- Viale Montello 4
Piani 5
    Fronte strada
File di finestre 7
Balconi 2
Vetrine di negozi 6
Intonaco giallo
    Cortile
Forma quadra
Intonaco giallo
Pavimento in ciottoli
    Ballatoi
Livelli 4
Distribuiti su 3 e 4 lati
Piani in pietra e in cemento
    Anno di costruzione 1870

a- Via Aleardo Aleardi 14
Corpi interni
Piani 4
    Fronte strada
File di finestre 8
Balconi 8
Vetrine di negozi 5
Intonaco giallo
    Cortile doppio
Forma rettangolare
Intonaco giallo
    Ballatoi
Livelli 3
Distribuiti su 2 lati

b- Via Aleardo Aleardi 12
Piani 4
    Fronte strada
File di finestre 12
Balconi 4
Vetrine di negozi 2
Intonaco giallo
    Cortile
Forma poligonale
Intonaco giallo
    Ballatoi
Livelli 3
Distribuiti su 1 lato

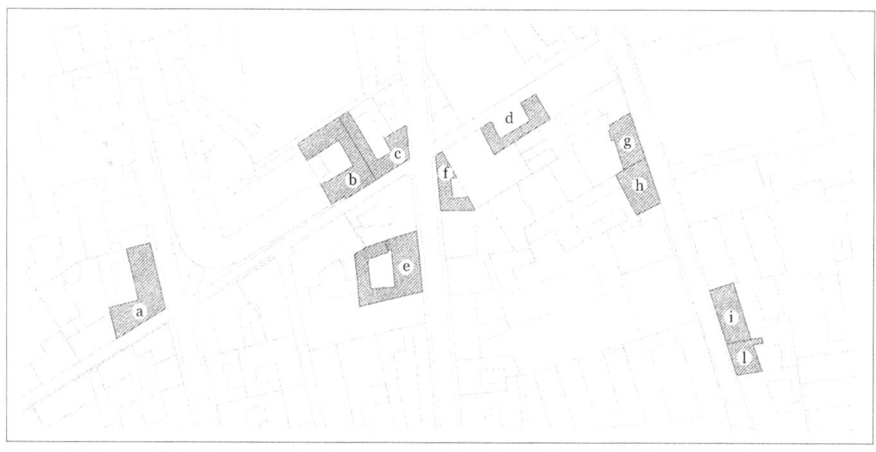

a- Via Aristotile Fioravanti 28
Edificio d'angolo con via Messina
Piani 3
    Fronte strada
File di finestre 7
Balconi 4
Vetrine di negozi
Intonaco ocra
    Cortile
Forma rettangolare
Intonaco giallo
Pavimento in cemento
    Ballatoi
Livelli 2
Distribuiti su 2 lati
Piani in cemento

b- Via Aristotile Fioravanti 14
Piani 4
    Fronte strada
File di finestre 4
Balconi 1
Vetrine di negozi 1
Intonaco gaillo
    Cortile
Forma quadra
Intonaco
Pavimento in cemento
    Ballatoi
Livelli 2 e 3
Distribuiti su 3 lati
Piani in cemento

c- Via Aristotile Fioravanti 12
Edificio d'angolo con via Giovanni Battista
Niccolini
Piani 4
    Fronte strada
File di finestre 5
Balconi 2
Vetrine di negozi 3
Intonaco giallo
    Cortile
Forma quadra
Intonaco giallo
Pavimento in cemento
    Ballatoi
Livelli 3
Distribuiti su 3 lati

d- Via Aristotile Fioravanti 3
Piani 4+1
    Fronte strada
File di finestre 4
Intonaco rosso
    Cortile
Forma rettangolare
Intonaco rosso
Pavimento in lastre
    Ballatoi
Livelli 4
Distribuiti su 3 lati
Piani in pietra e in cemento

e- Via Giovanni Battista Niccolini 29
Piani 4
    Fronte strada
File di finestre 6
Balconi 8+terrazza attico
Vetrine di negozi 5
Intonaco color crema
Zoccolatura in cemento
    Cortile
Forma rettangolare
Intonaco giallo
Pavimento in asfalto
    Ballatoi
Livelli 3
Distribuiti su 4 lati
Piani in cemento
    Anno di costruzione 1906

f- Via Giovanni Battista Niccolini 32
Piani 4
    Fronte strada
File di finestre 5
Balconi 7
Vetrine di negozi 4
Intonaco giallo
    Cortile ridotto
Forma irregolare
Intonaco giallo
Pavimento in cemento
    Ballatoi
Livelli 3
Distribuiti su 2 lati
Piani in cemento

g- Via Donato Bramante 41
Piani 5
    Fronte strada
File di finestre 5
Balconi 3
Vetrine di negozi 2
Intonaco giallo con zoccolatura in cemento
    Cortile
Forma trapezoidale
Intonaco giallo
Pavimento in cemento
    Ballatoi
Livelli 4
Distribuiti su 1 lato

h- Via Donato Bramante 39
Piani 5
    Fronte strada
File di finestre 5
Balconi 7
Vetrine di negozi 4
Intonaco giallo con decori in argilla
    Cortile
Forma rettangolare
Intonaco giallo
Pavimento in ciottoli
    Ballatoi
Livelli 4
Distribuiti su 1 lato

i- Via Donato Bramante 34
Piani 4
    Fronte strada
File di finestre 5
Balconi 5
Vetrine di negozi 4
Intonaco rosa con zoccolatura in cemento
    Cortile
Forma rettangolare
Intonaco rosa
Volume ascensore aggiunto
    Ballatoi
Livelli 3
Distribuiti su 1 lato

l- Via Donato Bramante 32
Piani 4
    Fronte strada
File di finestre 4
Balconi 1
Vetrine di negozi 3
Intonaco giallo
    Cortile
Forma quadra
Intonaco bianco
    Ballatoi
Livelli 3
Distribuiti su 2 lati

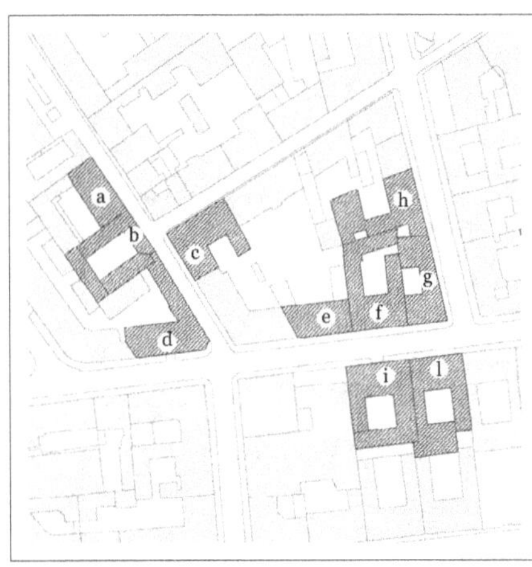

a- Via Aleardo Aleardi 3
Piani 4
   Fronte strada
File di finestre 5
Vetrine di negozi 4
Intonaco giallo
   Cortile
Forma rettangolare
Intonaco giallo
Pavimento in gres
   Ballatoi
Livelli 3
Distribuiti su 1 lato

b- Via Aleardo Aleardi 1
Piani 4
   Fronte strada
File di finestre 4
Vetrine di negozi 2
Intonaco giallo
   Cortile
Forma rettangolare
Intonaco giallo
   Ballatoi
Livelli 3
Distribuiti su 3 lati

c- Via Aleardo Aleardi 4
Edificio d'angolo con via Aristotile
Fioravanti
Piani 3
   Fronte strada
File di finestre 5
Balconi 3
Vetrine di negozi 3
Intonaco giallo con zoccolatura in cemento
   Cortile
Forma quadra
Intonaco giallo
   Ballatoi
Livelli 2
Distribuiti su 3 lati

d- Via Paolo Sarpi 42
Edificio d'angolo con via Aleardo Aleardi
Piani 4+sopralzo
   Fronte strada
File di finestre 7
Balconi 1
Vetrine di negozi 6
Intonaco color crema
   Cortile
Forma triangolare
Intonaco giallo
   Ballatoi
Livelli 3
Distribuiti su 2 lati

e- Via Paolo Sarpi 38
Piani 5+attico
   Fronte strada
File di finestre 5
Vetrine di negozi 4
Intonaco giallo con zoccolatura in marmo
   Cortile
Forma trapezoidale
Intonaco giallo
Pavimento in porfido
   Ballatoi
Livelli 4
Distribuiti su 2 lati
Piani in cemento

f- Via Paolo Sarpi 36
Piani 5
   Fronte strada
File di finestre 5
Balconi 5
Vetrine di negozi 4
Intonaco giallo
   Cortile
Forma quadra
Intonaco giallo
Pavimento in ciottoli
   Ballatoi
Livelli 4
Distribuiti su 3 lati
Piani in pietra

g- Via Messina 1
Edificio d'angolo con via Paolo Sarpi
Piani 5
   Fronte strada
File di finestre 7
Balconi 6
Vetrine di negozi 3
Intonaco marrone
Zoccolatura in cemento
   Cortile
Forma rettangolare
Intonaco giallo
   Ballatoi
Livelli 4
Distribuiti su 1 lato

h- Via Messina 3
Piani 5
   Fronte strada
File di finestre 7
Balconi 5
Vetrine di negozi 6
Intonaco giallo con zoccolatura in cemento
   Cortile
Forma quadra
Intonaco giallo
Pavimento in lastre
Volume ascensore aggiunto
   Ballatoi
Livelli 4
Distribuiti su 3 lati
Piani in pietra

i- Via Paolo Sarpi 31
Piani 4
   Fronte strada
File di finestre 5
Balconi 10
Vetrine di negozi 4
Intonaco giallo con zoccolatura in cemento
   Cortile
Forma quadra
Intonaco giallo
Pavimento in ciottoli
   Ballatoi
Livelli 3
Distribuiti su 1 lato

l- Via Paolo Sarpi 29
Piani 4
   Fronte strada
File di finestre 5
Balconi 5
Vetrine di negozi 4
Intonaco giallo con zoccolatura in cemento
   Cortile
Forma quadra
Intonaco giallo
Pavimento in cemento
   Ballatoi
Livelli 3
Distribuiti su 3 lati
Piani in cemento
   Anno di costruzione 1895

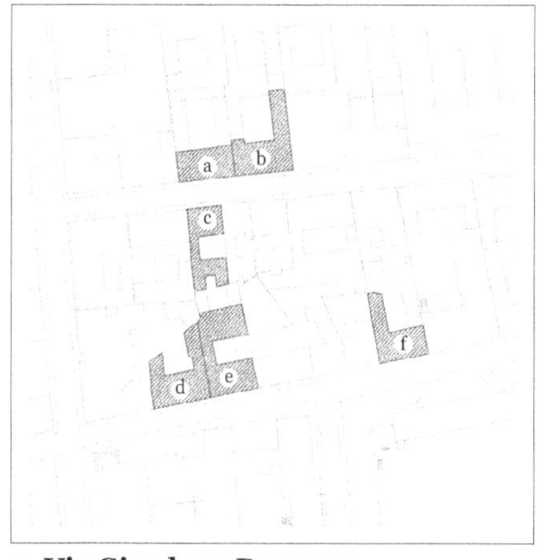

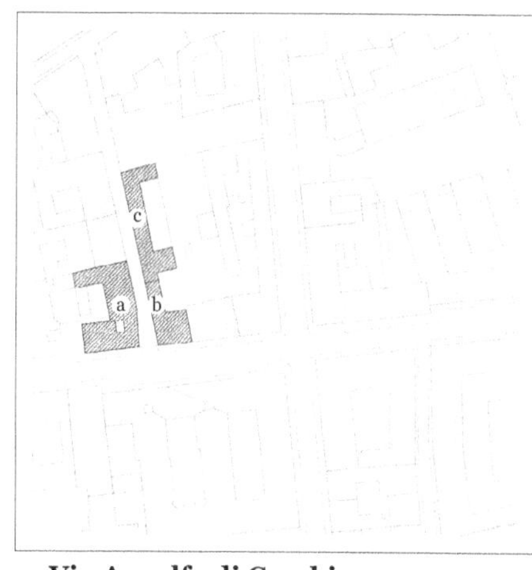

a- Via Giordano Bruno 14
Piani 4
    Fronte strada
File di finestre 5
Balconi 1
Vetrine di negozi 3
Intonaco giallo con zoccolatura in cemento
    Cortile
Forma quadra
Intonaco giallo
    Ballatoi
Livelli 3
Distribuiti su 2 lati

b- Via Giordano Bruno 12
Piani 4
    Fronte strada
File di finestre 5
Balconi 1
Vetrine di negozi 4
Intonaco giallo con zoccolatura in cemento
    Cortile
Forma quadra
Intonaco giallo
    Ballatoi
Livelli 3
Distribuiti su 2 lati

c- Via Giordano Bruno 13
Piani 4
    Fronte strada
File di finestre 3
Balconi 3
Vetrine di negozi 2
Intonaco marrone
    Cortile
Forma quadra
Intonaco giallo
Pavimento in piastrelle
    Ballatoi
Livelli 2 e 3
Distribuiti su 3 lati
Piani in cemento

d- Via Giuseppe Giusti 30
Piani 4
    Fronte strada
File di finestre 5
Balconi 3
Vetrine di negozi 4
Intonaco giallo
    Cortile
Forma trapezoidale
Intonaco giallo
Volume ascensore aggiunto
    Ballatoi
Livelli 3
Distribuiti su 2 lati

e- Via Giuseppe Giusti 28
Piani 5
    Fronte strada
File di finestre 8
Balconi 3
Vetrine di negozi 8
Intonaco rosa con zoccolatura in cemento
    Cortile
Forma rettangolare
Intonaco rosa
    Ballatoi
Livelli 4
Distribuiti su 3 lati

f- Via Giuseppe Giusti 20
Piani 5
    Fronte strada
File di finestre 4
Balconi 7
Vetrine di negozi 3
Intonaco giallo con zoccolatura in cemento
    Cortile
Forma quadra
Intonaco giallo
Pavimento in cemento e piastrelle
    Ballatoi
Livelli 4
Distribuiti su 2 lati
Piani in pietra

a- Via Arnolfo di Cambio 1
Edificio d'angolo con via Paolo Sarpi
Piani 4
    Fronte strada
File di finestre 7
Balconi 6
Vetrine di negozi 6
Intonaco giallo
    Cortile ridotto
Forma irregolare
Intonaco giallo
Pavimento in cemento
    Ballatoi
Livelli 3
Distribuiti su 2 lati
Piani in pietra

b- Via Arnolfo di Cambio 2
Edificio d'angolo con via Paolo Sarpi
Piani 4
    Fronte strada
File di finestre 3
Vetrine di negozi 3
Intonaco giallo
    Cortile
Forma rettangolare
Intonaco giallo
Pavimento in cemento
    Ballatoi
Livelli 3
Distribuiti su 2 lati
Piani in pietra e in cemento

c- Via Arnolfo di Cambio 4
Piani 3
    Fronte strada
File di finestre 3
Vetrine di negozi 8
Intonaco giallo
    Cortile
Forma rettangolare
Intonaco giallo
    Ballatoi
Livelli 2
Distribuiti su 1 lato

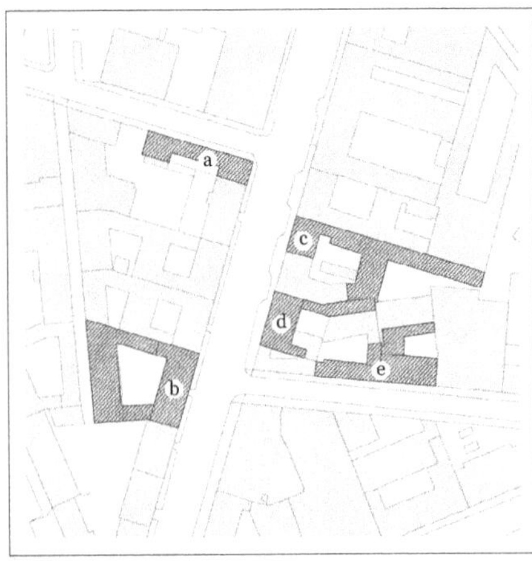

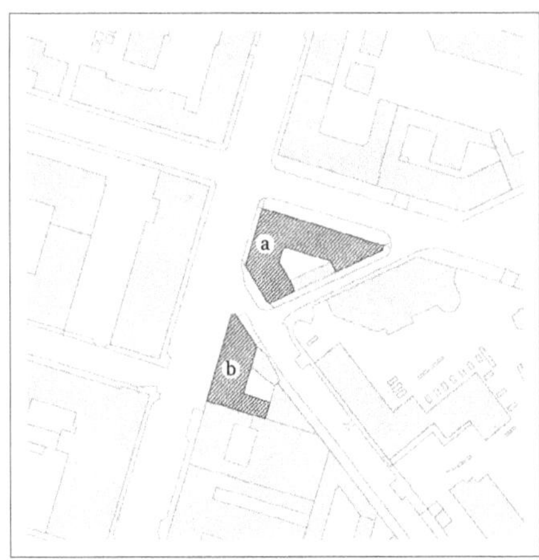

a- Via Arnaldo da Brescia 1
Edificio d'angolo con via Carlo Farini
Piani 4+1
 Fronte strada
File di finestre 9
Balconi 13
Vetrine di negozi 3
Intonaco giallo con zoccolatura in cemento
 Cortile
Forma rettangolare ristretto
Intonaco giallo
 Ballatoi
Livelli 4
Distribuiti su 1 lato

b- Via Carlo Farini 33
Piani 5
 Fronte strada
File di finestre 7
Balconi 8
Vetrine di negozi 6
Intonaco giallo
 Cortile
Forma rettangolare
Intonaco giallo
Pavimento in porfido
 Ballatoi
Livelli 4 e 2
Distribuiti su 2 lati
Piani in cemento
 Anno di costruzione 1903
Proprietario costruttore Enrico Pogliani
Progettista Ing. Ernesto Guida

c- Via Carlo Farini 36
Piani 4
 Fronte strada
File di finestre 3
Balconi 3
Vetrine di negozi 2
Intonaco giallo con zoccolatura in cemento
 Cortile doppio
Forma rettangolare e irregolare
Intonaco giallo
Pavimento in cemento
 Ballatoi
Livelli 3
Distribuiti su più lati
Piani in cemento

d- Via Carlo Farini 32
Piani 4
 Fronte strada
File di finestre 5
Balconi 5
Vetrine di negozi 4
Intonaco verde con zoccolatura in cemento
 Cortile
Forma rettangolare
Intonaco giallo
Pavimento in cemento
 Ballatoi
Livelli 3
Distribuiti su 3 lati
Piani in pietra

e- Via Luigi Porro Lambertenghi 3
Piani 4
 Fronte strada
File di finestre 11
Balconi 4
Vetrine di negozi 10
Intonaco giallo con zoccolatura in cemento
 Cortile doppio
Forma irregolare
Intonaco giallo
Pavimento in cemento
 Ballatoi
Livelli 3
Distribuiti su più lati
Piani in pietra e in cemento

a- Via Carlo Farini 48
Edificio d'angolo con via Alserio, via Gian
Antonio Boltraffio, via Medardo Rosso
Piani 4
 Fronte strada
File di finestre 5
Balconi 8
Vetrine di negozi 4
Intonaco giallo
 Cortile
Forma poligonale
Intonaco giallo
Pavimento in cemento
 Ballatoi
Livelli 3
Distribuiti su 3 lati
Piani in pietra e in cemento
 Anno di costruzione 1902
Proprietario costruttore Dionigi Maciachini
Capomastro Alessandro Maciachini

b- Via Carlo Farini 44
Edificio d'angolo con via Medardo Rosso
Piani 5
 Fronte strada
File di finestre 8
Balconi 8
Vetrine di negozi 6
Intonaco giallo con zoccolatura in cemento
 Cortile
Forma irregolare
Intonaco giallo
Volume ascensore aggiunto
 Ballatoi
Livelli 4
Distribuiti su 1 lato
Piani in cemento

Via Paolo Sarpi 1

Piazzale Antonio Baiamonti 1

Viale Montello 4

Via Paolo Sarpi 36   Via Paolo Sarpi 7   Piazzale Antonio Baiamonti 3

Viale Pasubio 12

Viale Pasubio 16

Piazzale Antonio Baiamonti 2

Via Ceresio 3

Via Giordano Bruno 13

Via Giov. Battista Niccolini 29

Via Aleardo Aleardi 1

Via Messina 3

Via Aleardo Aleardi 14

Via Giuseppe Giusti 20

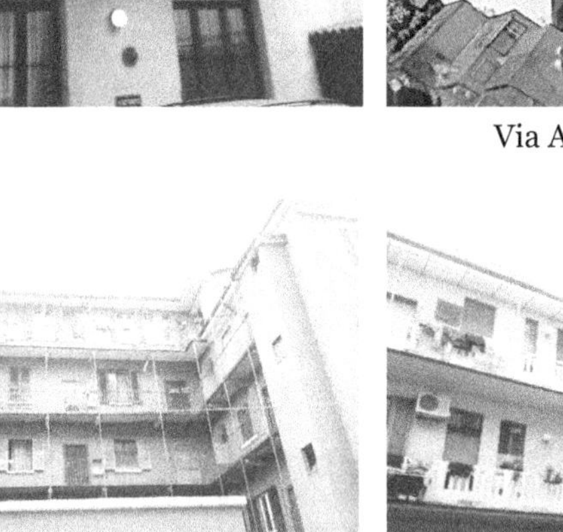

Via Aristotile Fioravanti 3

Via Aristotile Fioravanti 14

Via Carlo Farini 32

Via Carlo Farini 48

Via Carlo Farini 36

Via Carlo Farini 33

Via Luigi Porro Lambertenghi 3

Via Carlo Farini 44

Fuori Porta Comasina (Garibaldi) e fuori Porta Nuova

Prospetto di Porta Comasina (incisione di Ferdinando Cassina, 1840).

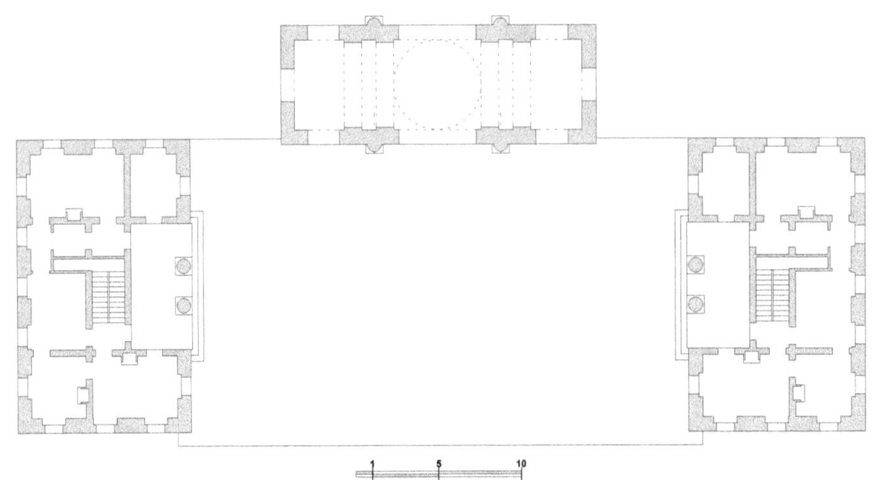

Disegno della pianta di Porta Comasina

Prospetto e pianta di Porta Nuova (incisione di Ferdinando Cassina, 1840).

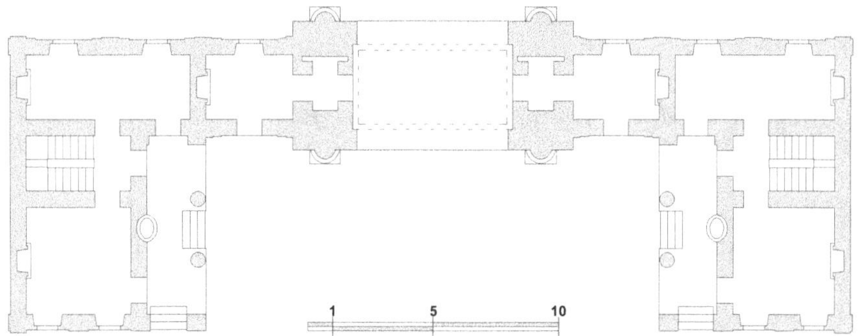

Disegno della pianta di Porta Nuova

Porta Garibaldi, in passato nota come Porta Comasina, aperta in direzione di Como, era una delle porte principali della città. Si presenta tuttora nella forma dell'arco neoclassico, eretto su progetto di Giacomo Moraglia tra il 1826 e il 1827, con i relativi caselli daziari, progettati dallo stesso architetto dieci anni più tardi. Dedicata in origine all'Imperatore Francesco I, fu nel 1860 dedicata a Garibaldi, che aveva fatto ingresso in città l'anno precedente. Sulla sommità dell'arco sono collocate quattro statue colossali di Giovanni Battista Perabò, che simboleggiano i principali fiumi della Lombardia, il Po, l'Adda, il Ticino e l'Olona.

Dalla vicina Porta Nuova partiva invece la strada per Monza. Si presenta anch'essa nella forma dell'arco neoclassico, eretto su progetto di Giuseppe Zanoia tra il 1810 e il 1813. L'arco centrale presenta un unico fornice a cui sono collegati due caselli daziari porticati. Nessuna traccia resta della corrispondente porta della cinta muraria romana, mentre è possibile ammirare quella della cinta medievale, che si trova, perfettamente integra, alla fine di via Manzoni, allo sbocco in piazza Cavour.

Di aspetto ben più modesto Porta Nuova era nel 1630, quando, in piena epidemia di peste, Renzo, l'eroe manzoniano, entra per la seconda volta in città. Poco visibile *"a cagione d'un baluardo, dietro cui era allora nascosta. Dopo pochi passi, principiò a sentire un tintinnio di campanelli, che cessava e ricominciava ogni tanto, e poi qualche voce d'uomo. Andò avanti e, passato il canto del baluardo, vide, per la prima cosa, un casotto di legno, e sull'uscio una guardia appoggiata al moschetto, con una cert'aria stracca e trascurata: dietro c'era uno stecconato, e dietro quello, la porta, cioè due alacce di muro, con una tettoia sopra, per riparare i battenti; i quali erano spalancati, come pure il cancello dello stecconato"*.

L'intera zona era caratterizzata da un'intensa attività commerciale per la vicinanza del Naviglio della Martesana, il canale che collegava Milano con il fiume Adda, e del torrente Seveso, oggi quasi completamente interrati nel percorso cittadino,

tranne che nel tratto che va da via Melchiorre Gioia a Crescenzago. Oggi appare profondamente mutata con la costruzione dell'asse stradale di via Melchiorre Gioia, via Fabio Filzi e della nuova stazione ferroviaria, su progetto di Ulisse Stacchini.
Alle spalle della stazione di Porta Garibaldi si trova il Quartiere Isola, antica denominazione che risale a più di tre secoli fa. Zona di carattere popolare, come testimonia la presenza non lontana delle "Cucine economiche" di Luigi Broggi, risalente al 1883, il quartiere è divenuto oggi uno dei punti di riferimento della vita notturna della città.
L'ampia zona alle spalle delle due porte è stata interessata in anni recenti da uno dei più audaci progetti di riqualificazione urbana con la costruzione di moderni edifici progettati da architetti di fama internazionale.
Si va dalla Fondazione Feltrinelli, opera dello studio Herzog e de Meuron, due edifici lineari che si ispirano alle vecchie case coloniche lombarde, al complesso residenziale "Corte verde" di Cino Zucchi, diviso in due parti di differente altezza; dall'edificio multifunzionale di Vincenzo Capelli, con la sua facciata curvilinea, al Palazzo Unicredit dello studio Pelli-Clarke-Pelli, composto da tre grattacieli con facciata curva, che avvolgono una piazza circolare; dalla Casa della Memoria dello studio baukuh, un piccolo edificio su pianta rettangolare ispirato, secondo gli autori, alle Scuole veneziane, confraternite laiche che univano gruppi di artigiani e associazioni di lavoratori stranieri, o i Kornhäuser, i monumentali magazzini di granaglie delle città medievali tedesche, alla nuova sede della Regione Lombardia di Pei Cobb Freed e Partners, Caputo Partnership e Sistema Duemila, composto da quattro corpi sinusoidali, su cui si innesta una delle torri più alte d'Italia, oltre 161 metri; dal Bosco Verticale dello Studio Boeri, due torri in cemento armato e mattoni, di altezza considerevole con terrazze sovraccariche di alberi, all'edificio polifunzionale dello studio Piuarch, con una elegante facciata incurvata.

1- Viale Pasubio
2- Piazza XXV Aprile - Porta Garibaldi
3- Corso Como
4- Via Gaspare Rosales
5- Stazione ferroviaria di Porta Garibaldi
6- Piazza Gae Aulenti
7- Via Melchiorre Gioia
8- Piazza Principessa Clotilde di Savoia - Porta Nuova
9- Via Amerigo Vespucci
10- Via Gustavo Fara
11- Piazza San Gioachimo
12- Piazzale Lagosta
13- Quartiere Isola

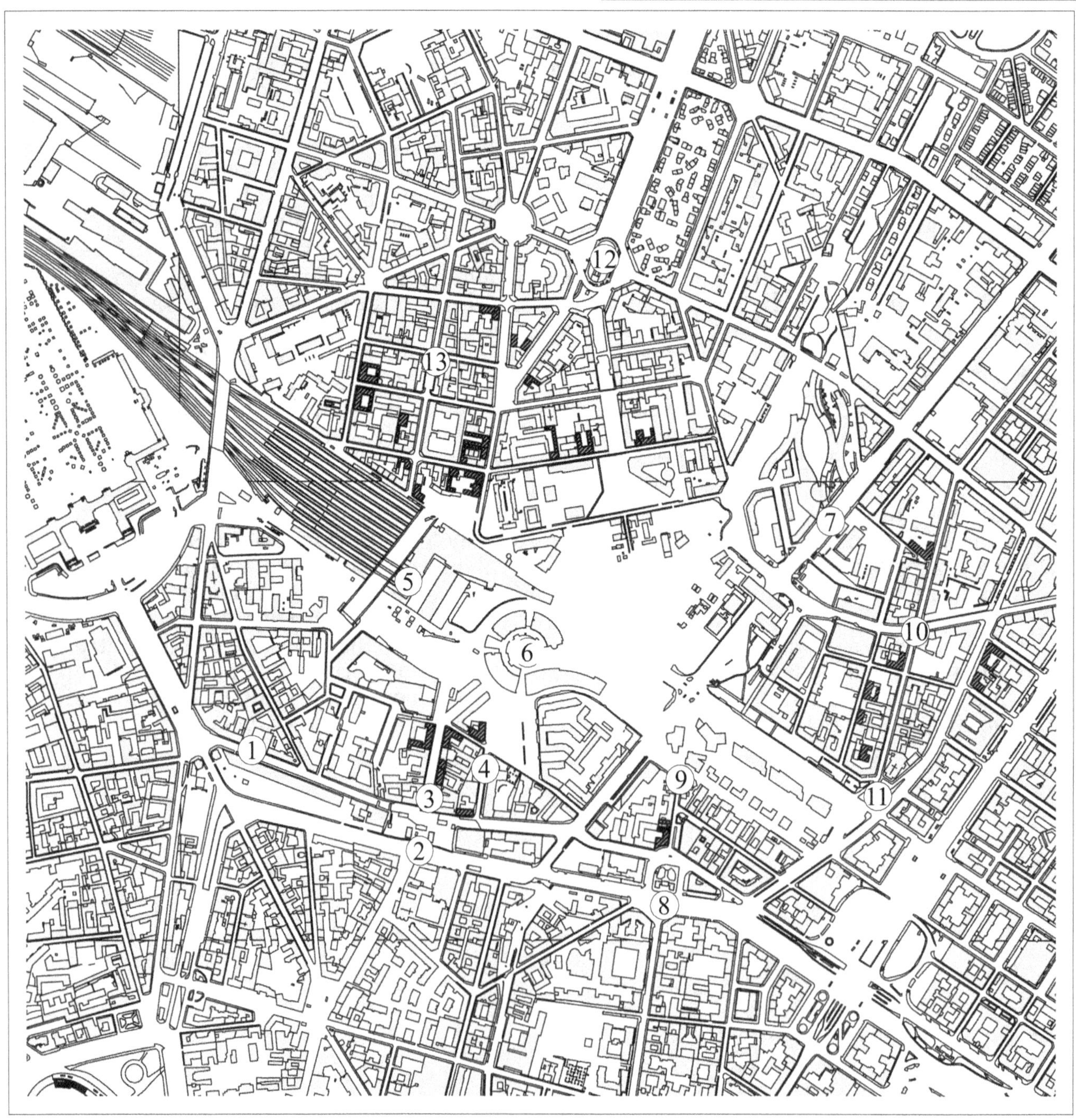

Carta tecnica comunale - Milano 1884

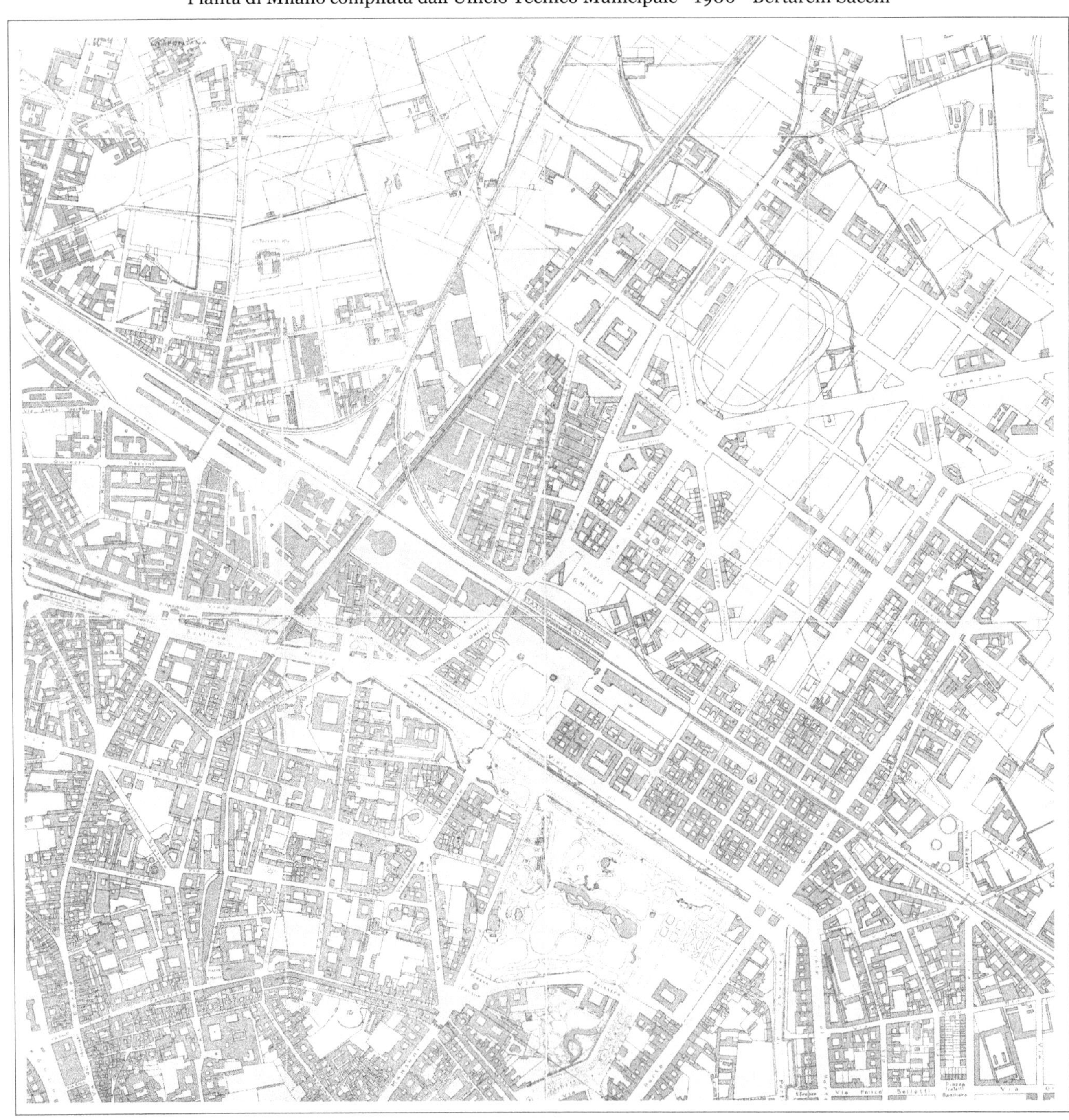

Pianta di Milano compilata dall'Ufficio Tecnico Municipale - 1906 - Bertarelli Sacchi

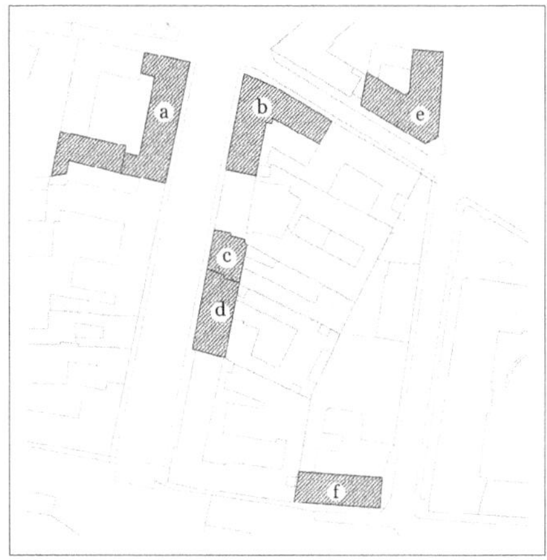

a- Corso Como 11
Edificio d'angolo con via Alessio di
Tocqueville
Piani 4
    Fronte strada
File di finestre 11
Balconi 6
Vetrine di negozi 10
Intonaco color salmone
Zoccolatura in cemento
    Cortile
Forma rettangolare
Pavimento in cemento
Intonaco color salmone
    Ballatoi
Livelli 3
Distribuiti su 2 lati
Piani in pietra

b- Corso Como 12
Edificio d'angolo con via Carlo de
Cristoforis
Piani 4
    Fronte strada
File di finestre 11
Vetrine di negozi 10
Intonaco giallo
    Cortile
Forma irregolare
Intonaco giallo e rosa
    Ballatoi
Livelli 3
Distribuiti su 2 lati

c- Corso Como 8
Piani 4
    Fronte strada
File di finestre 4
Balconi 3
Vetrine di negozi 3
Intonaco giallo con zoccolatura in cemento
    Cortile
Forma irregolare
Intonaco giallo
    Ballatoi
Livelli 2
Distribuiti su 1 lato

d- Corso Como 6
Piani 6
    Fronte strada
File di finestre 7
Balconi 7
Vetrine di negozi 6
Intonaco giallo con zoccolatura in cemento
    Cortile
Forma irregolare
Intonaco rosa
    Ballatoi
Livelli 3
Distribuiti su 1 lato

e- Via Carlo De Cristoforis 5
Edificio d'angolo con via Gaspare Rosales
Piani 4
    Fronte strada
File di finestre 7
Balconi 7
Vetrine di negozi 5
Intonaco marrone
    Cortile
Forma irregolare
Intonaco marrone
Pavimento
    Ballatoi
Livelli 3
Distribuiti su 2 lati
Piani in pietra

f- Via Gaspare Rosales 1
Edificio d'angolo con piazza XXV Aprile
Piani 4
    Fronte strada
File di finestre 7
Balconi 1
Vetrine di negozi 7
Intonaco giallo
    Cortile
Forma rettangolare
Intonaco giallo
Pavimento in cemento
    Ballatoi
Livelli 3
Distribuiti su 1 lato
Piani in pietra

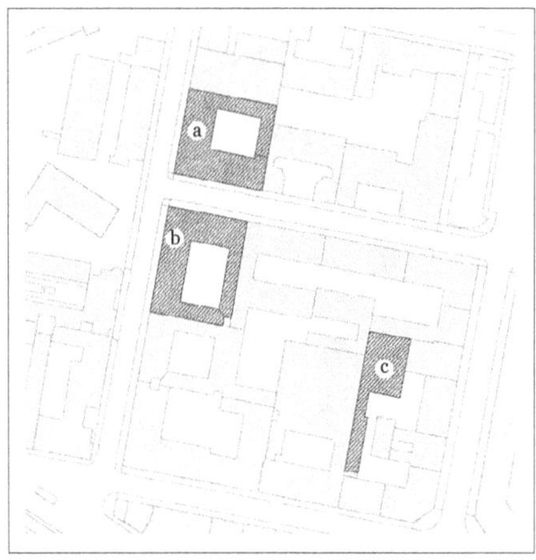

a- Via Jacopo dal Verme 1

Edificio d'angolo con via Cola Montano
Piani 4
    Fronte strada
File di finestre 7
Balconi 3
Intonaco marrone
    Cortile
Forma quadra
Intonaco giallo
Pavimento in asfalto
    Ballatoi loggiati
Livelli 4 compreso piano rialzato
Distribuiti su 2 lati
Piani in cemento
    Anno di costruzione 1904
Proprietario costruttore Giovanni Colombo
Progettista ing. Luigi Salici
Capomastro Emilio Battaglia

b- Via Cola Montano 8

Edificio d'angolo con via Jacopo Dal Verme
Piani 5
    Fronte strada
File di finestre 9
Terrazza attico
Intonaco rosa
    Cortile
Forma rettangolare
Intonaco giallo
Pavimento in cemento
    Ballatoi
Livelli 4
Distribuiti su 4 lati
Piani in cemento
    Anno di costruzione 1906
Proprietario costruttore Antonio Mezzanotte
Progettista ing. Paolo Mezzanotte
Capomastro Abele Ciapparelli

c- Via Pastrengo 12

Corpo interno all'isolato
Piani 4
    Fronte strada
File di finestre 4
Balconi 2
Vetrine di negozi 3
Intonaco giallo
    Cortile
Forma rettangolare
Intonaco giallo
    Ballatoi
Livelli 3
Distribuiti su 2 lati

a- Via Pastrengo 11

Edificio d'angolo con via Carmagnola
Piani 5
    Fronte strada
File di finestre 4
Balconi 2
Vetrine di negozi 1
Intonaco color crema
    Cortile
Forma rettangolare
Intonaco color crema
    Ballatoi
Livelli 4
Distribuiti su 1 lato

b- Via Guglielmo Pepe 12

Edificio d'angolo con via Carmagnola
Piani 5
    Fronte strada
File di finestre 5
Balconi 6
Vetrine di negozi 3
Intonaco giallo zoccolatura in cemento
    Cortile
Forma irregolare
Intonaco giallo
    Ballatoi
Livelli 4
Distribuiti su 1 lato

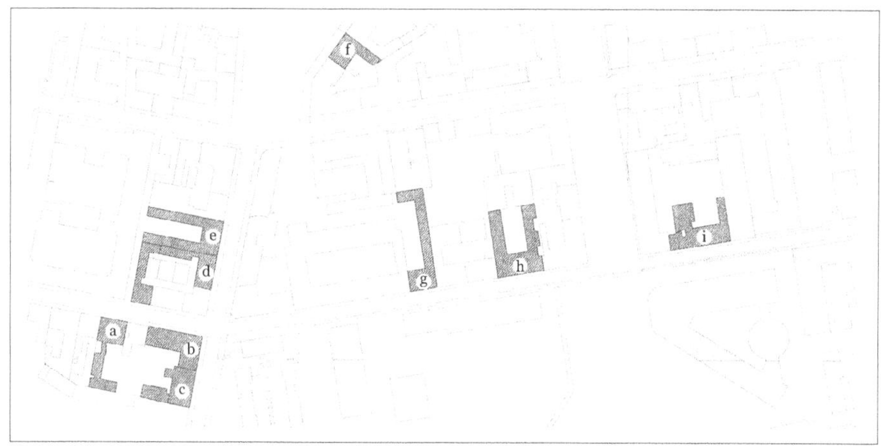

a- Via Pastrengo 1

Piani 5
    Fronte strada
File di finestre 7
Balconi 3
Vetrine di negozi 4
Intonaco color crema
    Cortile
Forma rettangolare
Intonaco color crema
Pavimento in cemento
    Ballatoi
Livelli 4
Distribuiti su 2 lati
Piani in pietra

b- Via Pastrengo 5

Edificio d'angolo con via Pietro Borsieri
Piani 4
    Fronte strada
File di finestre 4
Balconi 7
Vetrine di negozi 3
Intonaco rosa
    Cortile
Forma rettangolare
Intonaco grigio
    Ballatoi
Livelli 3
Distribuiti su 1 lato
Piani in cemento

c- Via Pietro Borsieri 5

Piani 5
    Fronte strada
File di finestre 5
Balconi 3
Vetrine di negozi 4
Intonaco giallo
    Cortile
Forma rettangolare
Intonaco giallo
Pavimento in blocchi di cemento
    Ballatoi
Livelli 4
Distribuiti su 1 lato
Piani in cemento

d- Via Pietro Borsieri 7

Piani 5
    Fronte strada
File di finestre 5
Balconi 6
Vetrine di negozi 4
Intonaco giallo
    Cortile
Forma ristretta
Intonaco giallo
    Ballatoi
Livelli 4
Distribuiti su 1 lato
    Anno di costruzione 1886
Proprietario costruttore Lavezzari e Giani
Capomastro Ercole Rainoldi

e- Via Pietro Borsieri 9

Piani 5
    Fronte strada
File di finestre 5
Balconi 1
Vetrine di negozi 4
Intonaco giallo con zoccolatura in cemento
    Cortile
Forma rettangolare
Intonaco giallo
    Ballatoi
Livelli 4
Distribuiti su 3 lati
    Anno di costruzione 1889
Proprietario costruttore Casanova e De Capitani
Progettista ing. Giovanni Scalzini
Capomastro Casanova e De Capitani

f- Piazza Tito Minniti 8

Piani 5
    Fronte strada
File di finestre 5
Balconi 10
Vetrine di negozi 4
Intonaco color ruggine
Zoccolatura in cemento
    Cortile
Forma trapezoidale
Intonaco giallo
    Ballatoi
Livelli 4
Distribuiti su 1 lato
Volume ascensore aggiunto

g- Via Federico Confalonieri 5

Piani 3-4
    Fronte strada
File di finestre 3
Balconi 1
Vetrine di negozi 2
Intonaco giallo
    Cortile
Forma rettangolare
Intonaco giallo
Pavimento in ciottoli
    Ballatoi
Livelli 3
Distribuiti su 2 lati
Piani in pietra

h- Via Federico Confalonieri 11

Piani 5
    Fronte strada
File di finestre 7
Balconi 8
Vetrine di negozi 3
Intonaco giallo con zoccolatura in cemento
    Cortile
Forma rettangolare
Intonaco giallo
Pavimento in ciottoli
    Ballatoi
Livelli 5
Distribuiti su 2 lati
Piani in pietra
Volume ascensore aggiunto

i- Via Federico Confalonieri 21

Piani 4
    Fronte strada
File di finestre 9
Balconi 5
Vetrine di negozi 7
Intonaco color catrame
    Cortile
Forma quadra
Intonaco giallo
    Ballatoi
Livelli 3
Distribuiti su 3 lati

 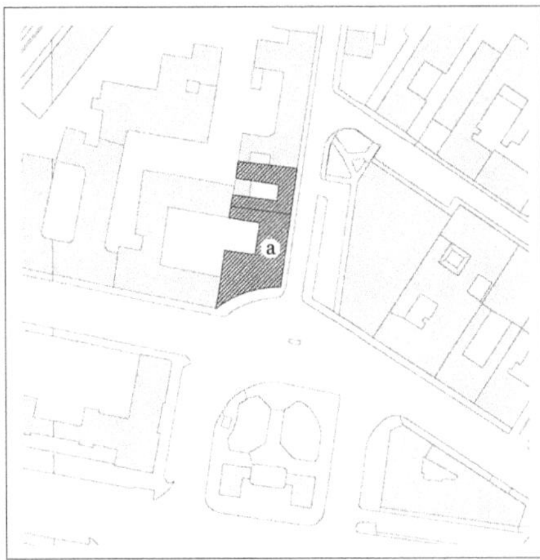 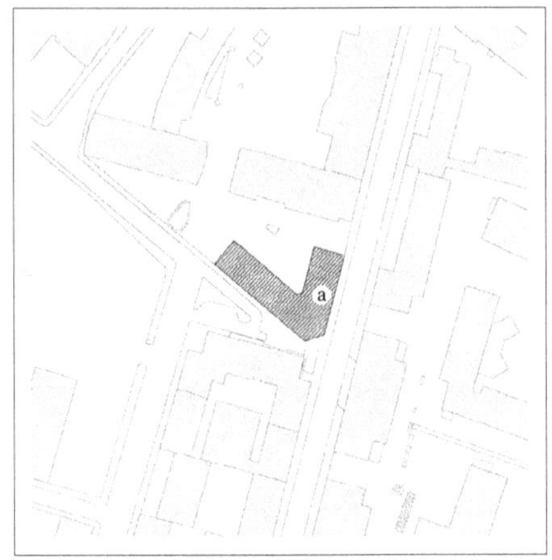

a- Via Luigi Porro Lambertenghi 34
Edificio d'angolo con via Pietro Borsieri
Piani 5
    Fronte strada
File di finestre 9
Balconi 18
Vetrine di negozi 8
Intonaco giallo con zoccolatura in cemento
    Cortile
Forma rettangolare
Intonaco giallo
Pavimento ciottoli
    Ballatoi
Livelli 4
Distribuiti su 2 lati
Piani in cemento

b- Via Pietro Borsieri 24
Piani 5
    Fronte strada
File di finestre 5
Balconi 8
Vetrine di negozi 4
Intonaco rosa
    Cortile
Forma rettangolare
Intonaco rosa
Volume ascensore aggiunto
    Ballatoi
Livelli 4
Distribuiti su 1 lato

c- Via Garigliano 3
Piani 6
    Fronte strada
File di finestre 5
Balconi 6
Vetrine di negozi 4
Intonaco color catrame
    Cortile
Forma rettangolare
Intonaco rosa
Volume ascensore aggiunto
    Ballatoi
Livelli 4
Distribuiti su 1 lato

a- Via Amerigo Vespucci 1-3
Edificio d'angolo con piazza Principessa
Clotilde
Corpo a pettine a tre punte
Porzione volumetrica a sagoma curva
Piani 5
    Fronte strada
File di finestre 9+2
Balconi 9+1
Vetrine di negozi 4+1
Intonaco bianco e giallo
Zoccolatura in cemento
    Cortile doppio
Forma irregolare
Intonaco giallo
Pavimento in ciottoli
    Ballatoi
Livelli 3
Distribuiti su 6 lati
Piani in pietra

a- Via Gustavo Fara 33
Edificio d'angolo con via Gerolamo Cardano
Piani 5
    Fronte strada
File di finestre 7
Balconi 17
Vetrine di negozi 6
Intonaco giallo
    Cortile
Forma rettangolare
Intonaco rosso
    Ballatoi
Livelli 4
Distribuiti su 2 lati
Piani in pietra

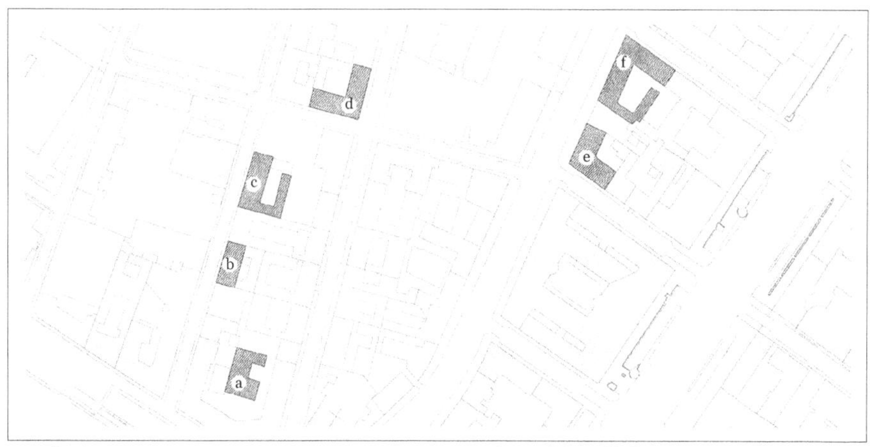

a- Via Gustavo Fara 1
Corpo interno all'isolato
Piani 4
Intonaco giallo
    Cortile
Forma poligonale
Intonaco giallo
    Ballatoi
Livelli 3
Distribuiti su 1 lato
Piani in pietra

b- Via Emilio Cornalia 8
Piani 4
    Fronte strada
File di finestre 7
Vetrine di negozi 4
Intonaco giallo
    Cortile
Forma rettangolare
Intonaco giallo
Pavimento in cemento
    Ballatoi
Livelli 3
Distribuiti su 1 lato
Piani in pietra

c- Via Emilio Cornalia 12
Piani 4
    Fronte strada
File di finestre 9
Balconi 13
Vetrine di negozi 5
Intonaco giallo
    Cortile
Forma rettangolare
Intonaco giallo
Pavimento in porfido
    Ballatoi
Livelli 3
Distribuiti su 3 lati
Piani in cemento

d- Via Gustavo Fara 15
Edificio d'angolo con via Adda
Piani 6
    Fronte strada
File di finestre 7
Balconi 6
Vetrine di negozi 6
Intonaco ocra
    Cortile
Forma quadra
Intonaco ocra
    Ballatoi
Livelli 4
Distribuiti su 2 lati

e- Via Fabio Filzi 14
Edificio d'angolo con via Achille Zezon
Piani 5
    Fronte strada
File di finestre 10
Balconi 14
Vetrine di negozi 9
Intonaco giallo
    Cortile
Forma rettangolare
Intonaco giallo
    Ballatoi
Livelli 4
Distribuiti su 1 lato

f- Via Fabio Filzi 16
Edificio d'angolo con via Aminto Caretto
Piani 5
    Fronte strada
File di finestre 7
Balconi 5
Parapetti a decori di ferro battuto
Vetrine di negozi 6
Intonaco giallo con zoccolatura lapidea
    Cortile
Forma quadra
Intonaco giallo
    Ballatoi
Livelli 4
Distribuiti su 2 lati

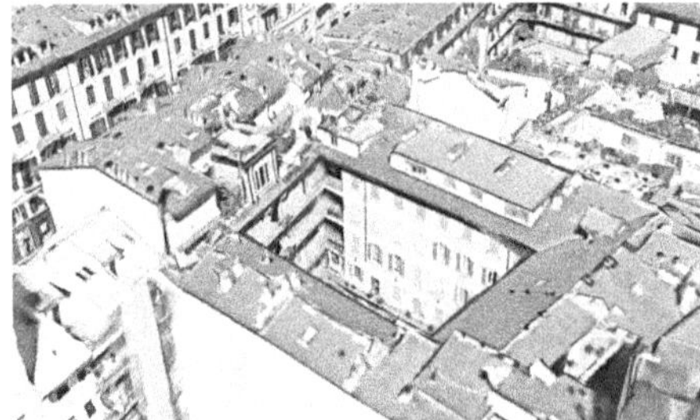

corso Como 6

corso Como 12

corso Como 11

via Gustavo Fara 1

via Amerigo Vespucci 1

Via Pastrengo 1

Via Pietro Borsieri 5

Via Pastrengo 5

Via Pastrengo 4

Via Federico Confalonieri 11

Via Federico Confalonieri 5

Via Jacopo Dal Verme 1

Via Cola Montano 8

Via Gaspare Rosales 1

Via Cola Montano 8

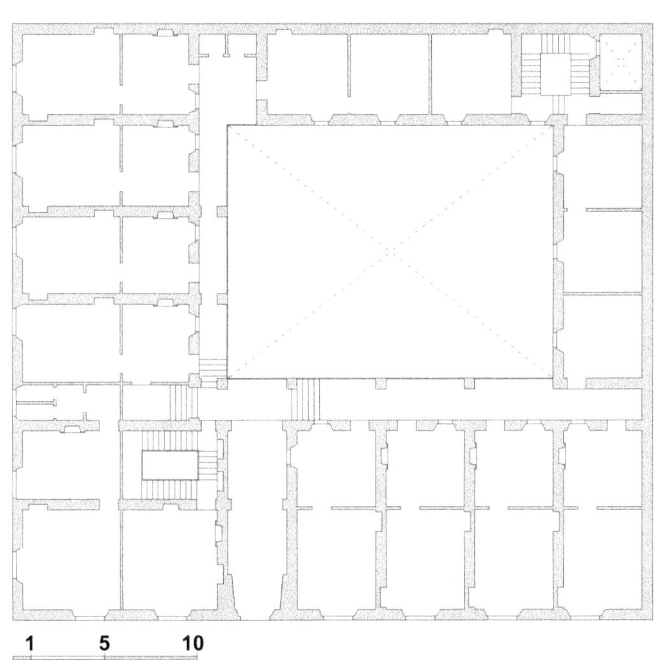

Via Jacopo Dal Verme 1

Via Cola Montano 8

Fuori Porta Venezia

Porta Venezia ex Porta Orientale - acquaforte del 1830

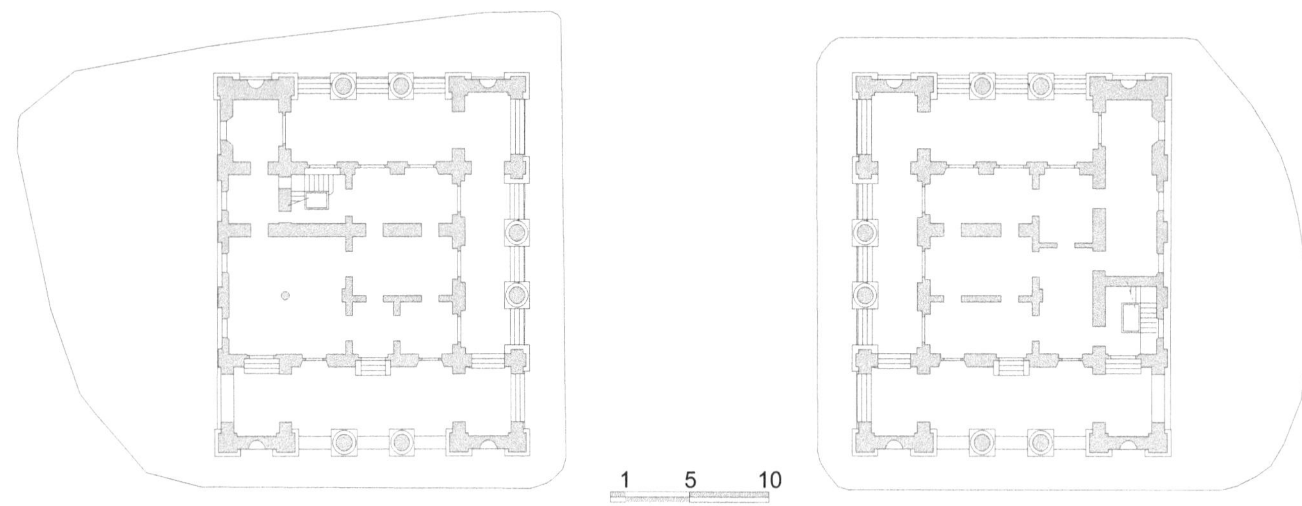

Caselli di Porta Venezia ex Porta Orientale - piante

Conosciuta anche come Porta Orientale e Porta Renza, probabili storpiature del nome della porta della cinta muraria romana, Porta Argentea, perché diretta verso Argentiacum, l'attuale Crescenzago, e di Porta Riconoscenza in epoca napoleonica, solo nel 1860 fu ribattezzata con il nome di Porta Venezia. Nessun progetto di ristrutturazione dell'originario varco fu mai realizzato, nonostante l'impegno di illustri architetti, come Piermarini nel 1782 e Cagnola nel 1787. Ci si limitò ad installare archi in cartongesso in particolari occasioni. I lavori ebbero finalmente inizio dando esecuzione al progetto di Rodolfo Vantini, vincitore del concorso bandito nel 1826. La nuova porta, tuttora esistente, si articola in due caselli daziari, ricchi di statue e bassorilievi, aggiunti nel 1833, opera di Luigi Marchesi, Stefano Girola, Francesco Somaini e Abbondio Sangiorgio.

E' la Porta attraverso cui Renzo entra per la prima volta a Milano nei primi giorni del novembre 1628. Giunto nei pressi della città, un viandante gli indica la strada: *"Prendete per questa viottola a mancina, è una scorciatoia, in pochi minuti arriverete a una cantonata d'una fabbrica lunga e bassa: è il lazzeretto; costeggiate il fossato che lo circonda, e riuscirete a porta orientale"*. Renzo segue le indicazioni e poco dopo si trova dinanzi alla porta di cui Manzoni offre una dettagliata descrizione: *"Non bisogna però che, a questo nome, il lettore si lasci correre alla fantasia l'immagini che ora vi sono associate. Quando Renzo entrò per quella porta, la strada al di fuori non andava diritta che per tutta la lunghezza del lazzeretto; poi scorreva serpeggiante e stretta, tra due siepi, La porta consisteva in due pilastri, con sopra una tettoia, per riparare i battenti, e da una parte, una casuccia per i gabellini. I bastioni scendevano in pendio irregolare, e il terreno era una superficie aspra e inuguale di rottami e di cocci buttati là a caso."*.

Il formarsi degli isolati urbani venne condizionato, da una parte, dalla estrema regolarità morfologica dei ruderi e della memoria del Lazzaretto, dalla parte opposta, dalla presenza dello stabilimento della prima scuola di nuoto cittadina, aperta a Milano fra gli orti e le cascine appena al di là della Porta.

Il Lazzaretto era stato costruito alla fine del Quattrocento su progetto di Lazzaro Palazzi per ospitare i malati durante le frequenti epidemie che colpivano la città. La struttura era formata da un quadrilatero lungo 378 metri e largo 370, con un unico ingresso presidiato da soldati. All'interno si aprivano 504 arcate, sulle quali si affacciavano 288 cellette per gli appestati. Vincenzo Cavenago in "Il Lazzaretto. Storia di un quartiere di Milano" ne fa un'accurata descrizione: *"Il quadrilatero del lazzaretto risponde alle quattro situazioni generate dalla peste, cioè il sospetto, la malattia, la convalescenza e il servizio. Un primo lato dell'edificio verrà riservato anzitutto ai sospetti, i quali, dopo una parziale quarantena di venti giorni, passeranno nel lato degli infetti se si sarà manifestato in loro il contagio, oppure in quello dei convalescenti in caso contrario. Questi ultimi, completata la quarantena con altri venti giorni di permanenza, saranno poi dimessi. Il quarto lato sarà invece riservato ai servizi, ossia ai medici, ai barbieri, alle cucine, alla lavanderia, ecc. Va aggiunto un quinto spazio, quello religioso, che trova posto al centro del recinto. I porticati serviranno poi come disimpegno di tutta l'attività sanitaria"*. Dopo l'ultima pestilenza del 1632, il Lazzaretto fu dismesso e destinato a funzioni varie fino alla demolizione, avvenuta nel 1882, che risparmiava una piccola parte e la Chiesa di San Carlo.

Manzoni nel capitolo XXXV del suo capolavoro ci offre un vivido quadro dell'attività che vi si svolgeva attraverso gli occhi di Renzo, impegnato nella ricerca di Lucia:

"S'immagini il lettore il recinto del lazzeretto, popolato di sedicimila appestati; quello spazio tutt'ingombro, dove di capanne e di baracche, dove di carri, dove di gente, quelle due interminate fughe di portici, a destra e a sinistra, piene, gremite di languenti o di cadaveri confusi, sopra sacconi, o sulla paglia, e su tutto quel quasi immenso covile, un brulichio, come un ondeggiamento; e qua e là, un andare e venire, un fermarsi, un correre, un chinarsi, un alzarsi, di convalescenti, di frenetici, di serventi".

Il Bagno di Diana era stato costruito nel 1842 su progetto di Andrea Pizzala e demolito nel 1906 per far posto al tardo-liberty Kursaal Diana, costruito due anni dopo su progetto di Achille Manfredini, dotato di una vasca lunga cento metri e larga venticinque, alimentata originariamente dalle acque provenienti dalla roggia Gerenzana. La struttura, estesa parallelamente ai bastioni, oggi viale Piave, comprendeva, oltre ad ottantaquattro camerini da bagno, ristorante, caffè e giardino ed era frequentata per praticare ginnastica, bigliardo, tiro al bersaglio, scherma e, durante l'inverno, pattinaggio nella vasca ghiacciata.

Il Corso Buenos Aires, l'ampia e animata arteria che che si apre al di là della Porta, sbocca in Piazzale Loreto, importante nodo stradale, stazione di transito di due linee metropolitane, tristemente noto per un eccidio di partigiani avvenuto il 10 agosto 1944 e per la lugubre vicenda dell'esposizione del corpo di Benito Mussolini e Claretta Petacci, fucilati a Giulino, frazione del Comune di Mezzegra, in provincia di Como.

Ferruccio Parazzoli abita all'ottavo piano di uno degli edifici che si affacciano sul piazzale. Affascinato dalla vita che vi si svolge, dall'intenso traffico di automobili che lo attraversano giorno e notte, ne ha offerto una singolare descrizione in un suo romanzo "MM Rossa": *"Un polipo gigante con otto tentacoli. E' piazzale Loreto. Lo osservo da quassù, dall'ottavo piano. Eccolo là sotto, largo; spiaccicato, anche se quello che vedo è soltanto la cupola del polipo e l'inizio dei tentacoli lì dove si innestano e dipartono dalla cupola, non quello che c'è sotto che ha tutta un'altra vita anche se organicamente fa parte del polipo, respira, s'intoppa, ansima con lui...Ha otto tentacoli. Viale Abruzzi è alberato su doppia fila, anche Viale Brianza è alberato su doppia fila, non per niente si chiamano viali. Anche viale Monza si chiama viale ma, non si sa perché, non c'è neppure un albero...Piazzale Loreto è brutto, questo è il suo ineguagliabile fascino".*

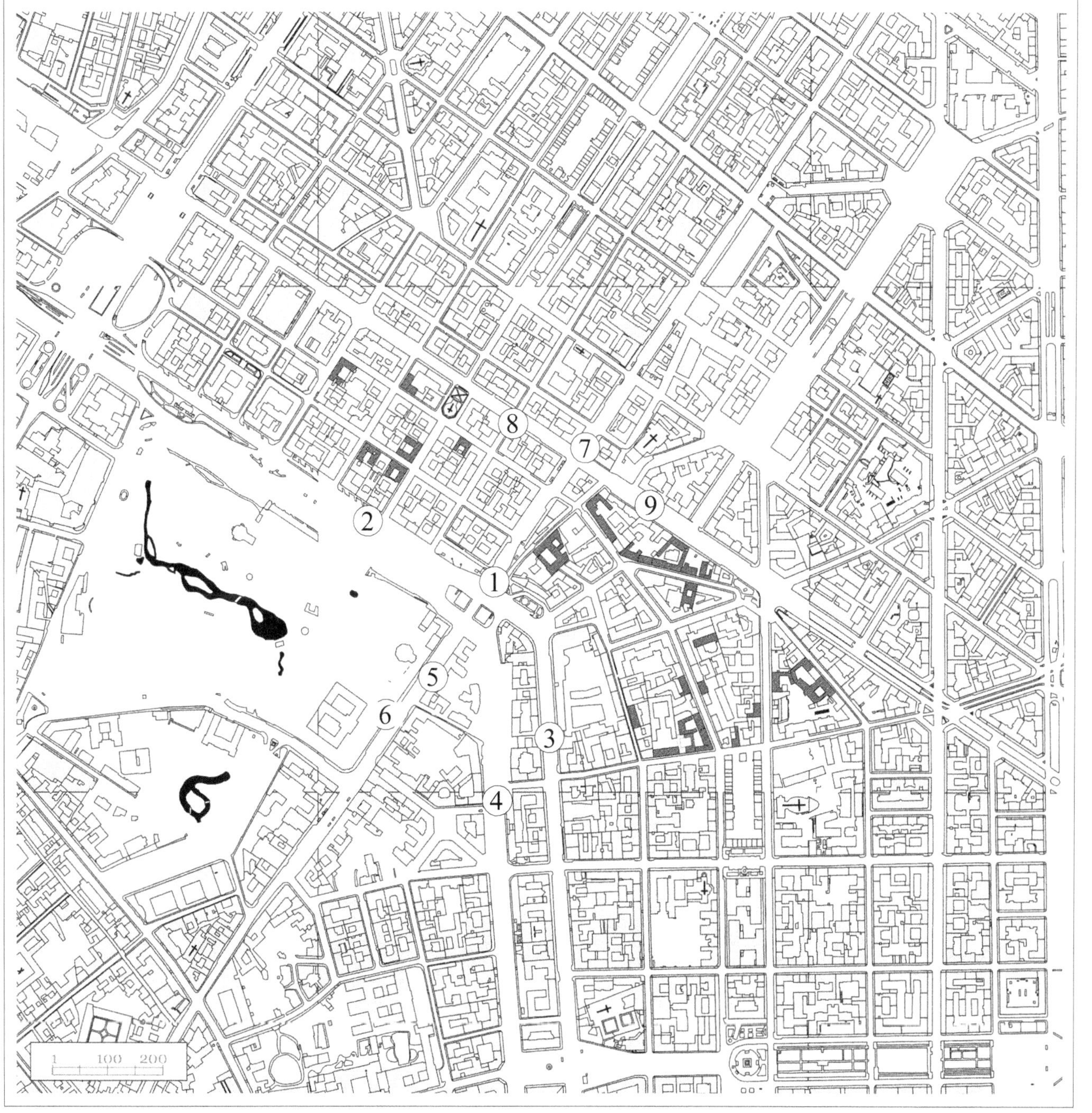

1- Piazzale Oberdan - Porta Venezia
2- Viale Vittorio Veneto
3- Viale Piave
4- Viale Luigi Majno
5- Corso Venezia
6- Museo Civico di Storia Naturale
7- Corso Buenos Aires
8- Viale Tunisia
9- Viale Regina Giovanna
1
100   200

Carta tecnica comunale - Milano 1884

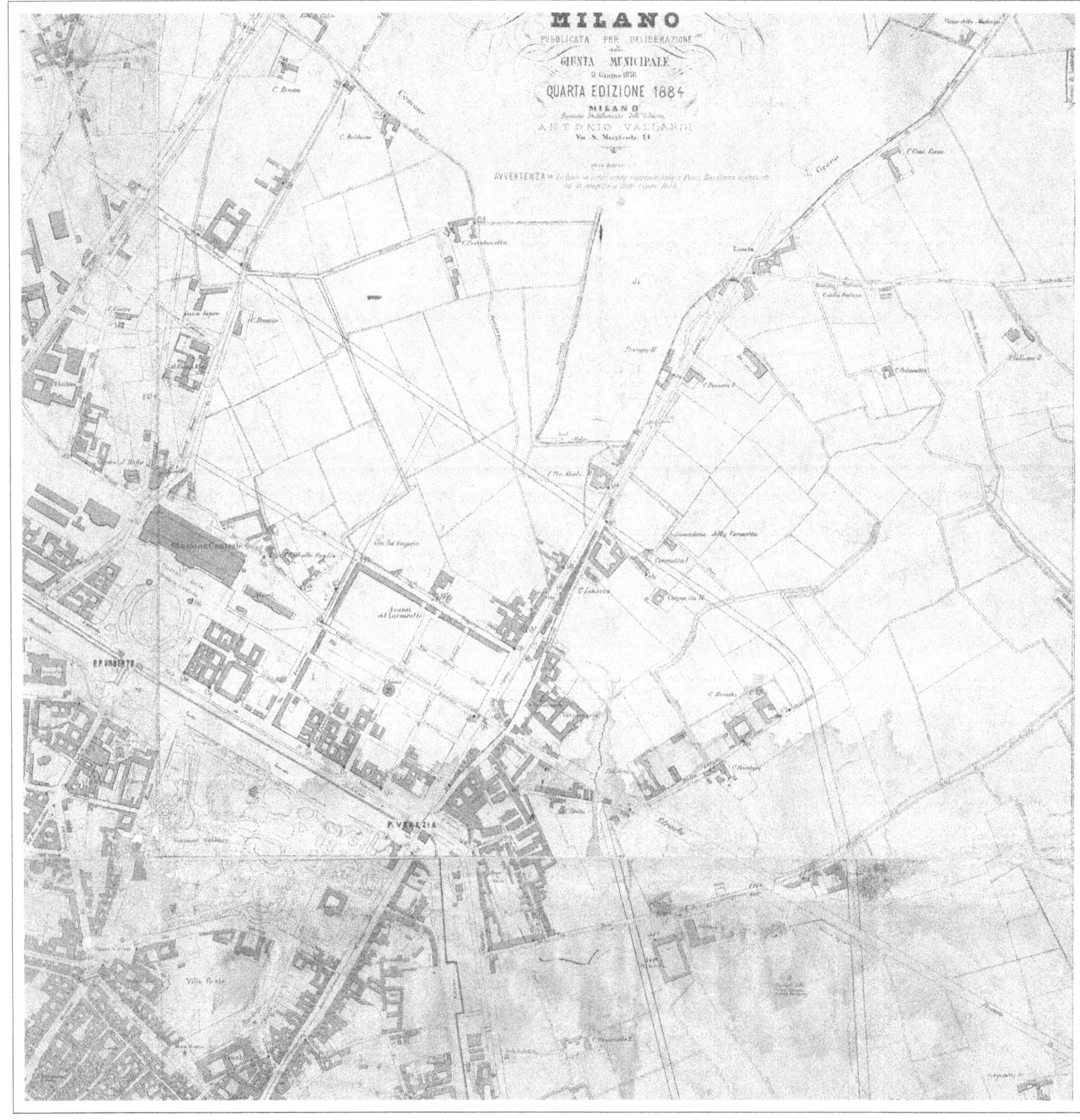

Pianta di Milano compilata dall'Ufficio Tecnico Municipale - 1906 - Bertarelli Sacchi

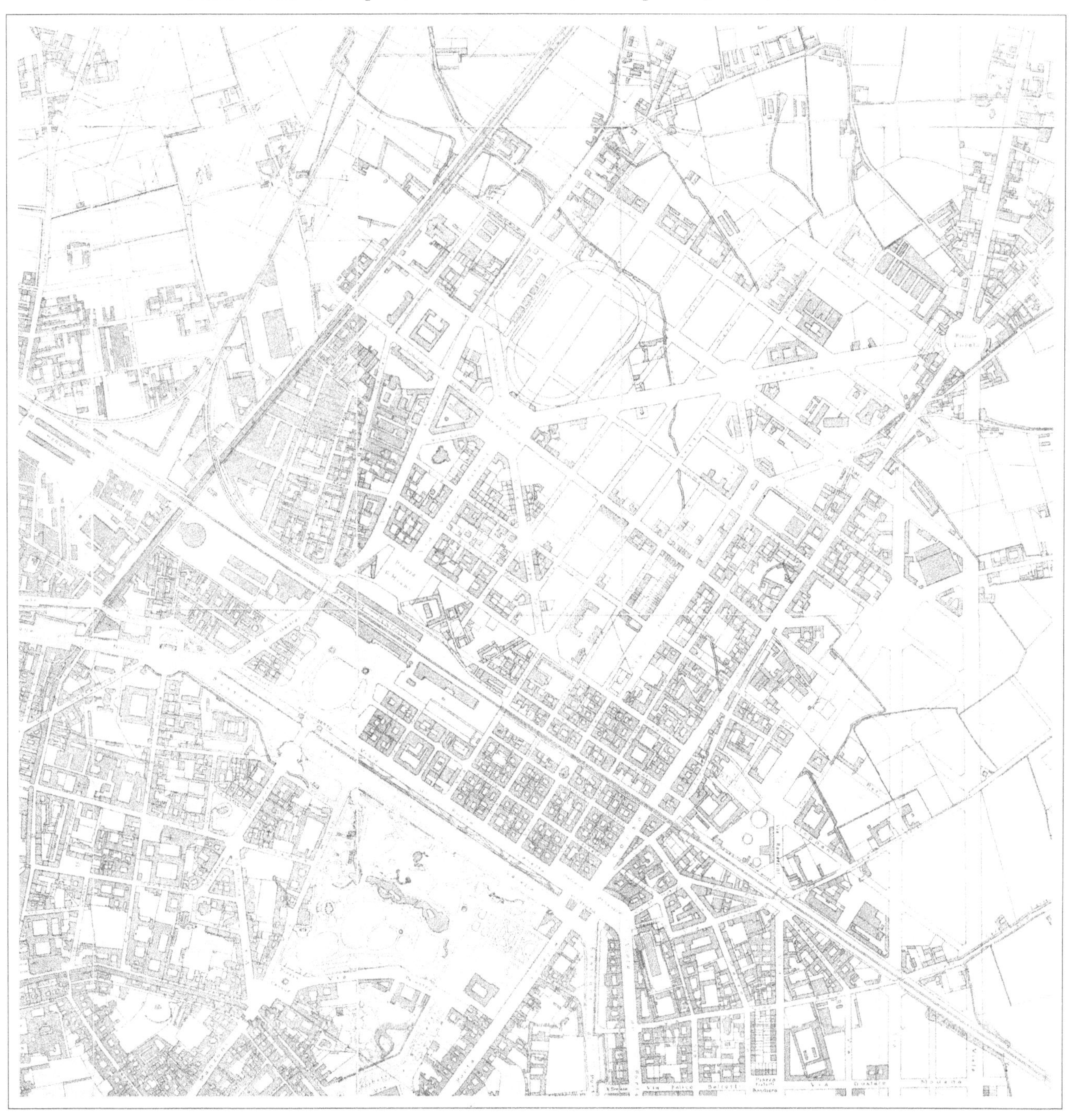

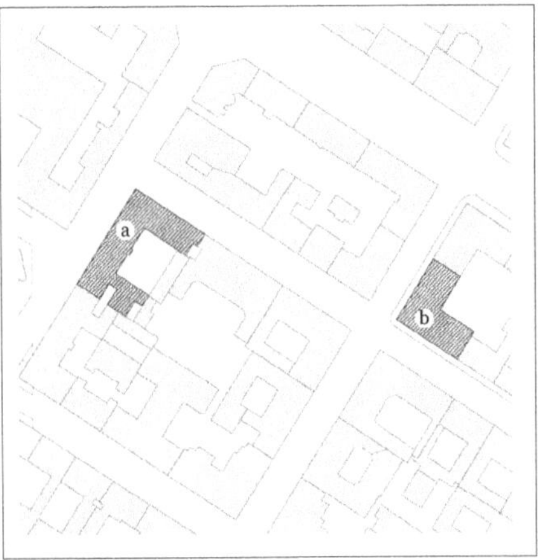

a- Via Lazzaretto 8
Edificio d'angolo con Via Lazzaro Palazzi
Piani 6
   Fronte strada
File di finestre 10
Balconi 6
Vetrine di negozi 8
Rivestimento diffusamente scrostato
   Cortile
Forma quadra
Intonaco giallo
Pavimento in cemento
   Ballatoi
Livelli 5
Distribuiti su 3 lati
Piani in pietra

b- Via Lazzaro Palazzi 14
Edificio d'angolo con via Lodovico Settala
Piani 4
   Fronte strada
File di finestre 7
Balconi 3
Vetrine di negozi
Intonaco color ruggine
Zoccolatura in cemento
   Cortile
Forma rettangolare
Intonaco giallo
   Ballatoi
Livelli 3
Distribuiti su 2 lati

a- Via Panfilo Castaldi 26
Edificio d'angolo con Via Lodovico Settala
Piani 6
   Fronte strada
File di finestre 7
Balconi 3
Vetrine di negozi 6
Intonaco color crema
Zoccolatura in cemento
   Cortile rimodulato
Forma rettangolare
Intonaco giallo
Pavimento in ciottoli
   Ballatoi
Livelli 5
Distribuiti su 3 lati
Piani in cemento

b- Via Panfilo Castaldi 30
Edificio d'angolo con Via Lecco
Piani 6
   Fronte strada
File di finestre 7
Balconi 2
Vetrine di negozi 6
Intonaco color ruggine
   Cortile
Forma quadra
Intonaco color ruggine
Pavimento in ciottoli
   Ballatoi
Livelli 5
Distribuiti su 3 lati
Piani in pietra

c- Via Panfilo Castaldi 29
Edificio d'angolo con Via Lecco
Piani 6 e 7
   Fronte strada
File di finestre 7
Balconi 4
Vetrine di negozi 6
Intonaco giallo
   Cortile
Forma quadra
Intonaco giallo
Pavimento in porfido
   Ballatoi
Livelli 5 e 6
Distribuiti su 2 lati
Piani in pietra

d- Via Lazzaro Palazzi 9
Piani 4
   Fronte strada
File di finestre 5
Balconi 3
Vetrine di negozi 4
Intonaco giallo con zoccolatura in cemento
   Cortile
Forma quadra
Intonaco giallo
   Ballatoi
Livelli 3
Distribuiti su 1 lato

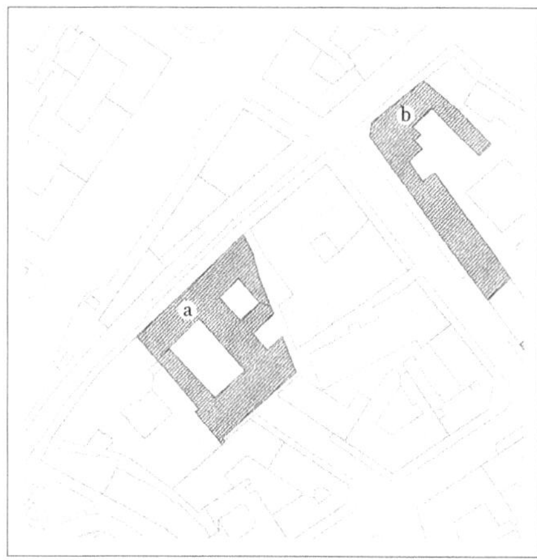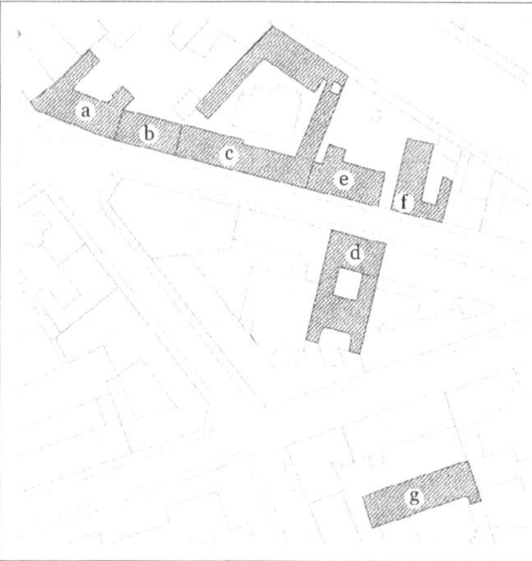

a- Via Lazzaro Spallanzani 6-8
Piani 4
    Fronte strada
File di finestre 15
Balconi 3
Vetrine di negozi 14
Intonaco giallo con zoccolatura in cemento
   2 Cortili
Forma quadra
Intonaco giallo
Pavimento in cemento
    Ballatoi
Livelli 3
Distribuiti su 3 e 3 lati
Piani in pietra

b- Via Lazzaro Spallanzani 16
Edificio d'angolo con via Melzo
Piani 5
    Fronte strada
File di finestre 7
Balconi 11
Vetrine di negozi 6
Intonaco giallo con zoccolatura in cemento
    Cortile
Forma quadra
Intonaco grigio
Pavimento in ciottoli
    Ballatoi
Livelli 4
Distribuiti su 3 lati
Piani in pietra

a- Via Melzo 28
Edificio d'angolo con Via Paolo Frisi
Piani 5
    Fronte strada
File di finestre 7
Balconi 3
Vetrine di negozi 6
Intonaco giallo
    Cortile
Forma poligonale
Intonaco giallo
Pavimento in ciottoli
    Ballatoi
Livelli 3
Distribuiti su 2 lati
Piani in pietra

b- Via Paolo Frisi 1
Piani 5
    Fronte strada
File di finestre 5
Balconi 3
Vetrine di negozi 3
Intonaco giallo
    Cortile
Forma irregolare
Intonaco giallo e rosso
Pavimento in ciottoli
    Ballatoi
Livelli 3 e 2
Distribuiti su 2 lati
Piani in pietra

c- Via Paolo Frisi 3
Accorpamento di due edifici
Piani 5 e 4
    Fronte strada
File di finestre 7 e 6
Balconi 5
Vetrine di negozi 7 e 7
Intonaco giallo
    Cortile
Forma irregolare
Intonaco giallo
Pavimento in ciottoli
    Ballatoi
Livelli 5 e 3
Distribuiti su 5 lati
Piani in pietra

d- Via Paolo Frisi 8
Piani 4
    Fronte strada
File di finestre 5
Balconi 3
Vetrine di negozi 4
Intonaco giallo con zoccolatura in cemento
    Cortile
Forma quadra
Intonaco rosso
Pavimento in ciottoli
    Ballatoi
Livelli 3
Distribuiti su 3 lati
Piani in pietra

e- Via Paolo Frisi 9
Edificio affacciato su Viale Regina
Giovanna
Piani 5
    Fronte strada
File di finestre 7
Balconi 6
Vetrine di negozi 4
Intonaco giallo con zoccolatura in cemento
    Cortile ridotto a parte del marciapiede
Forma rettangolare
Intonaco giallo
Pavimento in ciottoli
    Ballatoi
Livelli 4
Distribuiti su 2 lati
Piani in pietra
     Anno di costruzione 1889
Proprietario costruttore Angelo Moiraghi
Progettista ing. Carlo Zucconi
Capomastro Colastretti

f- Via Paolo Frisi 11
Piani 3
    Fronte strada
File di finestre 5
Vetrine di negozi 3
Intonaco giallo
    Cortile
Forma rettangolare
Intonaco giallo
    Ballatoi
Livelli 2
Distribuiti su 2 lati

g- Via Lambro 12
Corpo interno all'isolato
Piani 3
    Cortile
Forma rettangolare
Intonaco giallo
Pavimento in porfido
    Ballatoi
Livelli 2
Distribuiti su 1 lato
Piani in cemento

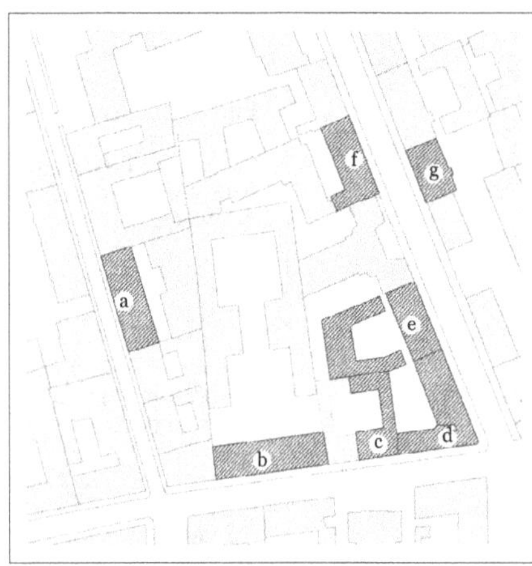

a- Via Giuseppe Sirtori 10

Piani 5
    Fronte strada
File di finestre 8
Balconi 1
Vetrine di negozi 4
Intonaco giallo con zoccolatura in cemento
    Cortile
Forma rettangolare
Intonaco giallo
    Ballatoi
Livelli 4
Distribuiti su 1 lato

b- Via Nino Bixio 15

Piani 5
    Fronte strada
File di finestre 9
Balconi 1
Intonaco giallo con zoccolatura in cemento
    Cortile
Suddiviso in lotti privati
Intonaco giallo
Pavimento in cotto
    Ballatoi
Livelli 4
Distribuiti su 1 lato
Piani in pietra

c- Via Nino Bixio 19

Piani 4
    Fronte strada
File di finestre 4
Balconi 1
Vetrine di negozi 3
Intonaco giallo
    Cortile
Forma rettangolare
Intonaco giallo
    Ballatoi
Livelli 3
Distribuiti su 2 lati

d- Via Nino Bixio 21

Edificio d'angolo con Via Melzo
Piani 5
    Fronte strada
File di finestre 6
Balconi 6
Vetrine di negozi 4
Intonaco giallo con zoccolatura in cemento
    Cortile ridotto
Forma quadra
Intonaco giallo
Pavimento in cotto
    Ballatoi
Livelli 4
Distribuiti su 1 lato

e- Via Melzo 5

Piani 5
    Fronte strada
File di finestre 5
Balconi 4
Vetrine di negozi 4
Intonaco giallo
    Cortile
Forma quadra
Intonaco giallo
Pavimento in cemento
    Ballatoi
Livelli 3
Distribuiti su 4 lati
Piani in pietra
    Anno di costruzione 1893
Proprietario costruttore Luigi Turba
Progettista ing. Giuseppe Monti
Capomastro Vittorio Speroni

f- Via Melzo 11

Piani 4
    Fronte strada
File di finestre 6
Balconi 5
Vetrine di negozi 5
Intonaco color ruggine
    Cortile
Forma quadra
Intonaco giallo
Pavimento in profido
    Ballatoi
Livelli 3
Distribuiti su 1+1 lati
Piani in pietra

g- Via Melzo 10

Piani 5
    Fronte strada
File di finestre 4
Balconi 8
Vetrine di negozi 4
Intonaco giallo
    Cortile
Forma rettangolare
Intonaco giallo
Pavimento in ceramica
    Ballatoi
Livelli 4
Distribuiti su 1 lato

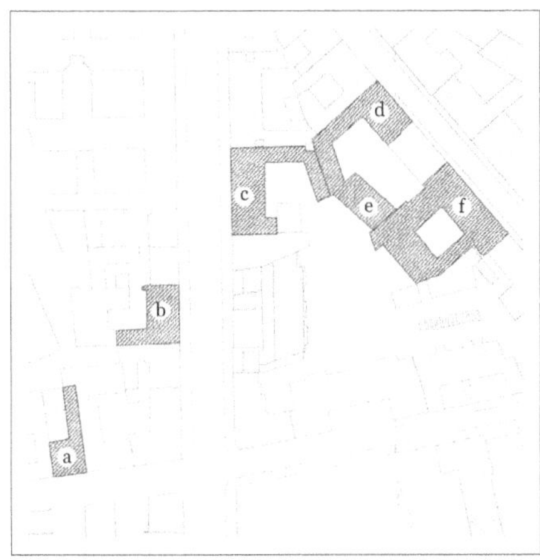

a- Via Nino Bixio 25
Piani 4+attico
   Fronte strada
File di finestre 3
Balconi 3
Vetrine di negozi 2
Intonaco color ruggine
   Cortile
Forma rettangolare
Intonaco color ruggine
   Ballatoi
Livelli 3
Distribuiti su 1 lato

b- Via Carlo Pisacane 47
Piani 6
   Fronte strada
File di finestre 5
Balconi 7
Vetrine di negozi 4
Rivestimento laterizio e cemento
   Cortile
Forma quadra
Intonaco giallo
Pavimento in lastre
   Ballatoi
Livelli 4
Distribuiti su 2 lati
Piani in pietra

c- Via Carlo Pisacane 40
Piani 5
   Fronte strada
File di finestre 7
Balconi 12
Vetrine di negozi 6
Intonaco rosso e cemento
   Cortile
Forma trapezoidale
Intonaco giallo
Pavimento in lastre
   Ballatoi
Livelli 4
Distribuiti su 3 lati
Piani in pietra e cemento

d- Via Rosolino Pilo 10
Piani 4+attico
   Fronte strada
File di finestre 5
Balconi 3 + terrazza sottotetto
Vetrine di negozi 4
Intonaco giallo con zoccolatura in cemento
   Cortile
Forma trapezoidale
Intonaco giallo
   Ballatoi
Livelli 4
Distribuiti su 3 lati

e- Via Rosolino Pilo 12
Corpo interno
Piani 5
   Cortile
Forma rettangolare
Intonaco giallo
   Ballatoi
Livelli 4
Distribuiti su 1 lato

f- Via Rosolino Pilo 14
Piani 5
   Fronte strada
File di finestre 7
Balconi 1
Vetrine di negozi 6
Intonaco giallo con lesene e cornici in
cemento
   Cortile
Forma quadra
Intonaco giallo
   Ballatoi
Livelli 4
Distribuiti su 2 lati

Via Lazzaro Spallanzani 6

Via Melzo 5

Via Melzo 11

Via Panfilo Castaldi 29

Via Panfilo Castaldi 30

Via Lazzaro Spallanzani 16

Via Lambro 12   Via Paolo Frisi 1

Via Paolo Frisi 8   Via Paolo Frisi 3

Via Paolo Frisi 3

Via Paolo Frisi 9

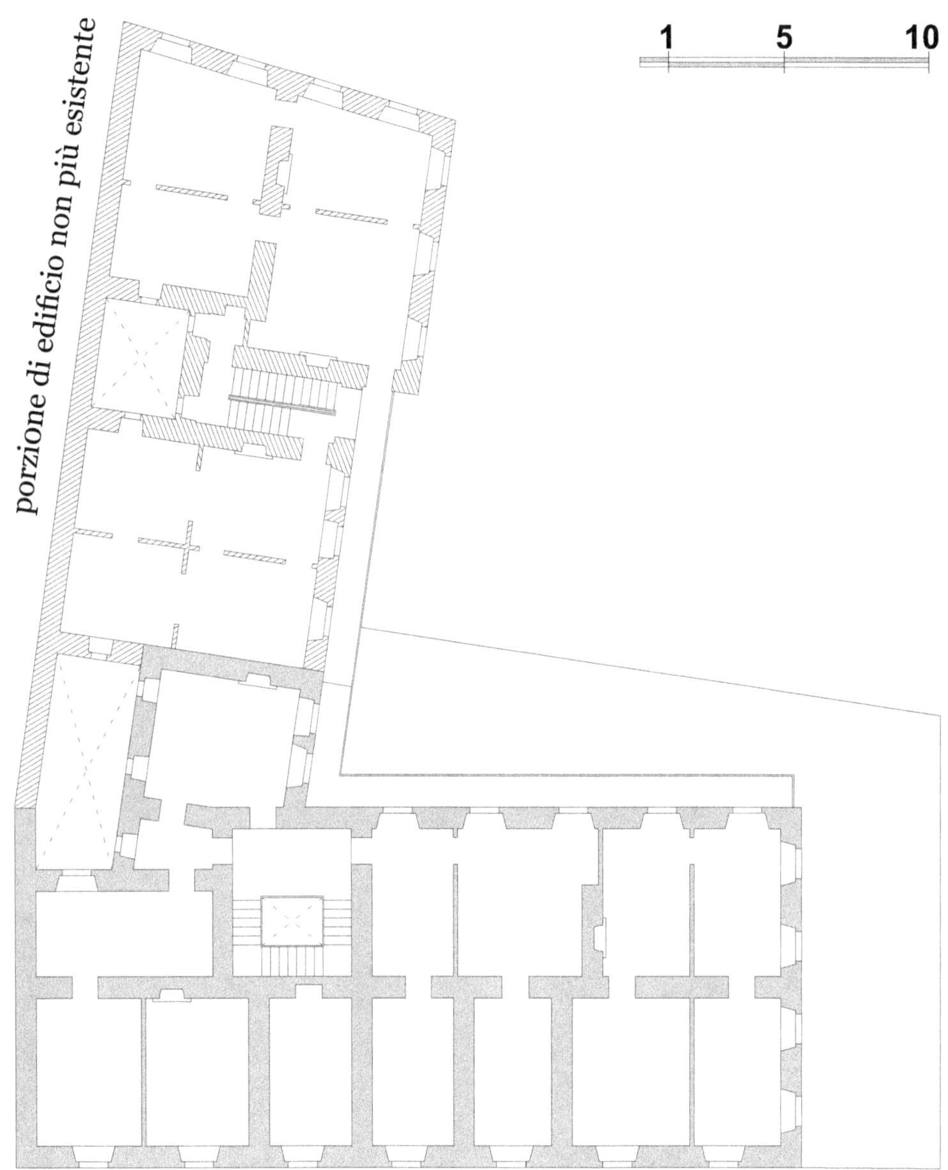

porzione di edificio non più esistente
1   5   10
Via Paolo Frisi 9

Fuori Porta Monforte e fuori Porta Vittoria

Porta Monforte - 1907

Uno dei caselli di Porta Vittoria ex Porta Tosa

Vedute dell'arco di Porta Tosa

Porta Vittoria, un semplice arco neoclassico, era una delle porte succursali della città, aperta nella cerchia muraria spagnola con il nome di Porta Tosa, come si chiamava la corrispondente pusterla aperta nella cerchia medievale.
L'origine del nome non trova concordi gli etimologisti, categoria di studiosi ricchi di rigorosa scienza e dotati spesso di altrettanta fantasia. Alcuni lo ricollegano al termine latino "tonsa", che vuol dire remo perché l'originaria porta romana sorgeva nei pressi del porto fluviale. Altri invece ritengono che il nome derivi da un bassorilievo medievale del XII secolo, attualmente conservato nel Museo d'arte antica del Castello Sforzesco, che si trovava sull'arcata della porta. Il bassorilievo raffigura una donna che mostra il sesso, sollevando le vesti; effigie, secondo la credenza popolare, posta lassù per irridere Beatrice di Borgogna, la moglie dell'imperatore sconfitto. Ma neppure sul bassorilievo vi è un'unica interpretazione. C'è chi ritiene che raffiguri invece l'Imperatrice di Costantinopoli Leobissa, che si rifiutò di fornire aiuto ai Milanesi per ricostruire la città dopo la distruzione ad opera di Federico Barbarossa, presentandola come una prostituta che si rade il sesso. Ma c'è anche chi le attribuisce una valenza apotropaica in relazione ad analoghe immagini che si trovavano nella zona.
Nel 1861 prese il nome di Porta Vittoria in ricordo delle memorabili Cinque giornate, tra il 18 e il 22 marzo 1848, quando i patrioti italiani erano riusciti a scacciare gli austriaci dalla città. Cosi Dante Isella in "Milano dei Navigli. Passeggiata letteraria" ricorda l'epica battaglia avvenuta nella piazza utilizzando le parole di un giovane patriota, Giovanni Visconti Venosta, riportate in "Ricordi di gioventù": *"Si era mosso, il mezzogiorno della quarta giornata d'insurrezione "verso il ponte di Porta Tosa, per arrivare almeno fino all'imboccatura del corso. Da lontano nella direzione del bastione e della porta, si sentiva il rumore continuo delle fucilate dei soldati, e dei colpi di carabina dei nostri; e a brevi intervalli la mitraglia, rimbalzando sul selciato, giungeva fino al Naviglio...Verso la sera della quinta giornata, le grida vittoria, vittoria fecero accorrere e affollare verso il ponte quanti erano in piazza, e questa volta la barricata e i suoi custodi non valsero più a trattenere la gente. La porta era stata presa, poi incendiata poi ripresa dagli Austriaci, poi ancora dai nostri; ora bruciava. Gli Austriaci si erano ritirati, lateralmente sui bastioni, e facevan fuoco sulla folla che correva verso la porta. Le prime case del corso, in vicinanza del bastione, ardevano, e le fiamme si elevavano alte nell'oscurità, crepitando"*.
La porta fu demolita alla fine dell'Ottocento ma i caselli daziari furono risparmiati. Nel 1881 fu indetto un concorso per un monumento celebrativo di quella gloriosa pagina del Risorgimento, vinto da Giuseppe Grandi. Il progetto prevedeva un obelisco, con figure allegoriche alla base. Il monumento, inaugurato il 18 marzo 1895, si erge tuttora al centro della piazza.
Sulla destra, in viale Montenero si trova una delle più eleganti sale cinematografiche della città, il Colosseo, costruito nel 1927 su progetto di Mario Cavallè e Alessandro Rimini, costruito per conto della Società Anonima Immobiliare Rione Vittoria.
Poco lontano, appena all'interno della cinta muraria, sorge la Rotonda della Besana, progettato come cimitero del vicino Ospedale Maggiore e chiamato perciò Foppone dell'Ospedale. Intorno alla chiesa a croce greca, dedicata a San Michele e costruita da Attilio Arrigoni nel 1713, corre un recinto porticato, a cui lavorarono Carlo Francesco Raffagno e Francesco Croce, formato da quattro esedre porticate alternate ad altrettante minori. Nel 2002, dopo un lungo periodo di decadenza la struttura è

stata riaperta al pubblico e destinata ad attività ricreative.

Quasi alla fine di Corso XXII Marzo, la strada che parte da Porta Vittoria, all'altezza del civico 50, sorge un'antica costruzione dalla storia complessa, la Senavra, di cui, cominciando dal nome, vengono suggerite varie origini. Secondo alcuni "senavra" sarebbe il nome in dialetto milanese della pianta da cui si ricava la senape, presente nella zona. Secondo altri deriverebbe dalla vicina palude denominata Sinus Averanus, secondo altri deriverebbe da Scena Aurea, nome del luogo. Il palazzo era stato costruito da Ferrante Gonzaga nel 1546 e passato successivamente ai Gesuiti. Con decreto in data 5 settembre 1780 l'Imperatrice Maria Teresa stabilì che i malati mentali, fino ad allora accolti in istituzioni, come l'Ospedale di San Vincenzo, insieme ad ogni tipo di soggetti bisognosi, come epilettici, pellagrosi, disabili, fossero accolti in una struttura destinata esclusivamente a loro. La scelta della sede cadde sul Palazzo della Senavra, che rimase attiva fino al trasferimento di tutti i degenti nella Villa Crivelli di Limbiate, trasformata dal 18 settembre 1872 in Ospedale psichiatrico generale della provincia. Da circa un secolo su iniziativa dello psichiatra francese Philippe Pinel e del filantropo inglese William Tuke le autorità avevano posto attenzione al problema dei malati mentali predisponendo per loro strutture apposite.

Oggi nel palazzo della Senavra ha sede la Parrocchia del Preziosissimo Sangue di Gesù.

1- Piazza 5 Giornate – Porta Vittoria
2- Corso di Porta Vittoria
3- Corso XXII Marzo
4- Viale Bianca Maria
5- Viale Premuda
6- Viale Regina Margherita
7- Viale Monte Nero
8- Rotonda della Besana
9- Via Augusto Anfossi
10- Via Spartaco
11- Piazza del Tricolore
12- Largo Marinai d'Italia

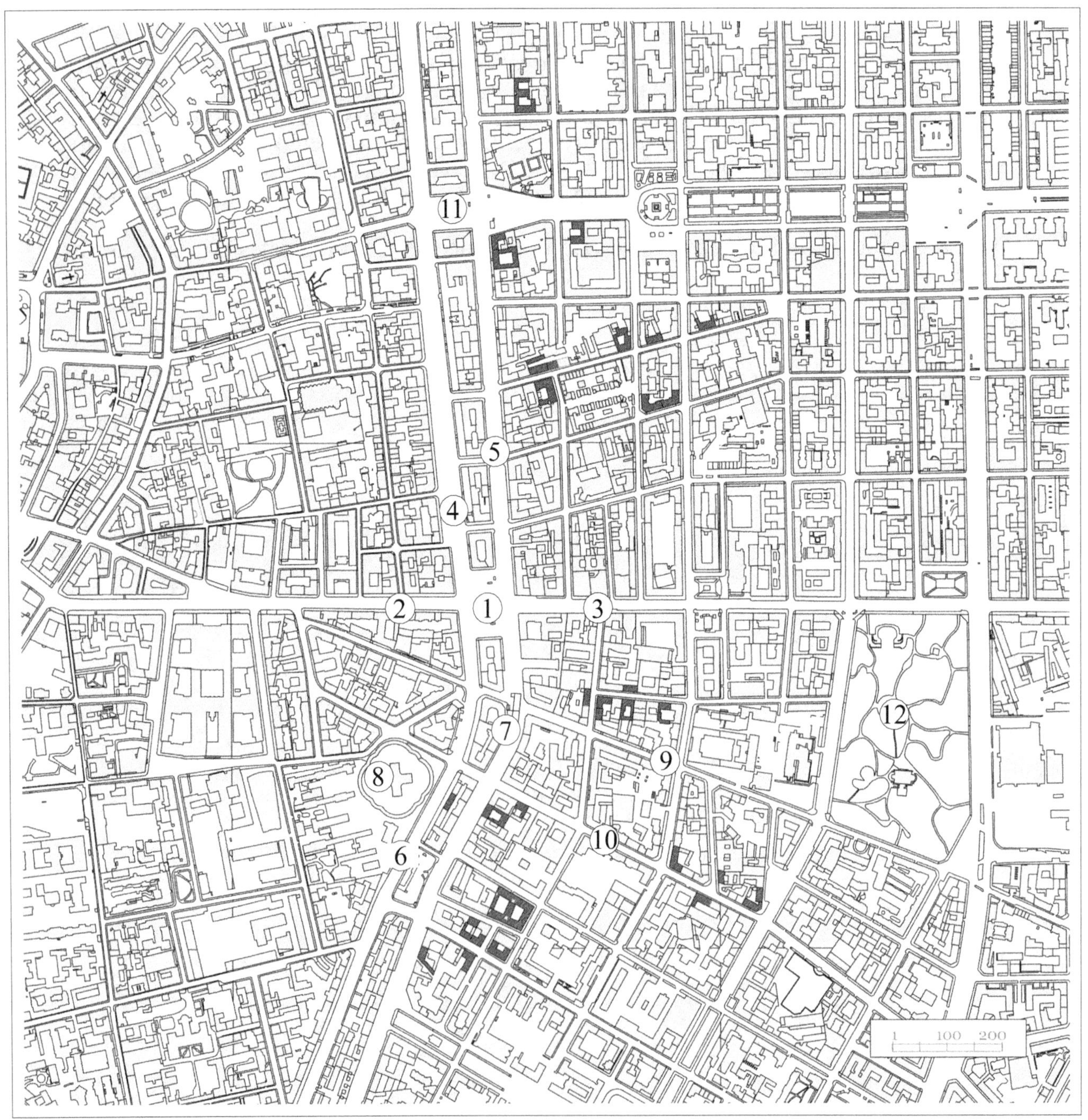

Carta tecnica comunale - Milano 1884

Pianta di Milano compilata dall'Ufficio Tecnico Municipale - 1906 - Bertarelli Sacchi

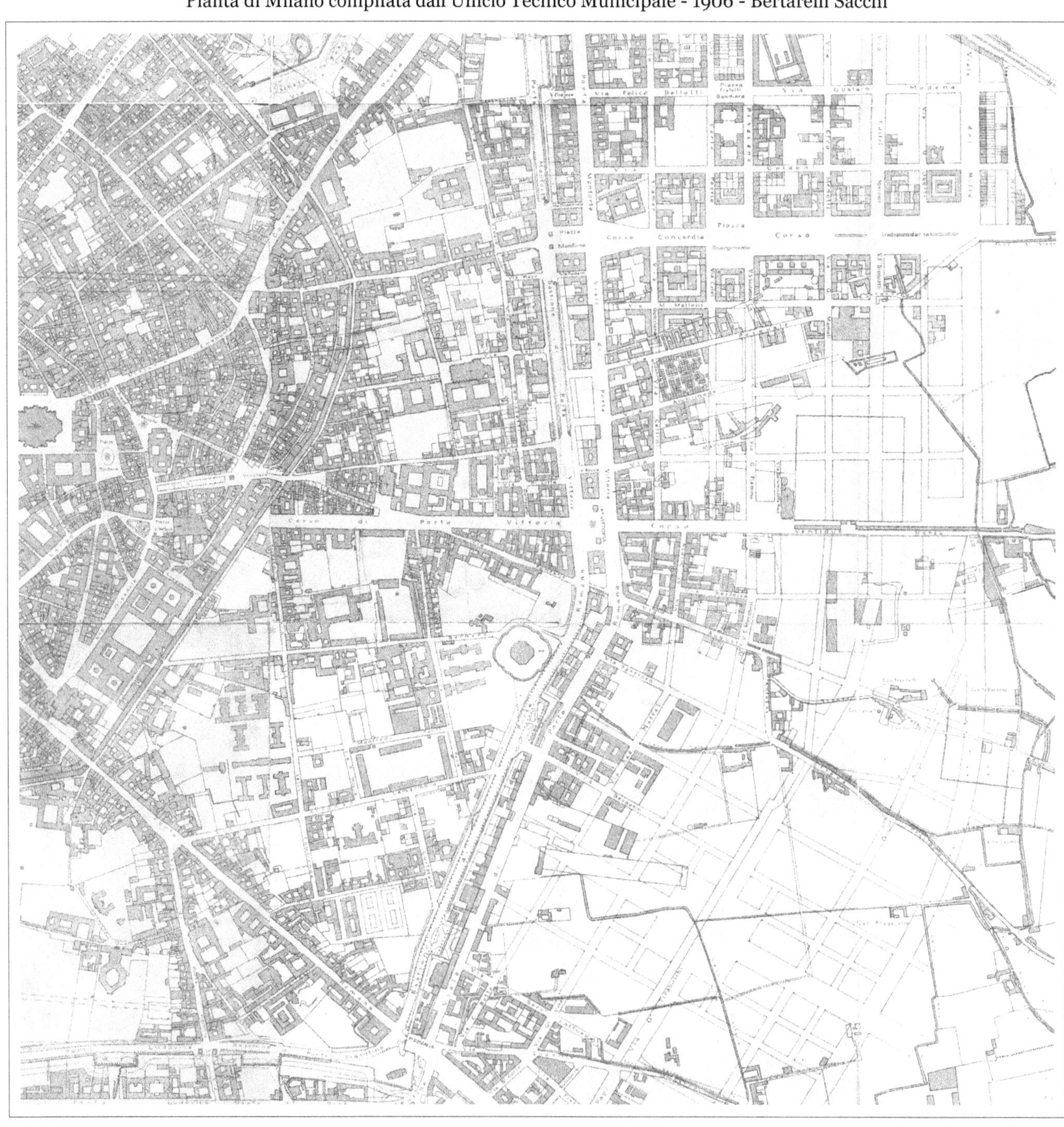

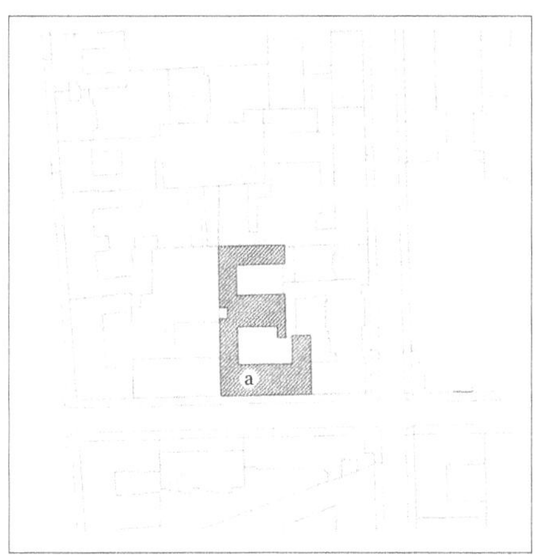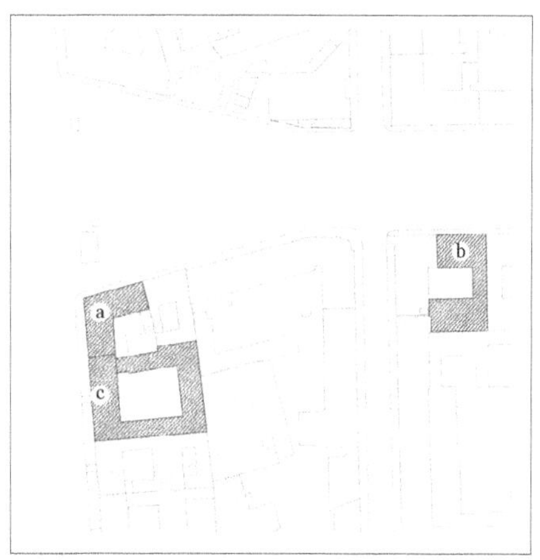

a- Via Goldoni 3
Piani 5
    Fronte strada
File di finestre 8
Balconi 6
Vetrine di negozi 7
Intonaco giallo con zoccolatura in cemento
    Cortile
Forma quadra
Intonaco giallo
Pavimento in ciottoli
    Ballatoi
Livelli 4
Distribuiti su 3 lati
Piani in pietra

a- Corso Concordia 2
Edificio d'angolo con viale Premuda
Piani 5
    Fronte strada
File di finestre 6
Balconi 6
Vetrine di negozi 5
Intonaco marrone chiaro
    Cortile
Forma rettangolare
Intonaco giallo
    Ballatoi
Livelli 4
Distribuiti su 1 lato

b- Corso Concordia 10
Piani 5
    Fronte strada
File di finestre 6
Balconi 2
Vetrine di negozi 4
Intonaco giallo e cemento
    Cortile
Forma rettangolare
Intonaco color crema
Pavimento in blocchi di cemento
    Ballatoi
Livelli 4
Distribuiti su 3 lati
Piani in cemento

c- Viale Premuda 46
Piani 7
    Fronte strada
File di finestre 9
Balconi 3
Vetrine di negozi 8
Intonaco giallo con zoccolatura in cemento
    Cortile
Forma quadra
Intonaco giallo
Pavimento in cemento
Volume ascensore aggiunto
    Ballatoi
Livelli 6
Distribuiti su 3 lati
Piani in pietra

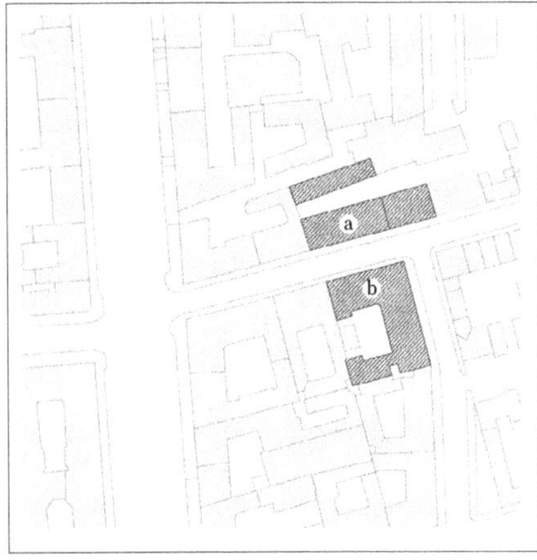 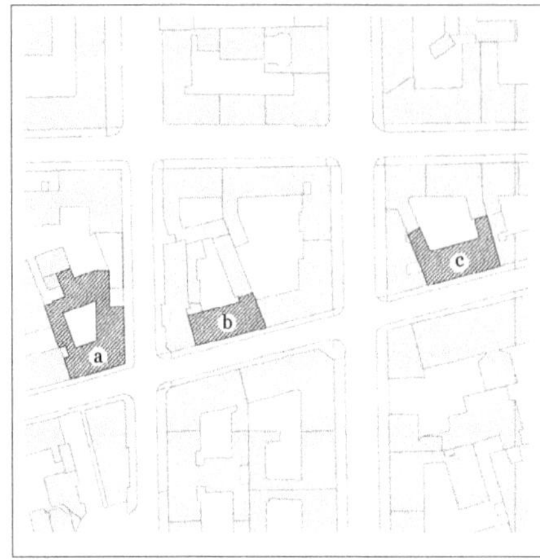 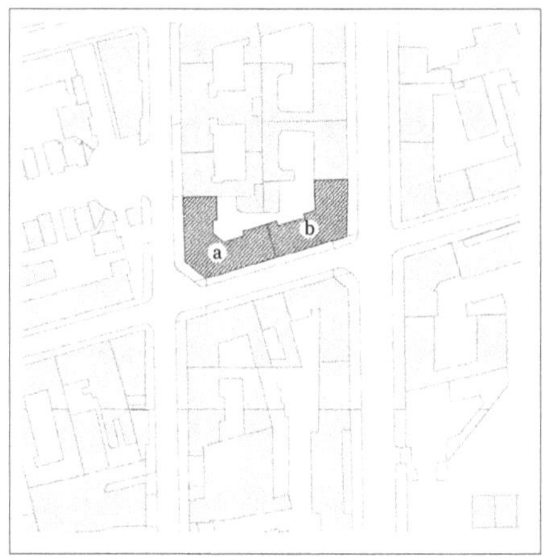

a- Via Pasquale Sottocorno 5 e 5a

Piani 5
    Fronte strada
File di finestre 7+5
Balconi 12+3
Vetrine di negozi 6+5
Intonaco giallo sabbia e giallo
Zoccolatura in cemento
    Cortile
Forma rettangolare
Intonaco rosa e giallo
Pavimento in porfido e cemento
    Ballatoi
Livelli 4
Distribuiti su 2+1 lati
Piani in pietra

b- Via Pasquale Sottocorno 6

Piani 5
    Fronte strada
File di finestre 7
Vetrine di negozi 5
Intonaco giallo con zoccolatura in cemento
    Cortile
Forma quadra
Intonaco color crema
Pavimento in asfalto
    Ballatoi
Livelli 4
Distribuiti su 2 lati
Piani in cemento
    Anno di costruzione 1879
Proprietario costruttore Società Edificatrice
Abitazioni Operaie

a- Via Pasquale Sottocorno 17

Edificio d'angolo con via Pietro Calvi
Piani 5
    Fronte strada
File di finestre 5
Balconi 5
Vetrine di negozi 4
Intonaco giallo con zoccolatura in cemento
    Cortile
Forma trapezoidale
Intonaco giallo
Pavimento in profido
    Ballatoi
Livelli 4
Distribuiti su 3 lati
Piani in pietra

b- Via Pasquale Sottocorno 19

Piani 6
    Fronte strada
File di finestre 7
Balconi 8
Vetrine di negozi 6
Intonaco giallo
Zoccolatura in cemento
    Cortile
Forma trapezoidale
Intonaco giallo
Pavimento in profido
    Ballatoi
Livelli 5
Distribuiti su 1 lato
Piani in cemento

c- Via Pasquale Sottocorno 27

Piani 4+sottotetto
    Fronte strada
File di finestre 5
Balconi 3
Vetrine di negozi 4
Intonaco color sabbia
Zoccolatura in cemento
    Cortile
Forma trapezoidale
Intonaco rosa
    Ballatoi
Livelli 3
Distribuiti su 2 lati

a- Via Archimede 41

Edificio d'angolo con via Pietro Calvi
Piani 5
    Fronte strada
File di finestre 3+7
Balconi 1+8
Vetrine di negozi 7
Rivestimento in laterizio
Zoccolatura in pietra
    Cortile
Forma irregolare
Intonaco rosa
Pavimento in ciottoli
    Ballatoi
Livelli 4
Distribuiti su 2 lati
Piani in cemento
    Anno di costruzione 1909
Proprietario costruttore Piccinelli
Progettista arch. Giuseppe Sommaruga

b- Via Archimede 43

Edificio d'angolo con via Galvano Fiamma
Piani 5
    Fronte strada
File di finestre 7
Balconi 6
Vetrine di negozi 5
Intonaco giallo con zoccolatura in pietra
    Cortile
Forma trapezoidale
Intonaco giallo
Pavimento in lastre
    Ballatoi
Livelli 4
Distribuiti su 1 lato
Piani in cemento

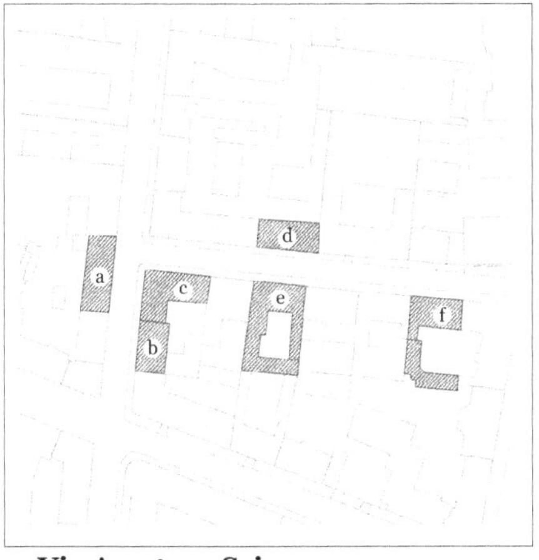

a- Via Amatore Sciesa 12-14

Porzione di complesso edilizio d'angolo con
via Augusto Anfossi
Piani 4+sottotetto
    Fronte strada
File di finestre 7+8+3
Balconi 7+8+3
Vetrine di negozi 14+3
Intonaco giallo con zoccolatura in cemento
    Cortile
Forma rettangolare
Intonaco giallo
Pavimento in blocchi di cemento
Volume ascensore aggiunto
    Ballatoi
Livelli 3
Distribuiti su 1 lato
Piani in pietra

b- Via Amatore Sciesa 9

Piani 5
    Fronte strada
File di finestre 5
Balconi 1
Vetrine di negozi 4
Intonaco giallo con zoccolatura in cemento
    Cortile
Forma quadra
Intonaco giallo
Volume ascensore aggiunto
    Ballatoi
Livelli 4
Distribuiti su 1 lato

c- Via Bezzecca 2

Edificio d'angolo con via Amatore Sciesa
Piani 6
    Fronte strada
File di finestre 6
Balconi 6
Vetrine di negozi 3
Intonaco color bronzo
zoccolatura in cemento
    Cortile
Forma rettangolare
Intonaco giallo
Pavimento in lastre
    Ballatoi
Livelli 5
Distribuiti su 2 lati

d- Via Bezzecca 3

Piani 4
    Fronte strada
File di finestre 5
Balconi 5
Vetrine di negozi 3
Intonaco color bronzo
Zoccolatura in cemento
    Cortile
Forma rettangolare
Intonaco giallo
Pavimento in blocchi di cemento
    Ballatoi
Livelli 3
Distribuiti su 1 lato

e- Via Bezzecca 6

Piani 4
    Fronte strada
File di finestre 5
Balconi 4
Vetrine di negozi 4
Intonaco giallo con zoccolatura in cemento
    Cortile
Forma rettangolare
Intonaco giallo
    Ballatoi
Livelli 3
Distribuiti su 3 lati

f- Via Bezzecca 12

Piani 4 e 5
    Fronte strada
File di finestre 5
Balconi 3
Intonaco giallo con zoccolatura in cemento
    Cortile
Forma quadra
Intonaco giallo
Pavimento in porfido
    Ballatoi
Livelli 3 e 4
Distribuiti su 2 lati
Piani in cemento

a- Viale Regina Margherita 16

Piani 4
    Fronte strada
File di finestre 7
Balconi 6
Vetrine di negozi 4
Rivestimento fronte strada in mattoni
Zoccolatura in cemento
    Cortile
Forma rettangolare
Intonaco giallo
    Ballatoi
Livelli 3
Distribuiti su 1 lato

b- Viale Monte Nero 62

Piani 5
    Fronte strada
File di finestre 5
Balconi 5
Vetrine di negozi 4
Intonaco marrone chiaro
Zoccolatura in cemento
    Cortile
Forma quadra
Intonaco giallo
Pavimento in blocchi di cemento
    Ballatoi
Livelli 4
Distribuiti su 4 lati
Piani in pietra
      Anno di costruzione 1883

c- Via Spartaco 4

Piani 4
    Fronte strada
File di finestre 6
Balconi 5
Vetrine di negozi 5
Intonaco giallo con decori floreali
Zoccolatura in cemento
    Cortile
Forma quadra
Intonaco giallo
Volume ascensore aggiunto
    Ballatoi
Livelli 3
Distribuiti su 2 lati

a- Viale Monte Nero 44

Piani 4
    Fronte strada
File di finestre 3
Vetrine di negozi 2
Intonaco giallo
    Cortile
Forma irregolare
Intonaco color ruggine
Pavimento in cemento
    Ballatoi
Livelli 3
Distribuiti su 1 lato
Piani in pietra

b- Via Bergamo 3

Piani 5+1
    Fronte strada
File di finestre 5
Balconi 6
Vetrine di negozi 4
Intonaco giallo e cemento
    Cortile
Forma quadra
Intonaco giallo
    Ballatoi
Livelli 4
Distribuiti su 2 lati
Piani in pietra
    Anno di costruzione 1890
Proprietario costruttore Fratelli Bossi
Progettista arch. Luigi Gho
Capomastro Luigi Carcano

c- Via Bergamo 5

Edificio d'angolo con via Presolana
Piani 5
    Fronte strada
File di finestre 5
Balconi 3
Vetrine di negozi 4
Intonaco color bronzo
Zoccolatura in pietra
    Cortile
Forma quadra
Intonaco giallo
    Ballatoi
Livelli 4
Distribuiti su 1 lato

d- Via Bergamo 7

Edificio d'angolo con via Presolana e con
via Andrea Maffei
Piani 4
    Fronte strada
File di finestre 7
Balconi 7
Vetrine di negozi 5
Intonaco in cemento
    Cortile
Forma quadra
Intonaco giallo
    Ballatoi
Livelli 2
Distribuiti su 2 lati

e- Via Bergamo 6

Edificio d'angolo con via Presolana
Piani 6
    Fronte strada
File di finestre 5
Balconi 2
Vetrine di negozi 4
Intonaco giallo
    Cortile
Forma quadra
Intonaco giallo
Pavimento in porfido
    Ballatoi
Livelli 4
Distribuiti su 1 lato
Piani in cemento

f- Via Andrea Maffei 12

Edificio d'angolo con via Antonio Fogazzaro
e con via Clusone
Piani 4+attico
    Fronte strada
File di finestre 11
Vetrine di negozi 10
Intonaco giallo
Rivestimento in mattoni
Zoccolatura in cemento
    Cortile
Forma quadra
Intonaco giallo
    Ballatoi
Livelli 4
Distribuiti su 4 lati
    Anno di costruzione 1905
Proprietario costruttore Fratelli Vender
ing. Leonardi & C. - Società italiana per le
costruzioni in cemento armato e per tutte le
applicazioni del cemento in genere
Progettista ing. Leonardi

g- Via Fogazzaro 14

Piani 4+attico
    Fronte strada
File di finestre 8
Vetrine di negozi 2
Intonaco giallo e rosso
    Cortile
Forma quadra
Intonaco giallo
    Ballatoi
Livelli 4
Distribuiti su 4 lati
    Anno di costruzione 1906

a- Via Spartaco 25
Edificio d'angolo con via Emilio Morosini
Piani 5
    Fronte strada
File di finestre 5
Balconi 5
Vetrine di negozi 4
Intonaco grigio con zoccolatura in cemento
    Cortile
Forma trapezoidale
Intonaco grigio
    Ballatoi
Livelli 4
Distribuiti su 2 lati

b- Via Spartaco 30
Piani 4+sottotetto
    Fronte strada
File di finestre 7
Balconi 8
Vetrine di negozi
Intonaco giallo con fasce in cemento
    Cortile
Forma rettangolare
Intonaco bianco
Pavimento in cemento
    Ballatoi
Livelli 3
Distribuiti su 1 lato

c- Via Paullo 13
Piani 4
    Fronte strada
File di finestre 5
Balconi 5
Vetrine di negozi 4
Intonaco giallo
    Cortile
Forma rettangolare
Intonaco giallo
    Ballatoi
Livelli 2
Distribuiti su 1 lato

d- Via Spartaco 37
Edificio d'angolo con via Cadore
Piani 6
    Fronte strada
File di finestre 7
Balconi 14
Vetrine di negozi 4
Intonaco giallo con zoccolatura in cemento
    Cortile
Forma trapezoidale
Intonaco giallo
    Ballatoi
Livelli 5
Distribuiti su 2 lati

Via Archimede 41

Via Pasquale Sottocorno 6

Via Pasquale Sottocorno 5

Via Andrea Maffei 12

Via Bezzecca 10

Viale Monte Nero 44

Corso Concordia 10

Corso Concordia 10

Via Bergamo 3

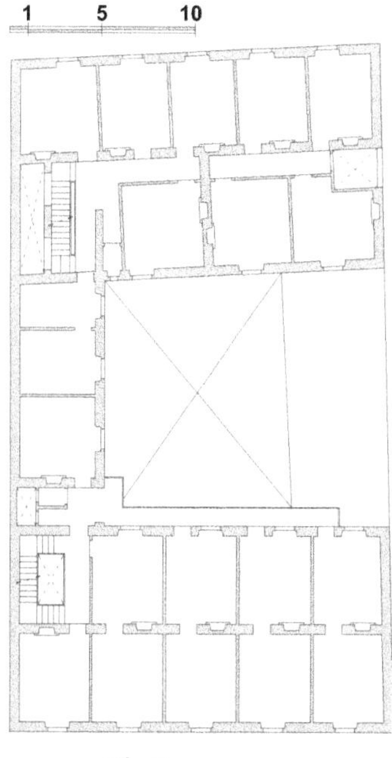

Via Bergamo 3

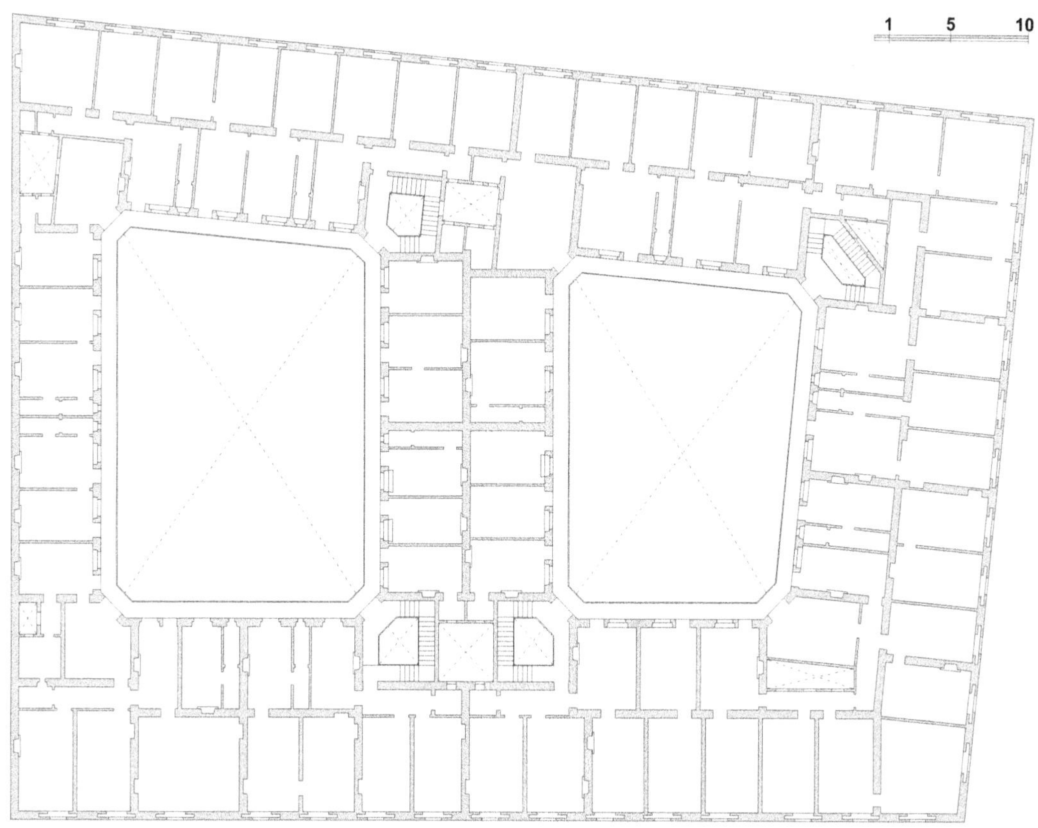

Via Andrea Maffei 12

Fuori Porta Romana

Dazio di Porta Romana
veduta di Domenico Aspari - 1810

Porta Romana edificata nel 1508
Acquaforte di Pietro Moretti 1870

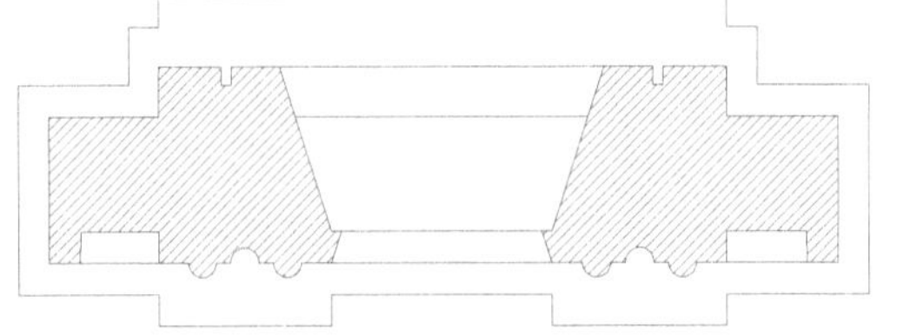

Planimetria della Porta Romana

Porta Romana, da cui aveva inizio l'arteria di collegamento tra Milano e Roma, era una delle porte principali della città. La via corrispondente aperta nella cinta muraria romana era chiamata Via Porticata perché presentava un percorso porticato lungo circa 600 metri.

Porta Romana della murazione spagnola, tuttora esistente, è quella originaria aperta nel 1598 su disegno di Aurelio Trezzi in occasione dell'ingresso a Milano di Maria Margherita d'Austria-Stiria in viaggio verso Madrid per sposare Filippo III di Spagna. Sulla destra della porta è stato lasciato un pezzo dell'originaria cinta muraria. Alle spalle si erge un edificio liberty che ospitava il Dopolavoro dell'Azienda Trasporti Municipali del 1929, e il capolinea della Stazione funebre di Porta Romana, costruita nel 1906 su disegno di Pasquale Tettamanzi e Francesco Minorini, da dove partiva un tram che trasportava le salme verso i cimiteri cittadini.

L'intera zona era fortemente industrializzata come testimonia l'imponente palazzo, che ospita ora solo uffici, della società Tecnomasio Italiano Brown-Boveri, nata dalla fusione nel 1903 della società italiana Tecnomasio Italiano, fondata nel 1871, e l'azienda svizzera Brown Boveri, specializzata nella costruzione di tram, vagoni ferroviari e locomotive.

Per l'ampio scalo ferroviario è stato elaborato un piano di riqualificazione, collegato alla costruzione del Villaggio che ospiterà gli atleti delle prossime Olimpiadi invernali.

Una suggestiva immagine della zona nei primi anni del secolo scorso è fornita dai dipinti dei pittori che operavano in città. Umberto Boccioni, come ricostruisce Leonardo Capano in un articolo pubblicato su "Quattro", giornale di informazione e cultura della zona 4 del 6 maggio 2015, *"lasciato nel 1909 l'appartamento di via Castelmorrone, 7, si trasferisce in via Adige, 23, l'ultimo edificio della strada che sbocca in piazza Trento, dove tra il 1903 e il 1905 era stata costruita la Centrale elettrica a vapore, progettata da Tito Gonzales, di cui si riconosce una parte nel dipinto "Officine a Porta Romana" del 1909. Di lavori connessi alla Centrale è testimonianza anche il dipinto del 1910, "La città che sale". Nel giugno di quell'anno si rese necessario sostituire le aiuole situate tra piazza Trento e via Crema con vasche per la rotazione dell'acqua destinata a raffreddare i condensatori delle*

turbine della Centrale. Boccioni trasse ispirazione per il suo dipinto osservando quel viavai di centinaia di sterratori e migliaia di carrettieri che sono i protagonisti del grande quadro. Ed ancora il dipinto "La strada entra nella casa" del 1911 trae ispirazione dalla costruzione nella stessa zona del Molino Besozzi Marzoli".
Nè sono diversi gli ambienti urbani dipinti da Mario Sironi, che, pur essendosi trasferito in un palazzo popolare di via Fratelli Bronzetti, dove erano previsti alloggi riservati ad artisti e reduci di guerra, dopo aver lasciato la modesta pensione di via Pisacane, volgeva sempre il suo sguardo ad una specifica area geografica di Milano: il cuneo tra Porta Vittoria e Porta Romana.
Appena all'interno della cinta muraria medievale sorge uno dei più nobili edifici della città, la Cà Granda, sede in passato dell'Ospedale Maggiore, uno dei primi edifici rinascimentali di Milano, opera dell'architetto fiorentino Antonio Averulino, detto Filarete. Il Duca Francesco Sforza ne ordinò la costruzione, che ebbe inizio nel 1456, concentrando i 29 ospedali cittadini in un'unica struttura, con la benedizione del papa Pio II che due anni dopo conferiva alla chiesa dell'ospedale il titolo parrocchiale. Il progetto prevedeva due corpi suddivisi entrambi in quattro cortili quadrati. I due corpi erano a loro volta collegati da altri due cortili. Al centro era collocata la chiesa. I lavori si susseguirono nel corso dei secoli, con modifiche apportate dai successivi direttori dei lavori, a cominciare da Guiniforte Solari, che subentrò al Filarete nel 1465. Nel 1939 la struttura ospedaliera fu interamente trasferita nel nuovo ospedale di Niguarda lasciando nella antica sede le attività di carattere amministrativo. I massicci bombardamenti di cui fu oggetto la città tra il 13 e il 17 agosto 1943 furono devastanti per l'antico edificio. Dopo l'opera di ristrutturazione affidata a Piero Portaluppi e Liliana Grassi, la Cà Granda fu restituita alla città e destinata dal 1958 a sede delle facoltà umanistiche della Università Statale di Milano. La facciata principale su via Festa del Perdono è lunga quasi trecento metri ed è divisa in due parti uguali da un monumentale portale coronato da timpano e adornato ai lati di statue, quelle di San Carlo e Sant'Ambrogio, al piano inferiore, e quelle dell'Annunciata e dell'Angelo, al piano superiore, realizzate da Giovan Pietro Lasagna nel 1631.

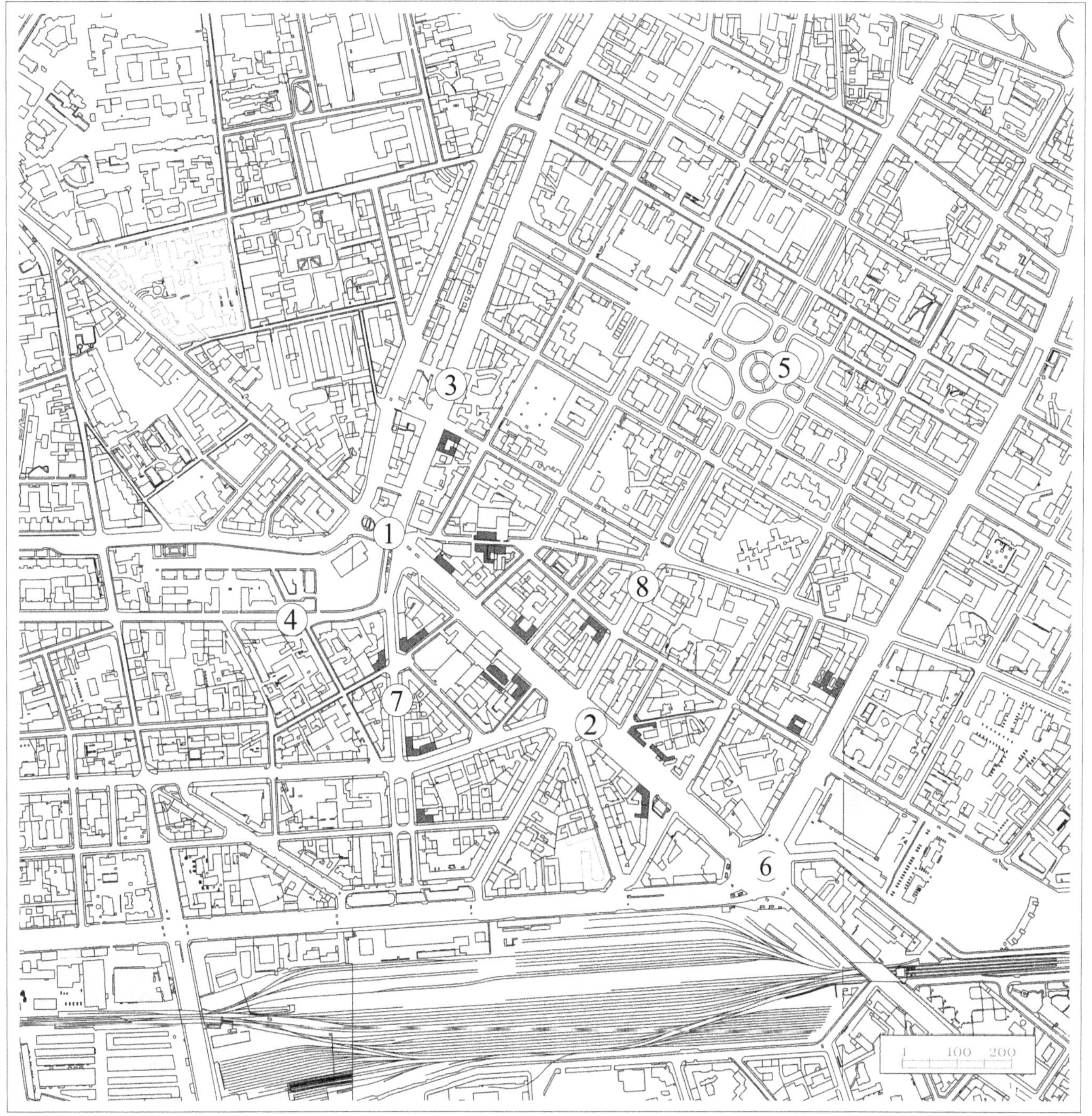

1- Piazza Medaglie d'oro – Porta Romana
2- Corso Lodi
3- Viale Montenero
4- Viale Sabotino
5- Piazzale Libia
6- Piazzale Lodi
7- Via Crema
8- Via Lazzaro Papi
100   200

Carta tecnica comunale - Milano 1884

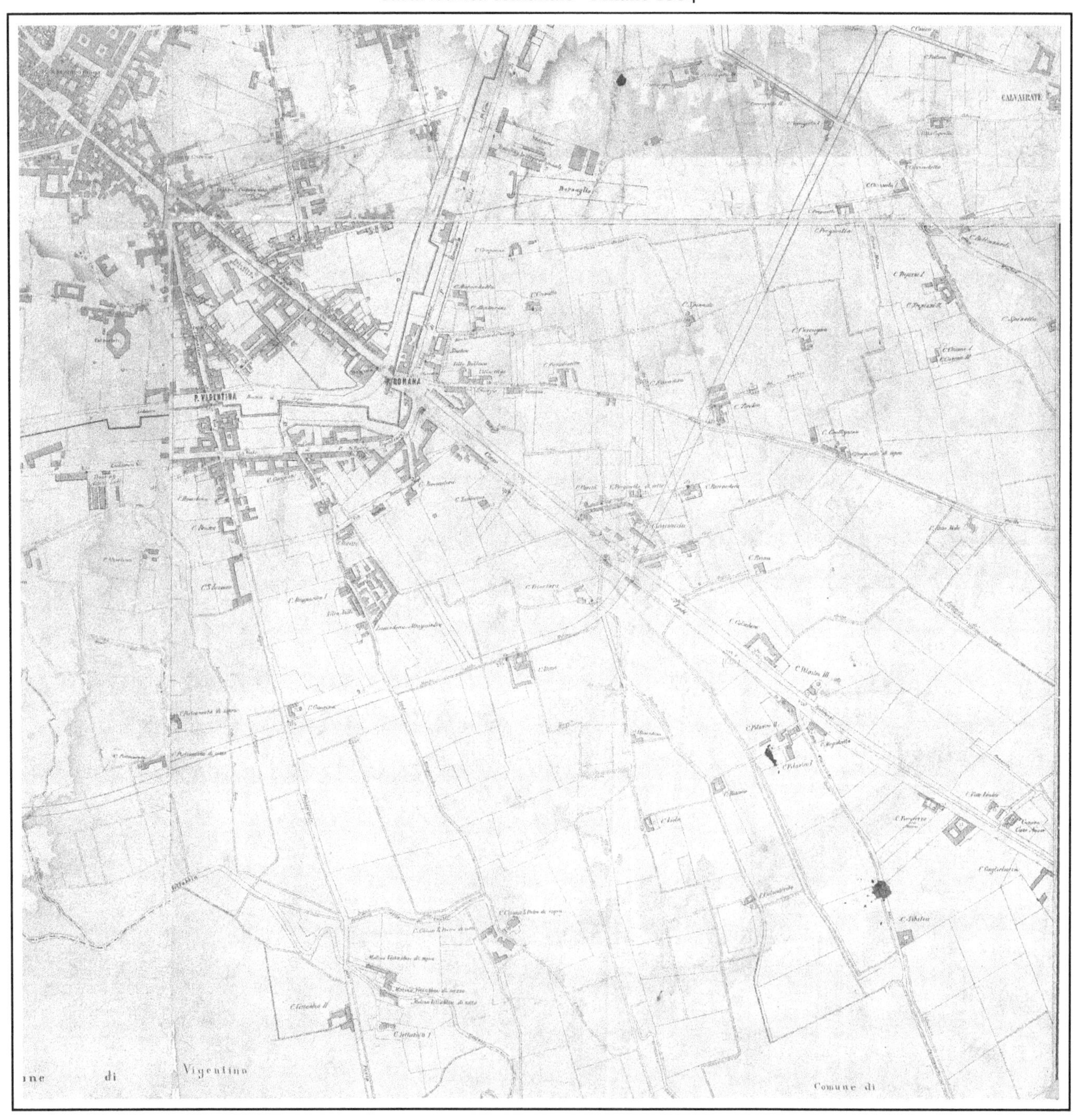

Pianta di Milano compilata dall'Ufficio Tecnico Municipale - 1906 - Bertarelli Sacchi

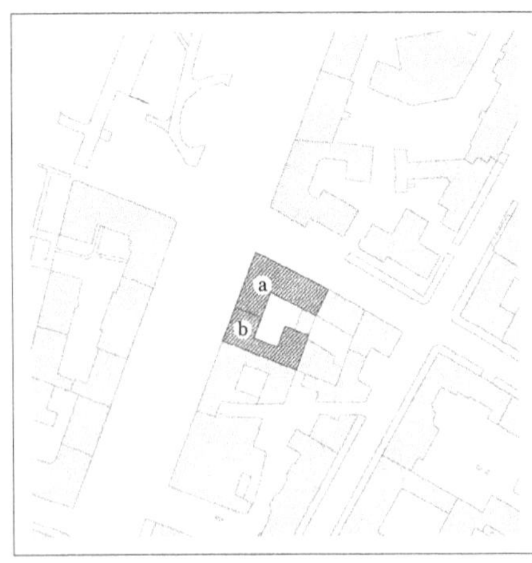
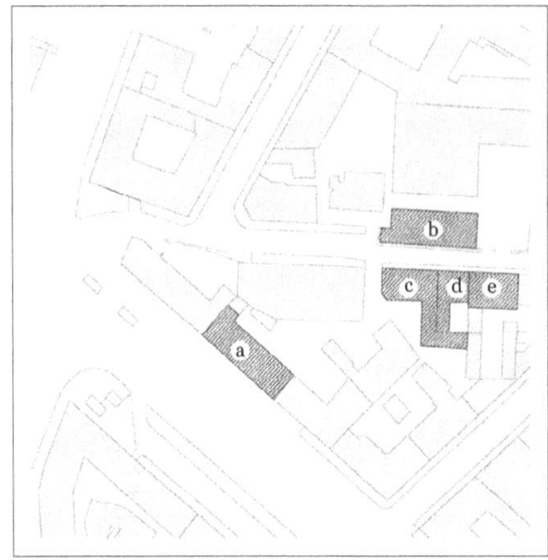

a- Viale Monte Nero 12
Edificio d'angolo con via Serviliano
Lattuada
Piani 6
    Fronte strada
File di finestre 5
Balconi 2
Vetrine di negozi 4
Intonaco giallo
    Cortile
Forma rettangolare
Intonaco giallo
    Ballatoi
Livelli 5
Distribuiti su 1 lato
    Anno di costruzione 1890
Proprietario costruttore Borsani e
Sempiani, Michele Cornaro
Progettista ing. Enrico Rosa
Capomastro Rodolfo Borsani

b- Viale Monte Nero 10
Piani 6
    Fronte strada
File di finestre 3
Balconi 1
Vetrine di negozi 2
Intonaco giallo con zoccolatura in cemento
    Cortile
Forma quadra
Intonaco giallo
    Ballatoi
Livelli 4
Distribuiti su 1 lato

a- Corso Lodi 3
Piani 5
    Fronte strada
File di finestre 8
Balconi 9
Vetrine di negozi 7
Intonaco color crema
    Cortile
Volume ascensore aggiunto
Forma poligonale
Intonaco color crema
    Ballatoi
Livelli 5
Distribuiti su 1 lato

b- Via Lodovico Muratori 7
Piani 3+attico
    Fronte strada
File di finestre 9
Balconi 1
Vetrine di negozi 6
Intonaco rosa
    Cortile
Forma rettangolare
Intonaco rosa
Pavimento in ciottoli
    Ballatoi
Livelli 2
Distribuiti su 1 lato
Piani in pietra

c- Via Lodovico Muratori 6
Piani 5+attico
    Fronte strada
File di finestre 6
Balconi 4
Vetrine di negozi 5
Intonaco giallo con zoccolatura in cemento
    Cortile
Volume ascensore aggiunto
Forma irregolare
Intonaco giallo
Pavimento in cemento
    Ballatoi
Livelli 5
Distribuiti su 3 lati

d- Via Lodovico Muratori 8
Piani 5
    Fronte strada
File di finestre 3
Balconi 1
Vetrine di negozi 2
Intonaco giallo con zoccolatura in cemento
    Cortile
Forma rettangolare
Intonaco giallo
    Ballatoi
Livelli 3
Distribuiti su 2 lati

e- Via Lodovico Muratori 10
Piani 5
    Fronte strada
File di finestre 5
Balconi 3
Vetrine di negozi 4
Intonaco color ruggine
    Cortile
Volume ascensore aggiunto
Forma rettangolare
Intonaco giallo
    Ballatoi
Livelli 4
Distribuiti su 1 lato

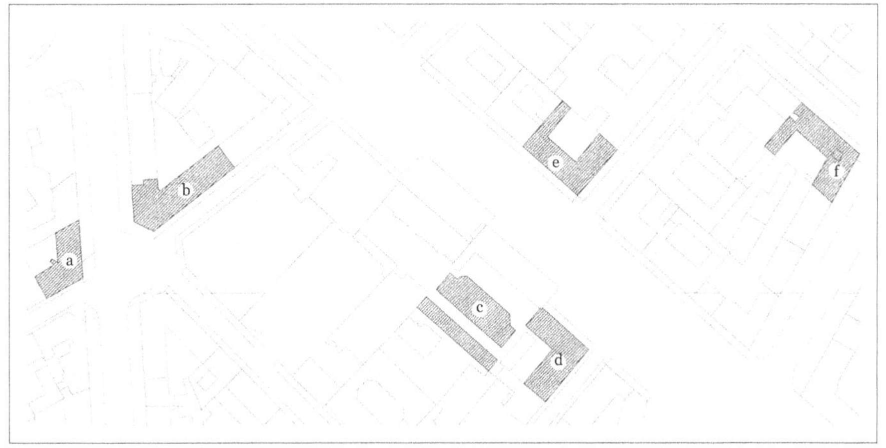 

a- Via Crema 6
Edificio d'angolo con Via San Rocco
Piani 6
    Fronte strada
File di finestre 7
Balconi 5
Vetrine di negozi 6
Intonaco marrone chiaro
    Cortile
Volume ascensore aggiunto
Forma trapezoidale
Intonaco marrone chiaro
    Ballatoi
Livelli 3
Distribuiti su 2 lati

b- Via Vittorio Salmini 4
Edificio d'angolo con via Crema
Piani 4-5
    Fronte strada
File di finestre 8
Balconi 6
Vetrine di negozi 6
Intonaco color crema
    Cortile
Forma irregolare
Intonaco rosa arancio
Pavimento ciottoli
    Ballatoi
Livelli 4
Distribuiti su 1 lato

c- Corso Lodi 12
Due corpi interni all'isolato
Piani 4
    Fronte strada
    Cortile
Forma rettangolare
Intonaco giallo
    Ballatoi
Livelli 3
Distribuiti su 2 lati

d- Via Gian Carlo Passeroni 2
Edificio d'angolo con Corso Lodi
Piani 6
    Fronte strada
File di finestre 7
Balconi 10
Vetrine di negozi 6
Intonaco giallo e arancione
    Cortile
Forma rettangolare
Intonaco giallo e crema
    Ballatoi
Livelli 5
Distribuiti su 1 lato
Piani in pietra

e- Corso Lodi 13
Edificio d'angolo con via Francesco
Burlamacchi
Piani 5
    Fronte strada
File di finestre 8
Balconi 12
Vetrine di negozi 7
Intonaco giallo con zoccolatura in cemento
    Cortile
Forma quadra
Intonaco giallo
Pavimento in ciottoli
    Ballatoi
Livelli 4
Distribuiti su 3 lati
Piani in cemento

f- Via Lazzaro Papi 7
Edificio d'angolo con via Pietro Colletta
Piani 5
    Fronte strada
File di finestre 6
Balconi 1
Vetrine di negozi 5
Intonaco giallo con zoccolatura in cemento
    Cortile
Forma quadra
Intonaco giallo
Pavimento in cemento
    Ballatoi
Livelli 5
Distribuiti su 3 lati
Piani in pietra

a- Via Crema 17
Edificio d'angolo con via Piacenza
Piani 6
    Fronte strada
File di finestre 8
Balconi 5
Vetrine di negozi 6
Intonaco
    Cortile
Forma
Rivestimento mattoni, intonaco giallo,
Zoccolatura in cemento
    Ballatoi
Livelli 5
Distribuiti su 2 lati
Piani in cemento

b- Via Piacenza 1
Piani 5
    Fronte strada
File di finestre 7
Balconi 14
Vetrine di negozi 6
Rivestimento mattoni, intonaco giallo,
Zoccolatura in cemento
    Cortile
Forma rettangolare
Intonaco giallo
    Ballatoi
Livelli 4
Distribuiti su 1 lato
Piani in pietra e cemento

c- Via Crema 25
Edificio d'angolo con via Trebbia
Piani 5
    Fronte strada
File di finestre 6
Balconi 9
Vetrine di negozi 5
Intonaco giallo con zoccolatura in cemento
    Cortile
Forma rettangolare
Intonaco giallo
Pavimento in cemento
    Ballatoi
Livelli 4
Distribuiti su 2 lati
Piani in cemento
    Anno di costruzione 1904

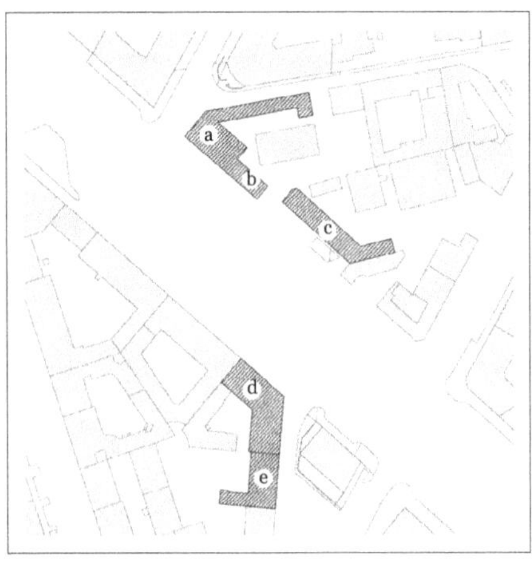

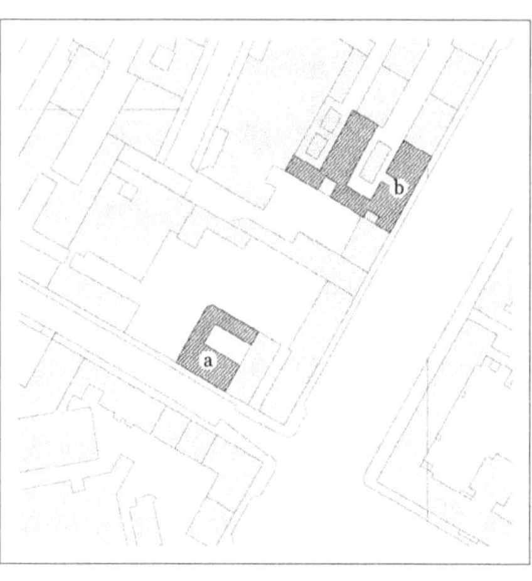

a- Strada della Carità 2
Edificio d'angolo con Corso Lodi
Piani 4
  Fronte strada
File di finestre 6
Intonaco giallo con zoccolatura in cemento
  Cortile
Forma trapezoidale
Intonaco giallo
  Ballatoi
Livelli 3
Distribuiti su 1 lato
  Anno di costruzione 1878

b- Corso Lodi 27
Ingresso edificio dal cortile di Strada della
Carità 2
Piani 4+sottotetto
  Fronte strada
File di finestre 9
Balconi 3
Vetrine di negozi 9
Intonaco giallo
Zoccolatura e fasce in cemento
  Cortile
Forma irregolare
Intonaco giallo
  Ballatoi
Livelli 3
Distribuiti su 3 lati

c- Corso Lodi 29
Piani 5
  Fronte strada
File di finestre 9
Balconi 4
Vetrine di negozi 8
Intonaco giallo, zoccolatura in pannelli
  Cortile
Forma irregolare
Intonaco giallo
  Ballatoi
Livelli 3
Distribuiti su 2 lati

d- Corso Lodi 26
Edificio d'angolo con via Passo Buole
Piani 5
  Fronte strada
File di finestre 5
Balconi 7
Vetrine di negozi 4
Intonaco giallo con zoccolatura in cemento
  Cortile
Forma irregolare
Intonaco giallo
  Ballatoi
Livelli 4
Distribuiti su 2 lati

e- Via Passo Buole 4
Piani 3+attico
  Fronte strada
File di finestre 5
Balconi 1
Vetrine di negozi 2
Intonaco giallo
  Cortile
Forma quadra
Intonaco giallo
  Ballatoi
Livelli 3
Distribuiti su 2 lati

a- Via Pietro Colletta 45
Piani 4
  Fronte strada
File di finestre 5
Balconi 5
Vetrine di negozi 4
Intonaco giallo con zoccolatura in cemento
  Cortile
Forma rettangolare
Intonaco giallo
  Ballatoi
Livelli 3
Distribuiti su 2 lati

b- Viale Umbria 21
Piani 6
  Fronte strada
File di finestre 9
Balconi 7
Vetrine di negozi 8
Intonaco color ruggine
Zoccolatura in cemento
  Cortile
Forma rettangolare
Intonaco rosa
  Ballatoi
Livelli 4
Distribuiti su 2 lati

Corso Lodi 3

Corso Lodi 13

Viale Montenero 12

Via Gian Carlo Passeroni 2

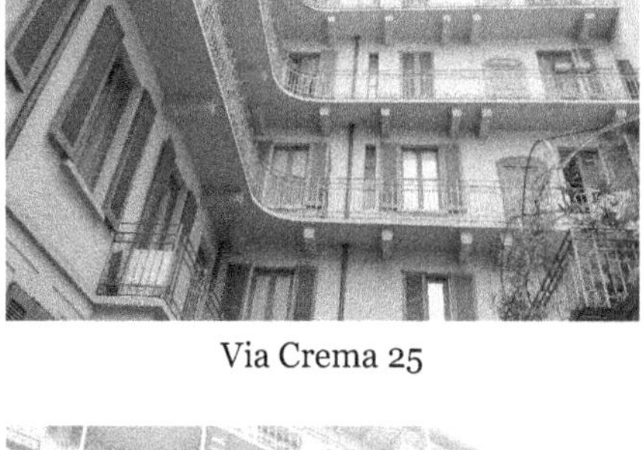

Via Crema 25

Via Crema 6

Via Piacenza 1

Via Crema 17

Corso Lodi 26

Via Vittorio Salmini 4

Corso Lodi 29

Via Lodovico Muratori 7

Via Lodovico Muratori 7

Via Lazzaro Papi 7

Fuori Porta Lodovica e fuori Porta Vigentina

Immagini della Porta Lodovica eretta da Lodovico il Moro nel 1496 come succursale della Porta Ticinese (di succursali ne esistevano altre tre), ove sorgeva la precedente Pusterla di Sant'Eufemia, lungo la strada diretta alle Chiese di S. Celso, di Santa Maria presso San Celso, di S. Eufemia e San Paolo Converso (attualmente corso Italia).

Il Dazio di Porta Vigentina (oggi demolito) in una foto del 1880

La demolizione della Porta Lodovica avvenne nel 1897 seguita anni dopo da quella del casello daziario.

Porta Vigentina, una delle porte succursali di Milano, in particolare di Porta Romana, aperta in direzione di Vigentino, borgo rurale sulla strada per Pavia, fu demolita agli inizi del Novecento.

Porta Lodovica, così chiamata in onore di Lodovico il Moro, era invece succursale di Porta Ticinese. Anche di questa porta non resta alcuna traccia: l'arco fu infatti demolito alla fine dell'Ottocento e il casello daziario nel 1905. Deve il suo nome alla corrispondente porta della cinta muraria medievale, Pusterla di Sant'Eufemia, che aveva preso il nome di Pusterla Lodovica.

Dopo svariate vicende amministrative il Comune di Vigentino fu aggregato al Comune di Milano nel 1923. Era stato già da tempo interessato da un consistente sviluppo demografico e edilizio, grazie alla posizione accanto ad una strada di grande comunicazione.

Poco oltre la cinta dei Bastioni si trova una delle più prestigiose istituzioni culturali della città, l'Università Commerciale Luigi Bocconi, fondata nel 1902 dal Senatore Ferdinando Bocconi, in memoria del figlio Luigi, caduto in guerra. Ferdinando con il fratello Luigi aveva aperto in piazza Duomo il primo grande magazzino italiano con il nome di "Alle città d'Italia", ma comunemente chiamato "Fratelli Bocconi". Alla originaria sede di via Sarfatti, costruita tra il 1938 e il 1941 su progetto di Giuseppe Pagano e Gian Giacomo Predaval, si è aggiunto nel 2008 il blocco su via Roentgen, progettato dallo studio Grafton, ed infine il nuovo campus, opera dello studio giapponese Sanaa, costruito nell'area prima occupata dalla Centrale del Latte.

Oggi il quartiere è destinato ad ulteriori sviluppi grazie anche al mecenatismo dell'imprenditrice Miuccia Prada, che ha restituito alla città, elegantemente ristrutturata, una vecchia fabbrica, una delle sedi della Fondazione Prada.

Nel 1993 Miuccia Prada e il marito Patrizio Bertelli diedero vita ad un'istituzione culturale dedicata alla realizzazione di progetti di arte contemporanea, cinema, fotografia, filosofia, danza e architettura, articolata in tre sedi, la principale in Milano, Largo Isarco, nel quartiere Vigentino, uno spazio dedicato alla fotografia, l'Osservatorio nella Galleria Vittorio Emanuele e Cà Corner della Regina a Venezia.

La sede di via Isarco è stata aperta al pubblico il 9 maggio 2015 ed occupa gli spazi dell'antica distilleria SIS, Società Italiana Spiriti, costituita nei primi anni del secolo scorso, produttrice di un Brandy, Il Cavallino Rosso. Il complesso, ormai dismesso, era composto da sette edifici, cui sono stati aggiunti altri tre edifici, il Podium, il Cinema e la Torre. Il progetto di ristrutturazione è stato affidato allo studio di architettura OMA, guidato da Rem Koolhaas. La Torre, alta sessanta metri per nove piani e dotata di un ascensore panoramico, è realizzata in cemento bianco strutturale a vista. Di grande effetto e di sicuro richiamo è la Haunted House, uno degli edifici del complesso rivestito con 200.000 foglie dorate, in evidente contrasto con la realtà circostante di un vecchio quartiere industriale dismesso. Se non stupisce un interno dorato come, in particolare, le cupole delle chiese bizantine certamente attrae lo sguardo dei visitatori una superficie esterna dorata. Così Rem Koolhaas ha voluto spiegare il senso della sua operazione: *"L'oro che riveste la torre è un segnale, un modo per far capire la ricchezza di questa parte poco conosciuta della città, un ulteriore invito al confronto. La filosofia alla base di questa Fondazione è che non ci devono essere più opposti, che è giusto scegliere la via di convivenza pacifica tra gli estremi, Per farlo capire ho pensato che l'oro, il simbolo più evidente della ricchezza, potesse essere lo strumento più efficace: è bastato utilizzarlo per dare valore a quello che c'era prima, per trasformare quello che era povero in ricco"*.

Spingendosi da Largo Isarco verso il confine della città si incontra un singolare monumento, il Signoron. Così lo descrive Roberto Bagnera in "Milano minima": *"Figura ieratica e sempre affettuosamente presente ai milanesi è infine la statua in cemento del Signore sita sul terrazzo di una casa in via San Dionigi. Si narra che si trattasse dello stampo, in tre pezzi di una statua in metallo che il fonditore, dopo l'uso, aveva ordinato di trasportare alla discarica; il carrettiere incaricato, pensando al terrazzo di casa, pensò di farne uso e così la statua lì rimase, dove la vediamo oggi, sulla punta del triangolare terrazzino rivolta verso Chiaravalle, con la mano alzata in gesto benedicente. "Il Signoron", come è sempre stato chiamato, con quelle tre dita alzate al cielo, sembrava avvertire gli immigrati che giungevano dal contado: ve tocca de pagà i fitt ogni tri mes, pagare cioè l'affitto ogni tre mesi e non ogni sei come si usava in campagna"*. Di recente la statua è stata restaurata, restituendole la mano benedicente che nel corso degli anni era andata perduta. Realizzata probabilmente alla fine dell'Ottocento, è composta da graniglia e sabbia del Ticino impastate con polvere di cemento ed perciò nota anche come "el Cristùn de cement".

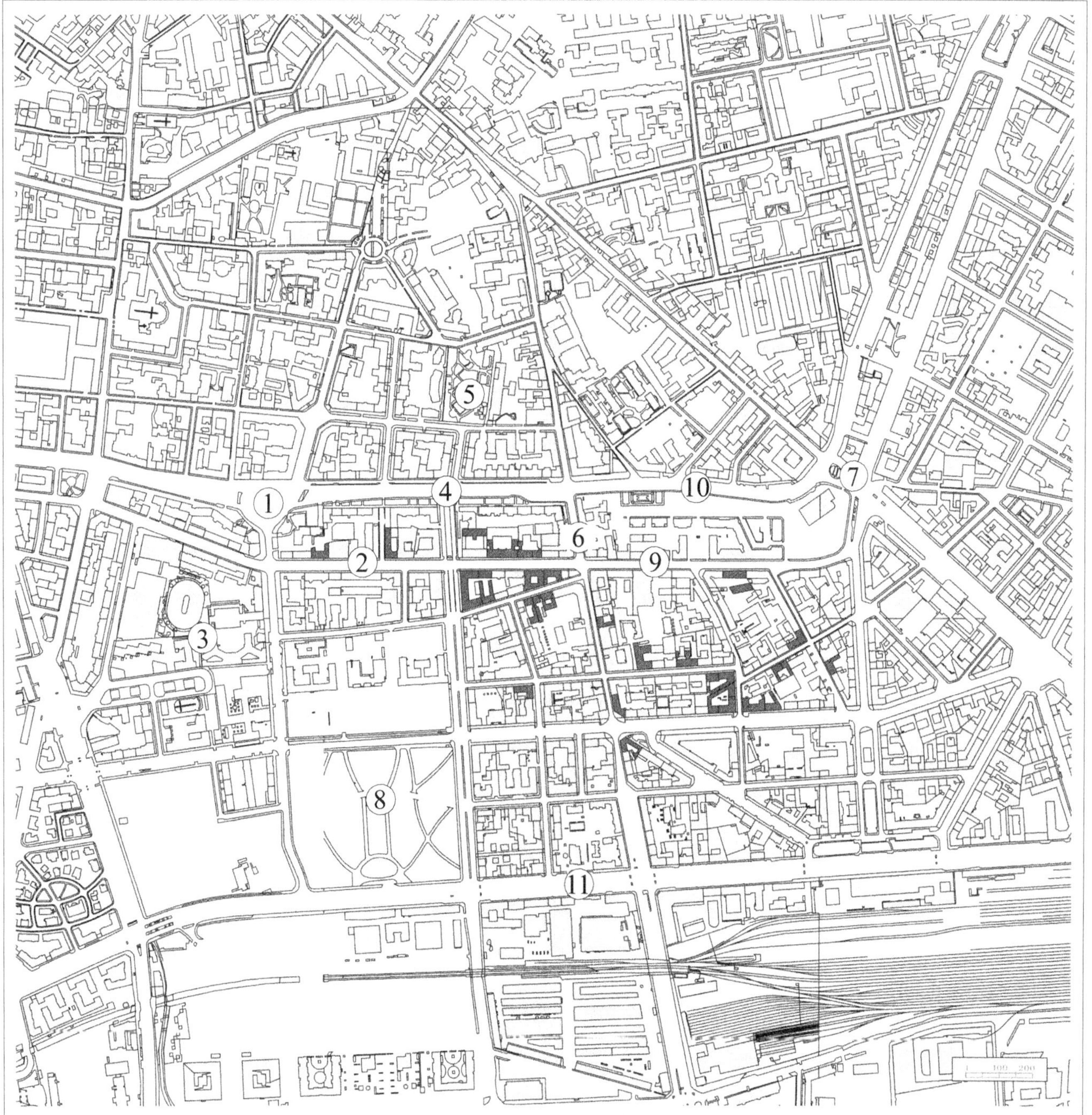

1 - Largo Isabella d'Aragona – Porta Lodovica
2 - Viale Bligny
3 - Università Luigi Bocconi
4 - Viale Beatrice d'Este
5 - Giardino Oriana Fallaci
6 - Via Giuseppe Ripamonti
7 - Piazzale Medaglie d'oro – Porta Romana
8 - Parco Alessandrina Ravizza
9- Viale Sabotino
10- Via Angelo Filippetti
11- Viale Toscana

Carta tecnica comunale - Milano 1884

Pianta di Milano compilata dall'Ufficio Tecnico Municipale - 1906 - Bertarelli Sacchi

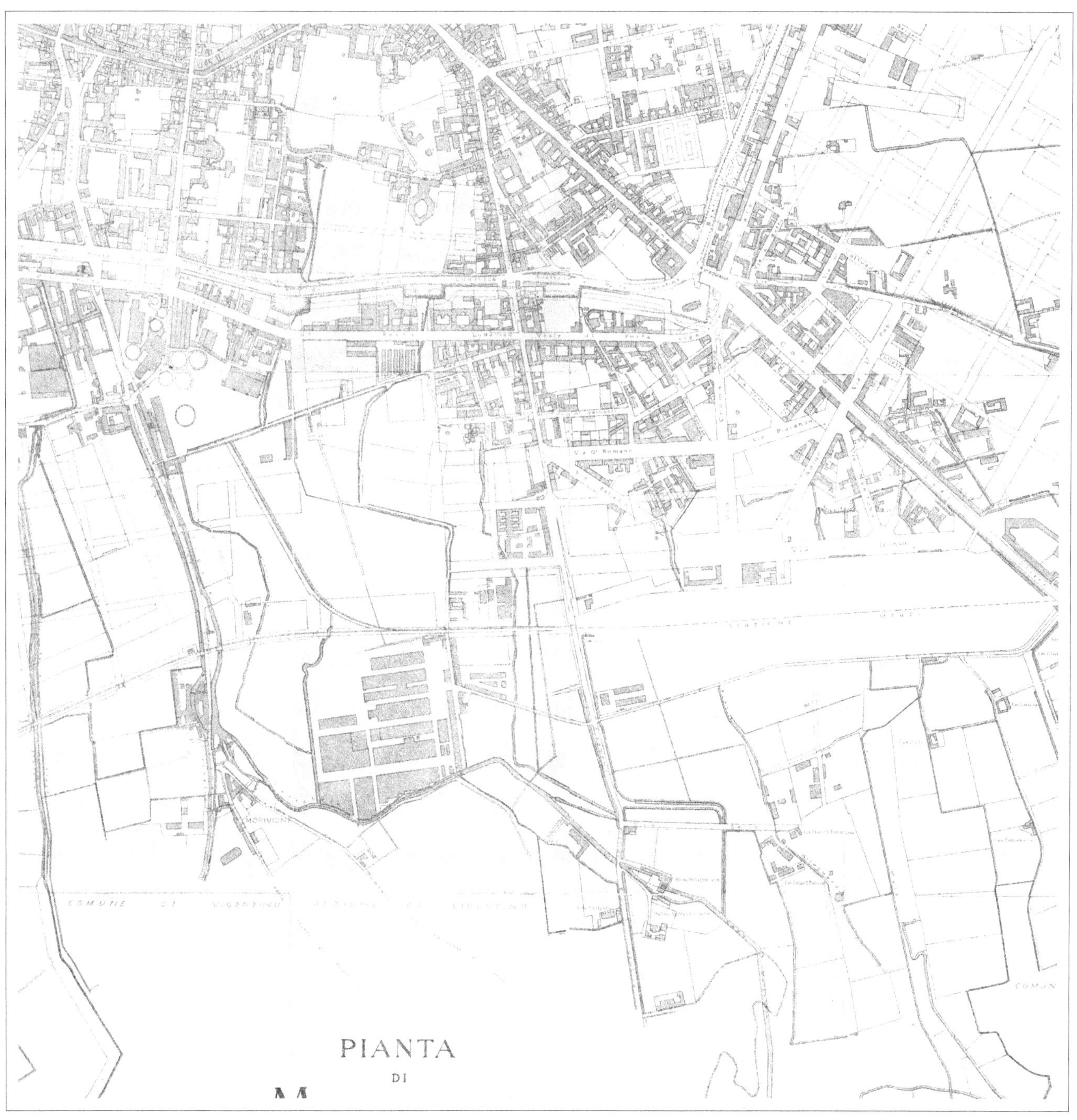

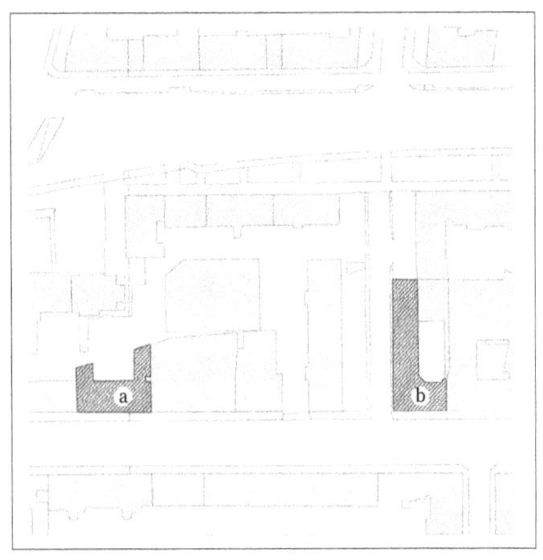 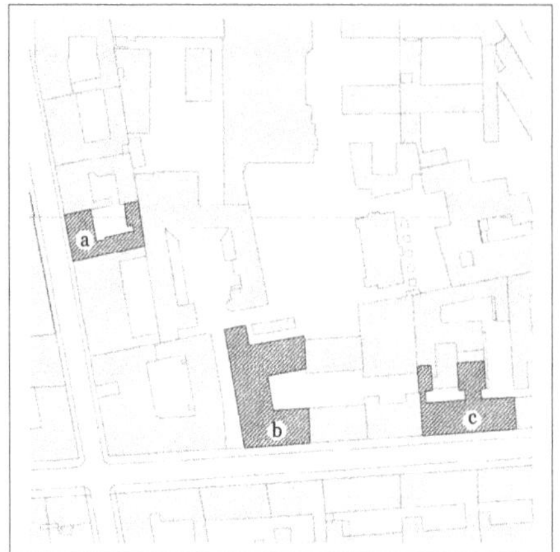 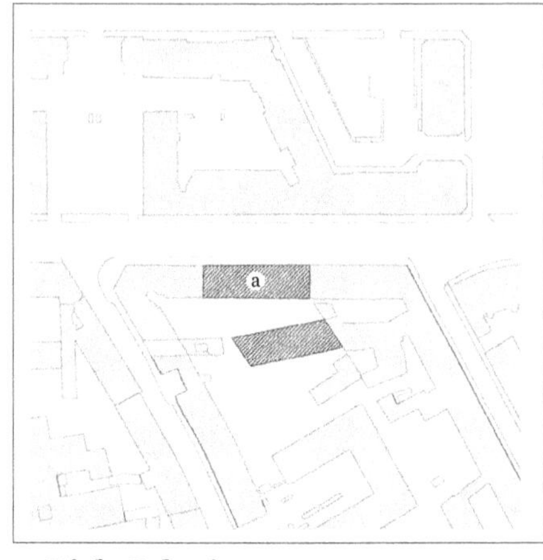

a- Viale Bligny 19a
Piani 5
    Fronte strada
File di finestre 7
Balconi 3
Vetrine di negozi 6
Intonaco giallo
    Cortile
Forma trapezoidale
Intonaco giallo
    Ballatoi
Livelli 4
Distribuiti su 3 lati
Piani in pietra
    Anno di costruzione 1887
Proprietario costruttore Alfonso e
Giuseppina Gallina Brera
Progettista ing. Ettore Casiraghi
Capomastro Gaetano Pellini

b- Viale Bligny 25
Piani 5
    Fronte strada
File di finestre 5
Balconi 5
Vetrine di negozi 4
Intonaco beige
    Cortile
Forma rettangolare
Intonaco beige
Pavimento in porfido
    Ballatoi
Livelli 4
Distribuiti su 2 lati
Piani in pietra
    Anno di costruzione 1887
Proprietario costruttore Luigi Varoli
Progettista ing. Domenighetti
Capomastro Giovanni Visetti

a- Via Giuseppe Ripamonti 9
Piani 4
    Fronte strada
File di finestre 4
Balconi 1
Vetrine di negozi 3
Intonaco giallo
    Cortile
Forma quadra
Intonaco giallo
Pavimento in cemento
    Ballatoi
Livelli 3
Distribuiti su 2 lati
Piani in pietra
    Anno di costruzione 1902
Proprietario costruttore Domenico
Colombo
Progettisti ing. Carlo Vanini
Capomastro Achille Comi

b- Via Atto Vannucci 5
Piani 5
    Fronte strada
File di finestre 6
Balconi 1
Vetrine di negozi 5
Intonaco giallo con zoccolatura in cemento
    Cortile
Forma quadra
Intonaco giallo
Pavimento in cemento
    Ballatoi
Livelli 4
Distribuiti su 3 lati
Piani in pietra

c- Via Atto Vannucci 11
Piani 3
    Fronte strada
File di finestre 9
Balconi 3
Vetrine di negozi
Intonaco giallo e incorniciature in cemento
    Cortile
Forma articolato
Intonaco giallo
    Ballatoi
Livelli 2
Distribuiti su 1 lato

a- Viale Sabotino 14
Piani 5
    Fronte strada
File di finestre 9
Balconi 2
Vetrine di negozi 8
Intonaco color crema
    Cortili 2
Forma poligonale
Intonaco rosa e giallo
    Ballatoi
Livelli 4
Distribuiti su 2 lati

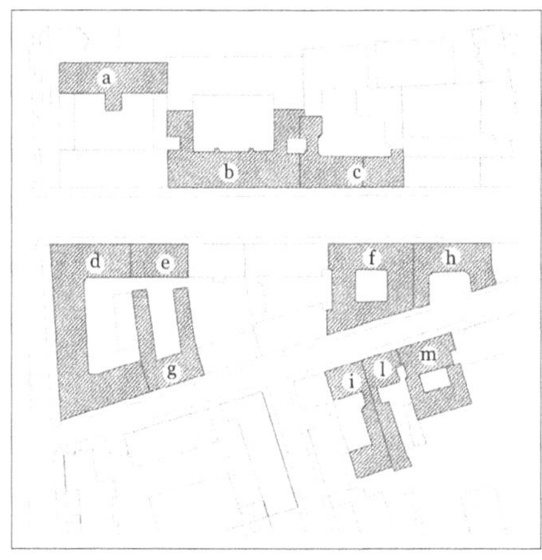

a- Viale Bligny 39

Piani 6
    Fronte strada
File di finestre 9
Balconi 5
Vetrine di negozi 8
Intonaco giallo
    Cortile
Forma rettangolare
Intonaco giallo
Pavimento in ciottoli
    Ballatoi
Livelli 4
Distribuiti su 1 lato
Piani in pietra
    Anno di costruzione 1885
Proprietario costruttore Luigi Varoli
Capomastro Antonio Bernasconi

b- Viale Bligny 41

Piani 4
    Fronte strada
File di finestre 11
Balconi 19
Vetrine di negozi 8
Intonaco color crema
Androne inquadrato da tre arcate e due
colonne di granito
    Cortile
Forma rettangolare
Intonaco rosa
Pavimento in porfido
    Ballatoi
Livelli 3
Distribuiti su 1 lato
Piani in pietra

c- Viale Bligny 43

Piani 6
    Fronte strada
File di finestre 9
Balconi 17
Vetrine di negozi 8
Intonaco giallo con zoccolatura in cemento
    Cortile
Forma rettangolare
Intonaco giallo
Pavimento in ciottoli
    Ballatoi
Livelli 5
Distribuiti su 1 lato
Piani in pietra
    Anno di costruzione 1891
Proprietario costruttore Carlo Mulaschi
Progettista ing. Arch. Angelo Corpi
Capomastro Maurilio Mazzolari

d- Viale Bligny 54

Edificio d'angolo con via Carlo Vittadini
Piani 5
    Fronte strada
File di finestre 7
Balconi 3
Vetrine di negozi 6
Intonaco rosa
    Cortile
Forma rettangolare
Intonaco rosa
Pavimento in ciottoli
    Ballatoi
Livelli 4
Distribuiti su 3 lati
Piani in pietra

e- Viale Bligny 56

Piani 6
    Fronte strada
File di finestre 5
Balconi 7
Vetrine di negozi 4
Intonaco grigio
    Cortile
Forma rettangolare
Intonaco grigio
    Ballatoi
Livelli 5
Distribuiti su 1 lato

f- Viale Bligny 64

Piani 5
    Fronte strada
File di finestre 7
Balconi 5
Vetrine di negozi 6
Intonaco giallo con zoccolatura in cemento
Androne inquadrato da due arcate e una
colonna di granito
    Cortile
Forma quadra
Intonaco giallo
Pavimento in ciottoli
    Ballatoi
Livelli 4
Distribuiti su 3 lati
Piani in pietra
    Anno di costruzione 1884
Proprietario costruttore Luigi Varoli
Capomastro Antonio Bernasconi

g- Via Salasco 21

Piani 5
    Fronte strada
File di finestre 5
Balconi 1
Vetrine di negozi 3
Intonaco color ruggine
    Cortile
Forma rettangolare
Intonaco giallo
    Ballatoi
Livelli 3
Distribuiti su 3 lati

h- Via Salasco 29

Piani 5
    Fronte strada su viale Bligny
File di finestre 14
Vetrine di negozi 2
Intonaco rosa
    Cortile
Forma rettangolare
Intonaco rosa
Pavimento in cemento
    Ballatoi
Livelli 4
Distribuiti su 3 lati
Piani in pietra

i- Via Salasco 30

Piani 4
    Fronte strada
File di finestre 4
Balconi 1
Vetrine di negozi 3
Intonaco a decori geometrici
    Cortile
Forma irregolare
Intonaco giallo
Pavimento in cemento
    Ballatoi
Livelli 3
Distribuiti su 3 lati
Piani in pietra

l- Via Salasco 32

Piani 4
    Fronte strada
File di finestre 4
Balconi 2
Vetrine di negozi 3
Rivestimento in cotto
Zoccolatura e cornici in cemento
    Cortile
Forma rettangolare
Intonaco giallo
    Ballatoi
Livelli 3
Distribuiti su 2 lati

m- Via Salasco 34

Piani 4
    Fronte strada
File di finestre 5
Balconi 1
Vetrine di negozi 4
Intonaco color salmone
Zoccolatura in cemento
    Cortile
Forma quadra
Intonaco grigio
    Ballatoi
Livelli 3
Distribuiti su 3 lati

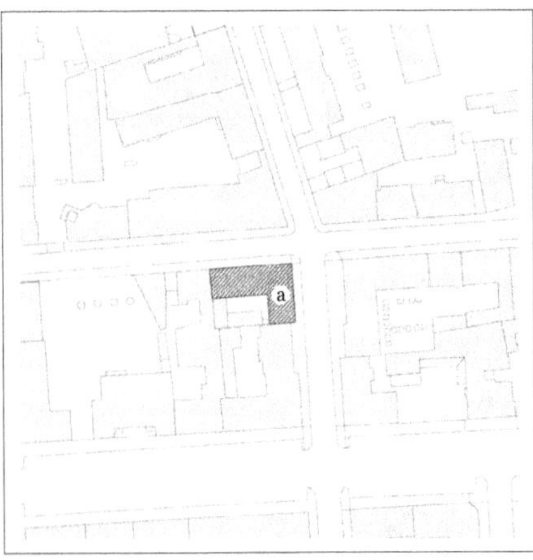

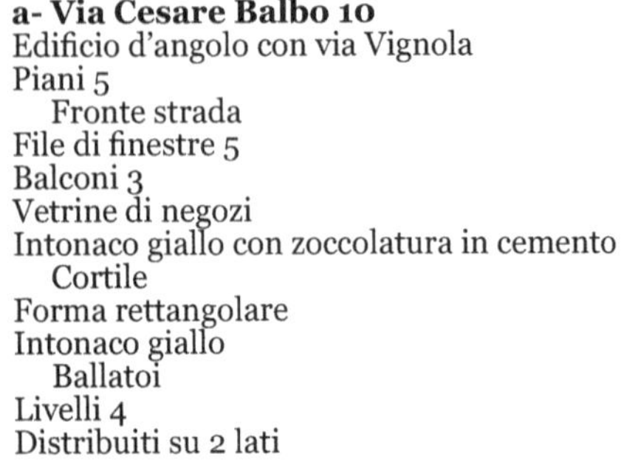

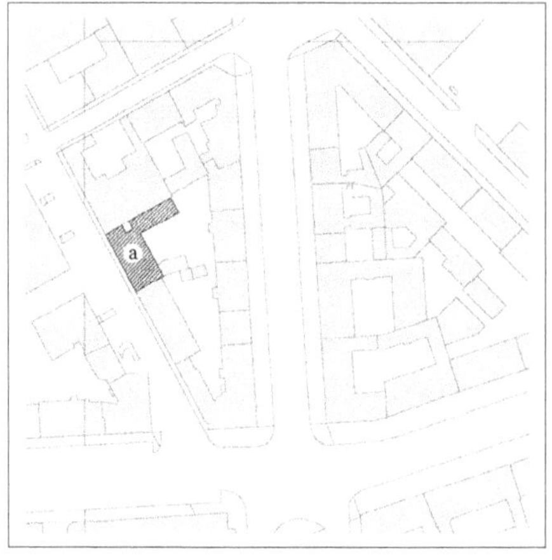

a- Via Cesare Balbo 10
Edificio d'angolo con via Vignola
Piani 5
    Fronte strada
File di finestre 5
Balconi 3
Vetrine di negozi
Intonaco giallo con zoccolatura in cemento
    Cortile
Forma rettangolare
Intonaco giallo
    Ballatoi
Livelli 4
Distribuiti su 2 lati

a- Via Giuseppe Ripamonti 15
Edificio d'angolo con via Giulio Romano
Piani 4-5
    Fronte strada
File di finestre 6
Balconi 3
Vetrine di negozi 5
Intonaco cemento
    Cortile
Forma rettangolare ristretta
Intonaco giallo
Pavimento in cemento
    Ballatoi
Livelli 3
Distribuiti su 2 lati
Piani in pietra
    Anno di costruzione 1886
Proprietario costruttore Francesco Comolli
e Fratello
Progettisti ing. Giovanni Masera, Carlo
Pellegatta, Domenico Laveni
Capomastro Mariano Pernigoni

b- Via Andrea Palladio 2
Edificio d'angolo con via Giuseppe
Ripamonti
Piani 5
    Fronte strada
File di finestre 8
Balconi 12
Vetrine di negozi 5
Intonaco giallo con zoccolatura in cemento
    Cortile
Forma irregolare
Intonaco grigio
    Ballatoi
Livelli 4
Distribuiti su 2 lati
Piani in cemento

a- Via Gaetano Agnesi 15
Piani 3
    Fronte strada
File di finestre 5
Balconi 6
Vetrine di negozi 4
Rivestimento a decori floreali
    Cortile
Forma poligonale
Intonaco giallo
    Ballatoi
Livelli 3
Distribuiti su 2 lati

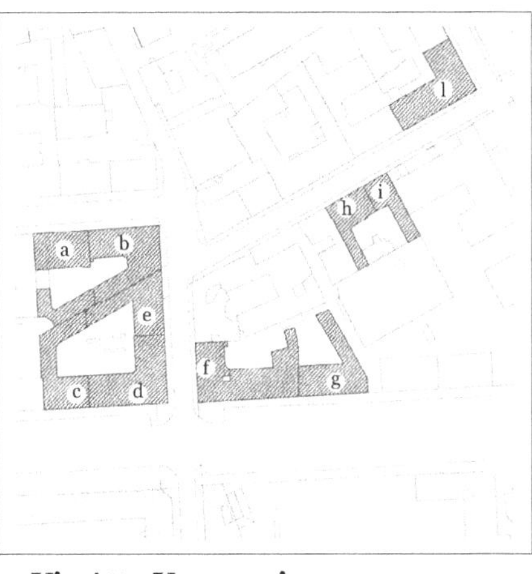

a- Via Atto Vannucci 20
Piani 5
    Fronte strada
File di finestre 5
Balconi 2
Vetrine di negozi 4
Intonaco arancione
Zoccolatura in cemento
    Cortile
Forma trapezoidale
Intonaco giallo
    Ballatoi
Livelli 4
Distribuiti su 3 lati

b- Via Atto Vannucci 22
Edificio d'angolo con via Altaguardia
Piani 5
    Fronte strada
File di finestre 7
Balconi 4
Vetrine di negozi 4
Intonaco giallo con zoccolatura in cemento
    Cortile
Forma trapezoidale
Intonaco giallo
    Ballatoi
Livelli 4
Distribuiti su 3 lati

c- Via Giulio Romano 15
Piani 5
    Fronte strada
File di finestre 4
Balconi 6
Vetrine di negozi 4
Intonaco giallo con zoccolatura in cemento
    Cortile
Forma trapezoidale
Intonaco giallo
Pavimento in cemento
    Ballatoi
Livelli 4
Distribuiti su 2 lati
Piani in pietra
    Anno di costruzione 1900
Proprietario costruttore Fratelli Abele
Stefano Egidio Enrico Tornielli
Progettisti ing.Giulio Valerio
Capomastro Stefano Tornielli

d- Via Giulio Romano 17
Edificio d'angolo con via Altaguardia
Piani 5
    Fronte strada
File di finestre 7
Balconi 10
Vetrine di negozi 3
Intonaco giallo con zoccolatura in cemento
    Cortile
Forma quadra
Intonaco giallo
Pavimento in cemento
    Ballatoi
Livelli 4
Distribuiti su 2 lati
Piani in pietra
    Anno di costruzione 1896
Proprietario costruttore Fratelli Abele
Stefano Egidio Enrico Tornielli
Progettisti ing.Giulio Valerio
Capomastro Stefano Tornielli

e- Via Altaguardia 14
Piani 5 (4 su strada)
    Fronte strada
File di finestre 6
Balconi 4
Vetrine di negozi 1
Intonaco ocra e cemento
    Cortile
Forma triangolare
Intonaco grigio
    Ballatoi
Livelli 4
Distribuiti su 1 lato
Piani in pietra

f- Via Altaguardia 17
Edificio d'angolo con via Giulio Romano
Piani 3-5
    Fronte strada
File di finestre 5
Balconi 1+terrazza attico
Vetrine di negozi 2
Intonaco cemento
    Cortile
Forma irregolare
Intonaco giallo
    Ballatoi
Livelli 4
Distribuiti su 2 lati
Piani in pietra

g- Via Giulio Romano 21
Piani 5+sopralzo
    Fronte strada
File di finestre 6
Balconi 4
Vetrine di negozi 5
Rivestimento in mattoni e cemento
    Cortile
Forma trapezoidale
Intonaco giallo
Pavimento
    Ballatoi
Livelli 5
Distribuiti su 2 lati
Piani in cemento
    Anno di costruzione 1905
Proprietario costruttore Antonio
Sommaruga
Progettisti arch. Federico Bottoli
Capomastro Carlo Sommaruga

h- Via San Rocco 8
Piani 4
    Fronte strada
File di finestre 3
Balconi 1
Vetrine di negozi 2
Intonaco giallo
    Cortile
Forma rettangolare
Intonaco giallo
    Ballatoi
Livelli 4
Distribuiti su 2 lati

i- Via San Rocco 10
Piani 5
    Fronte strada
File di finestre 3
Balconi 3
Vetrine di negozi 2
Intonaco giallo
    Cortile
Forma rettangolare
Intonaco giallo
    Ballatoi
Livelli 4
Distribuiti su 2 lati

l- Via San Rocco 11
Edificio d'angolo con via Gaetana Agnesi
Piani 3+sottotetto
    Fronte strada
File di finestre 7
Balconi 6
Vetrine di negozi 4
Intonaco color crema
    Cortile
Forma rettangolare ridotta
Intonaco giallo
    Ballatoi
Livelli 2
Distribuiti su 1 lato

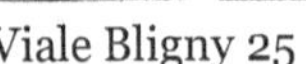

Viale Bligny 25

Viale Bligny 19

Via Giulio Romano 15-17

Viale Bligny 54

Via Atto Vannucci 5

Viale Bligny 41

Viale Bligny 43

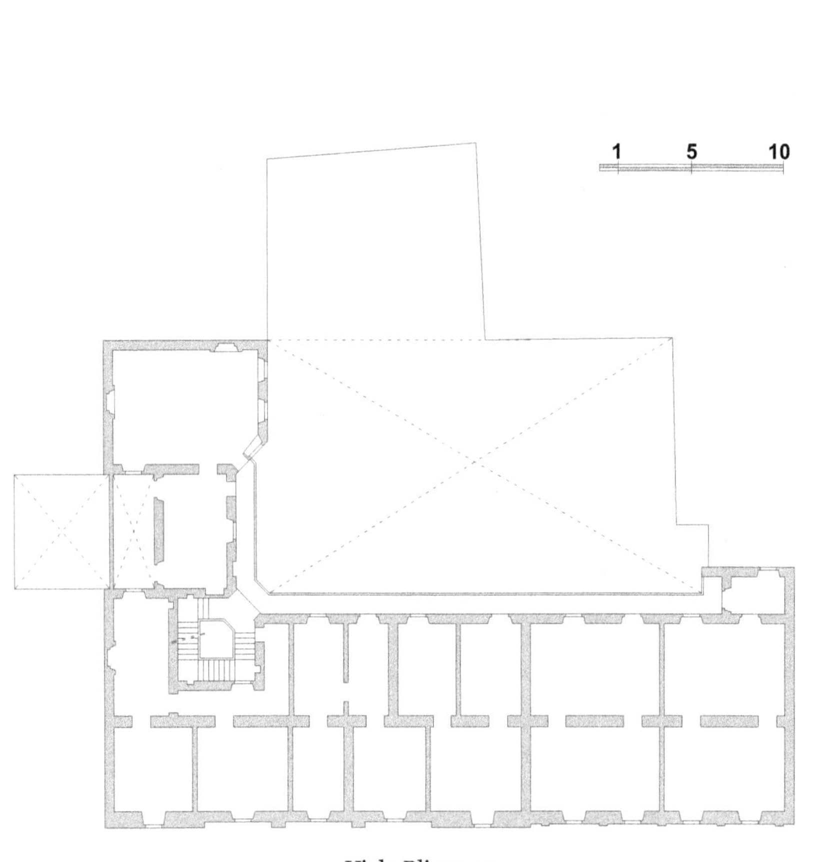

Viale Bligny 43

Viale Bligny 25

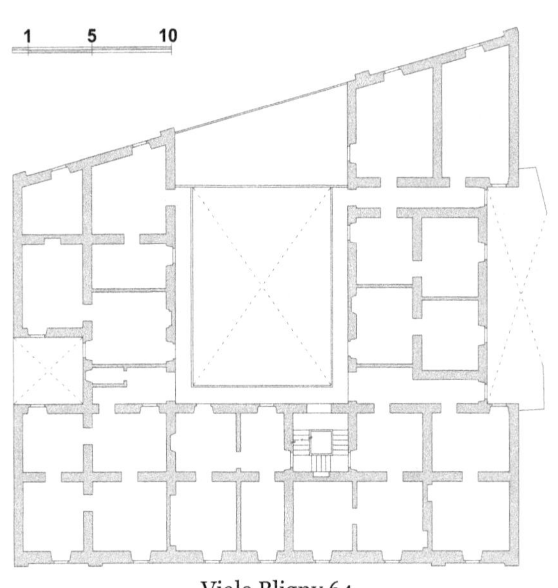

Viale Bligny 64

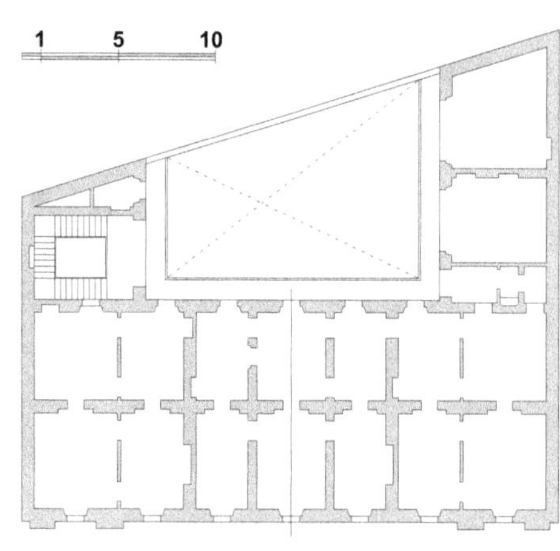

Viale Bligny 19

Fuori Porta Ticinese

Alzato del Monumento di Porta Ticinese
con i due Caselli di Finanza e con la Barriera disegnata a china,
china acquerellata e matita su carta, conservato presso la Civica
Raccolta delle Stampe "Achille Bertarelli"

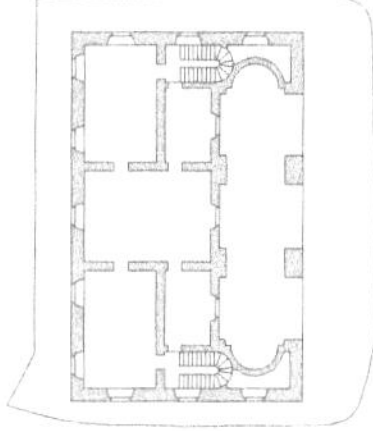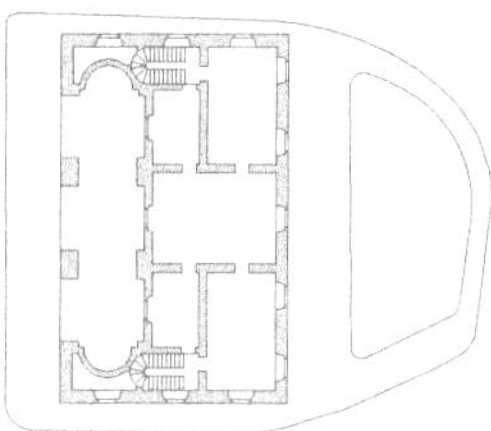

Planimetria dell'Arco di Porta Ticinese e dei due caselli

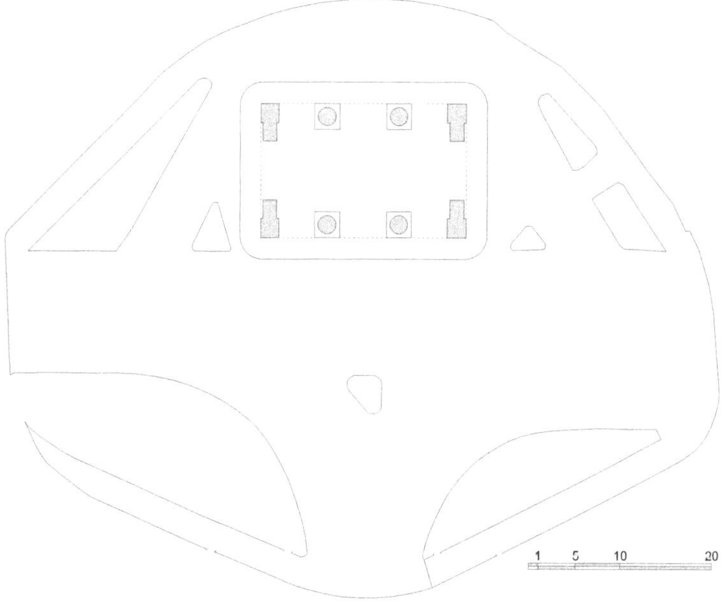

Porta Ticinese garantiva il collegamento tra la città e l'importante centro di Pavia. Già nella prima cerchia muraria di epoca romana era stata costruita una porta, i cui resti si intravedono nello slargo del Carrobbio, dalla quale partiva la via Ticinensis.

Anche nella successiva murazione medievale fu aperta una porta verso la stessa direzione, tuttora ben visibile. Costruita dopo le distruzioni di Federico Barbarossa, fu definitivamente risistemata nelle forme attuali da Camillo Boito nel 1861, con l'apertura dei due archi laterali e l'aggiunta di merli. Sopra l'apertura centrale è collocato un tabernacolo attribuito a Giovanni di Balduccio con l'immagine della Beata Vergine in trono col Bambino, ai suoi piedi, Sant'Ambrogio che le offre il modello della città e, alle spalle, San Lorenzo, Sant'Eustorgio e San Pietro Martire. Dietro si apre il suggestivo spazio del Colonnato e della Basilica di San Lorenzo.

L'ultima porta, che sostituisce l'originaria aperta nella murazione spagnola, fu costruita da Luigi Cagnola tra il 1801 e il 1814 per celebrare la vittoria di Napoleone a Marengo nel 1800 e può fregiarsi del lusinghiero giudizio di Stendhal che la definì "bella senza essere copiata dall'antico". Il complesso comprende la porta a forma di atrio tetrastilo con due pilastri e altrettante colonne su ciascun lato in granito rosa di Baveno. Si ricollegano all'imponente struttura in posizione arretrata verso la città due eleganti caselli daziari.

Nell'ampio piazzale si erge un esemplare di Quercia Rossa, oggi piuttosto malandata e sorretta da una piramide metallica, piantata il 24 maggio 1924 dall'Ingegner Giunio Capè per ricordare i soldati deceduti durante la Prima Guerra mondiale. Qualche anno fa, nel 2004, fu teatro di una clamorosa installazione di uno dei più controversi artisti italiani, Maurizio Cattelan, il quale una mattina di maggio fece trovare agli esterrefatti cittadini milanesi tre sagome di bambini a occhi spalancati impiccati ai frondosi rami della quercia.

Il quartiere è uno dei più popolari e vivaci di Milano per la presenza di quello che può essere definito il porto di Milano, la Darsena, l'unica rimasta dopo la copertura delle altre due, il laghetto di San Marco, interrato tra il 1929 e il 1930, e quello di Santo Stefano, interrato nel 1857. Al centro di un complesso sistema fluviale, frutto di numerosi interventi nel corso dei secoli, vi confluisce il Naviglio Grande e defluisce il Naviglio Pavese. Costruita nel 1603, raggiunse tra la fine dell'Ottocento e l'inizio

del Novecento un considerevole volume di traffico di merci di ogni tipo.
Numerose sono le case a ballatoio nell'intera zona, lungo le rive dei due Navigli, la via Vigevano, la via Pietro Custodi e le altre strade che si sono formate a lato delle rogge interrate del Ticinello e della Vettabia. Con una disposizione allungata tra il Corso San Gottardo e l'Alzaia Naviglio Pavese una decina di edifici esemplari permangono accostati gli uni agli altri, ripetuti e omogenei. Si tratta delle "casere", costruzioni che si sono sviluppate dopo il 1850, con la funzione specifica di deposito per la stagionatura dei formaggi e per assolvere a funzioni commerciali e d'uso. Sono costituite da corpi di fabbrica stretti e allungati con locali adibiti al lavoro ai piani terreni e abitazioni ai piani superiori, solitamente distribuite da lunghi ballatoi, affacciati su ampie corti passanti, con valore di vere e proprie vie interne, con carattere sia pubblico che privato. Siamo nel "burg dè furmagiatt" come lo chiamano i vecchi milanesi.
Nell'intera zona si svolgeva un'intensa attività collegata al trasporto delle merci, animata dai "sostrari", come erano chiamati i proprietari delle "sostre", i magazzini dove si depositavano le merci, i barcaioli, i facchini e i carrettieri e vi trovava rifugio quella piccola malavita locale, conosciuta con il nome "ligera", formata da ladruncoli e contrabbandieri.
Nel secondo dopoguerra, anni di intenso sviluppo edilizio per rimpiazzare le massicce distruzioni ad opera dei bombardamenti aerei, la Darsena svolse una funzione importantissima ricevendo materiale da costruzione, in particolare, sabbia, indispensabile per la ricostruzione della città. Ma nel corso degli anni il trasporto fluviale perse sempre più importanza dinanzi all'imponente sviluppo del trasporto stradale e ferroviario. L'ultimo barcone con un carico di 120 tonnellate di sabbia attraccò il 30 marzo 1979. Dopo di allora la struttura conobbe un periodo di decadenza e abbandono, che si concluse solo con gli interventi che interessarono la città in vista dell'EXPO 2015. Il 26 aprile 2015 la Darsena fu restituita ai cittadini milanesi dopo consistenti lavori di ristrutturazione.
Oggi l'intera zona, chiusa al traffico automobilistico, costituisce uno dei più attrattivi poli di divertimento della città, con locali di ogni genere, bar, pizzerie, vinerie, birrerie, piccoli ristoranti etnici, fiere e mercatini.

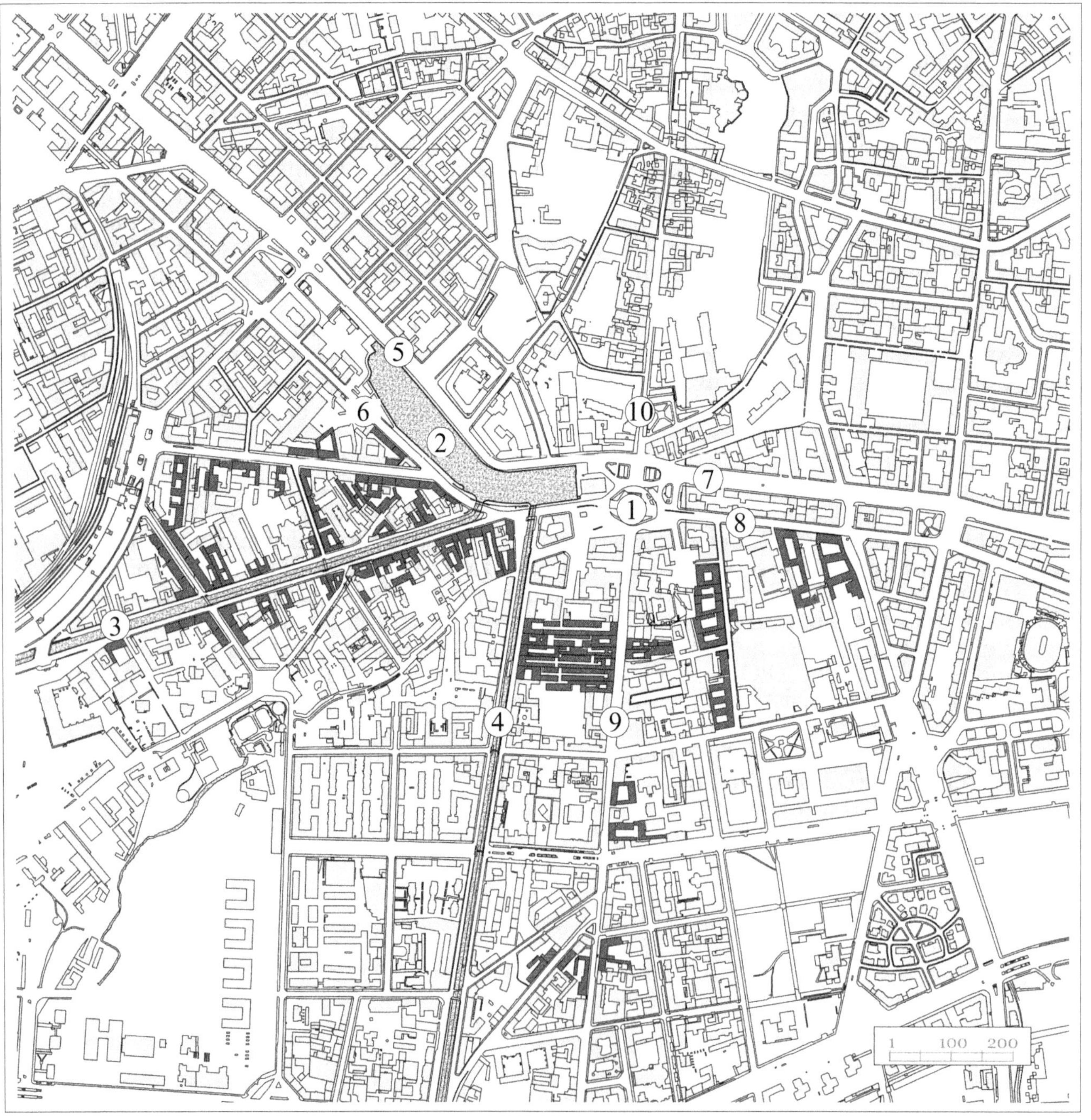

1- Piazza 24 maggio – Porta Ticinese
2- Darsena
3- Naviglio Grande
4- Naviglio Pavese
5- Viale Gabriele D'Annunzio
6- Viale Gorizia
7- Viale Gian Galeazzo Visconti
8- Viale Col di Lana
9- Corso San Gottardo
10- Corso di Porta Ticinese

Carta tecnica comunale - Milano 1884

Pianta di Milano compilata dall'Ufficio Tecnico Municipale - 1906 - Bertarelli Sacchi

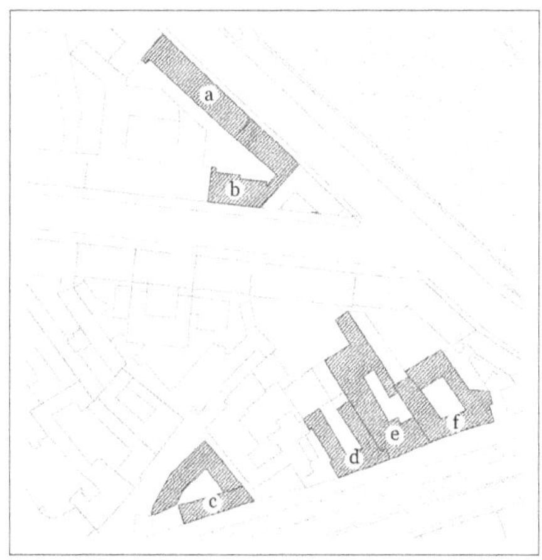

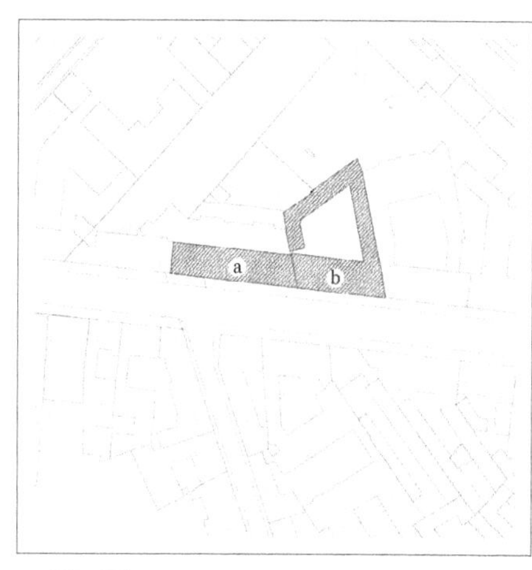

a- Viale Gorizia 22
Piani 5
    Fronte strada
File di finestre 10
Balconi 7
Vetrine di negozi 4
Intonaco giallo con zoccolatura in cemento
    Cortile
Forma rettangolare
Intonaco giallo
    Ballatoi
Livelli 2
Distribuiti su 1 lato

b- Via Vigevano 4
Piani 4
    Fronte strada
File di finestre 5
Balconi 5
Intonaco giallo
    Cortile
Forma rettangolare
Intonaco giallo
    Ballatoi
Livelli 3
Distribuiti su 2 lati

c- Alzaia Naviglio Grande 14
Piani 3
    Fronte strada
File di finestre 5
Balconi 1
Vetrine di negozi 1
Intonaco giallo
    Cortile
Forma triangolare
Intonaco color crema
Pavimento in ciottoli
    Ballatoi
Livelli 2
Distribuiti su 3 lati
Piani in pietra

d- Alzaia Naviglio Grande 8
Piani 3
    Fronte strada
File di finestre 4
Balconi 2
Vetrine di negozi 3
Intonaco color crema
    Cortile
Forma rettangolare
Intonaco color crema
    Ballatoi
Livelli 2
Distribuiti su 3 lati

e- Alzaia Naviglio Grande 6
Piani 3
    Fronte strada
File di finestre 5
Balconi 3
Vetrine di negozi 2
Intonaco giallo
    Cortile
Forma poligonale
Intonaco rosa
Pavimento in ciottoli
    Ballatoi
Livelli 2
Distribuiti su 2 lati
Piani in pietra

f- Alzaia Naviglio Grande 4
Piani 3
    Fronte strada
File di finestre 8
Vetrine di negozi 3
Intonaco giallo
    Cortile
Forma rettangolare
Intonaco giallo
Pavimento in ciottoli
    Ballatoi
Livelli 2
Distribuiti su 4 lati
Piani in pietra

a- Via Vigevano 14
Piani 5
    Fronte strada
File di finestre 11
Balconi 3
Vetrine di negozi 10
Intonaco color crema
Zoccolatura in cemento
    Cortile
Forma trapezoidale
Intonaco color crema
    Ballatoi
Livelli 4
Distribuiti su 2 lati
Piani in pietra

b- Via Vigevano 10
Piani 5
    Fronte strada
File di finestre 9
Balconi 5
Vetrine di negozi 6
Intonaco giallo con zoccolatura in cemento
    Cortile
Volume ascensore aggiunto
Forma poligonale
Intonaco giallo
Pavimento in ciottoli
    Ballatoi
Livelli 4
Distribuiti su 3 lati

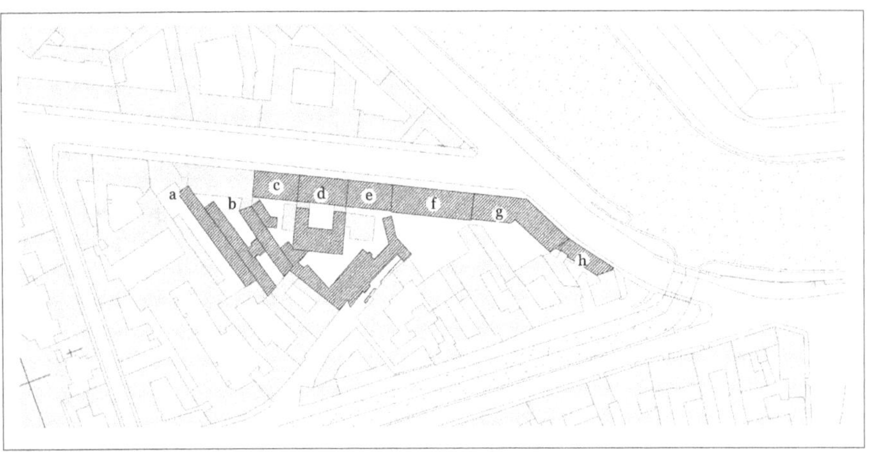

a- Via Vigevano 15
Corpo interno
Piani 4 e 3
    Fronte strada
File di finestre 3
Balconi 1
Vetrine di negozi 2
Intonaco giallo
    Cortile
Forma rettangolare
Intonaco giallo
    Ballatoi
Livelli 2 nel corpo interno
Distribuiti su 1 lato

b- Via Vigevano 13
Corpi interni
Piani 6 e 3
    Fronte strada
File di finestre 9
Balconi 5
Vetrine di negozi 8
Intonaco giallo
    Cortile
Forma rettangolare
Intonaco giallo
    Ballatoi
Livelli 2 nel corpo interno
Distribuiti su 1 lato

c- Via Vigevano 11
Piani 5
    Fronte strada
File di finestre 5
Balconi 3
Vetrine di negozi 4
Intonaco giallo con zoccolatura in cemento
    Cortile
Forma triangolare
Intonaco giallo
Pavimento in ciottoli
    Ballatoi
Livelli 4
Distribuiti su 1 lato
Piani in pietra

d- Via Vigevano 9
Piani 5
    Fronte strada
File di finestre 5
Balconi 7
Vetrine di negozi 4
Intonaco grigio
    Cortile
Volume ascensore aggiunto
Forma quadra
Intonaco giallo
    Ballatoi
Livelli 4
Distribuiti su 4 lati

e- Via Vigevano 7
Piani 4
    Fronte strada
File di finestre 5
Balconi 7
Vetrine di negozi 4
Intonaco marrone
    Cortile
Forma articolata
Intonaco giallo
    Ballatoi
Livelli 3
Distribuiti su 1 lato

f- Via Vigevano 3
Piani 5
    Fronte strada
File di finestre 9
Balconi 3
Vetrine di negozi 8
Intonaco giallo
    Cortile
Forma poligonale
Intonaco giallo
    Ballatoi
Livelli 5
Distribuiti su 1 lato
    Anno di costruzione 1886
Proprietario costruttore Emilio Borella fu
Giuseppe e Fratello
Capomastro Luigi Romanoni

g- Via Vigevano 1
Edificio d'angolo con Viale Gorizia
Piani 4 + sottotetto
    Fronte strada
File di finestre 6
Vetrine di negozi 5
Intonaco giallo con zoccolatura in cemento
    Cortile
Forma trapezoidale
Intonaco giallo
Pavimento in ciottoli
    Ballatoi
Livelli 4
Distribuiti su 2 lati
Piani in pietra
    Anno di costruzione 1882
Proprietario costruttore Emilio Borella fu
Giuseppe e Fratello
Progettista ing. Luigi Perolini
Capomastro Antonio Bernasconi, Angelo
Bellani

h- Viale Gorizia 30
Piani 3
    Fronte strada
File di finestre 6
Vetrine di negozi 5
Intonaco rosso con zoccolatura in cemento
    Cortile
Forma irregolare
Intonaco giallo
    Ballatoi
Livelli 2
Distribuiti su 1 lato

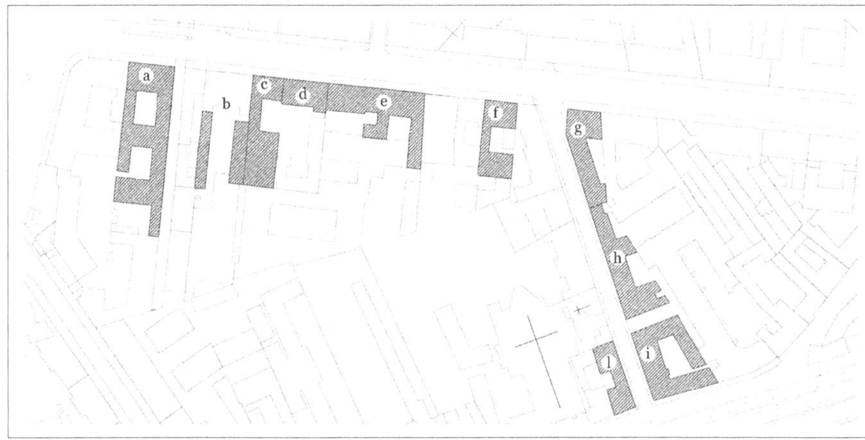

g- Via Corsico 1
Edificio d'angolo con via Vigevano
Piani 5
    Fronte strada
File di finestre 9
Balconi 3
Vetrine di negozi 5
Intonaco color catrame
Zoccolatura in cemento
    Cortile
Forma triangolare
Intonaco bianco
    Ballatoi
Livelli 4
Distribuiti su 1 lato

h- Via Corsico 3-5
Piani 4
    Fronte strada
File di finestre 13
Balconi 14
Vetrine di negozi 8
Intonaco giallo con zoccolatura in cemento
    2 Cortili
Forma triangolare e trapezoidale
Intonaco giallo
    Ballatoi
Livelli 3
Distribuiti su 2 lati

i- Via Corsico 9
Edificio d'angolo con Alzaia Naviglio
Grande
Piani 4 + sottotetto
    Fronte strada
File di finestre 9
Balconi 5
Vetrine di negozi 6
Intonaco color crema
Zoccolatura in cemento
    Cortile
Volume ascensore aggiunto
Forma rettangolare
Intonaco color crema
    Ballatoi
Livelli 4
Distribuiti su 3 lati

l- Via Corsico 12
Edificio d'angolo con Alzaia Naviglio
Grande
Piani 4
    Fronte strada
File di finestre 9
Balconi 5
Vetrine di negozi 4
Intonaco giallo con zoccolatura in cemento
    Cortile
Forma poligonale
Intonaco giallo
    Ballatoi
Livelli 3
Distribuiti su 3 lati

a- Via Vigevano 43
Edificio d'angolo con Via Privata Sartirana
Piani 5
    Fronte strada
File di finestre 5
Balconi 1
Vetrine di negozi 4
Intonaco giallo
    Cortile
Forma quadra
Intonaco giallo
Pavimento in ciottoli
    Ballatoi
Livelli 4
Distribuiti su 4 lati
Piani in pietra

b- Via Vigevano 41
Corpi interni
Piani 5
    Fronte strada
File di finestre 5
Balconi 3
Vetrine di negozi 3
Intonaco rosa con zoccolatura in marmo
    Cortile
Forma rettangolare
Intonaco giallo
Pavimento in cemento
    Ballatoi
Livelli 3
Distribuiti su 2 lati

c- Via Vigevano 39
Piani 4
    Fronte strada
File di finestre 4
Balconi 1
Vetrine di negozi 3
Intonaco giallo con zoccolatura in cemento
    Cortile
Forma rettangolare
Intonaco giallo
Pavimento in ciottoli
    Ballatoi
Livelli 3
Distribuiti su 2 lati

d- Via Vigevano 35
Piani 5
    Fronte strada
File di finestre 5
Balconi 8
Vetrine di negozi 4
Intonaco giallo
    Cortile
Forma rettangolare
Intonaco giallo
Pavimento in ciottoli
    Ballatoi
Livelli 4
Distribuiti su 1 lato

e- Via Vigevano 33
Piani 4
    Fronte strada
File di finestre 12
Balconi 10
Vetrine di negozi 8
Intonaco grigio
    3 Cortili
Forma rettangolare
Intonaco grigio
    Ballatoi
Livelli 3
Distribuiti su 3+3+1 lato

f- Via Vigevano 25
Piani 5
    Fronte strada
File di finestre 5
Balconi 8
Vetrine di negozi 2
Intonaco rosa con zoccolatura in cemento
    Cortile
Forma quadra
Intonaco giallo
    Ballatoi
Livelli 4
Distribuiti su 2 lati

g- Alzaia Naviglio Grande 54
Edificio d'angolo con Via Casale
Piani 5
    Fronte strada
File di finestre 7
Balconi 19
Vetrine di negozi 6
Intonaco rosa con zoccolatura in cemento
    Cortile
Forma poligonale
Intonaco giallo
    Ballatoi
Livelli 4
Distribuiti su 2 lati

h- Alzaia Naviglio Grande 48
Piani 3
    Fronte strada
File di finestre 3
Balconi 1
Vetrine di negozi 2
Intonaco bianco
    Cortile
Forma rettangolare
Intonaco bianco
    Ballatoi
Livelli 2
Distribuiti su 3 lati

i- Alzaia Naviglio Grande 46
Piani 3 e 4
    Fronte strada
File di finestre 6
Balconi 1
Vetrine di negozi 5
Intonaco giallo con zoccolatura in cemento
    2 Cortili
Forma rettangolare e poligonale
Intonaco giallo
Pavimento in ciottoli
    Ballatoi
Livelli 2 e 3
Distribuiti su 8 lati

l- Alzaia Naviglio Grande 40
Piani 5
    Fronte strada
File di finestre 4
Balconi 6
Vetrine di negozi 3
Intonaco giallo con zoccolatura in cemento
    Cortile
Volume ascensore aggiunto
Forma quadra
Intonaco giallo
    Ballatoi
Livelli 4 e 3
Distribuiti su 2 lati

m- Alzaia Naviglio Grande 38
Piani 3
    Fronte strada
File di finestre 6
Balconi 1
Vetrine di negozi 3
Intonaco giallo con zoccolatura in cemento
    Cortile
Forma rettangolare
Intonaco giallo
    Ballatoi
Livelli 2
Distribuiti su 3 lati

a- Via Casale 3a
Piani 4 + sottotetto
    Fronte strada
File di finestre 4
Balconi 3
Vetrine di negozi 3
Intonaco marrone chiaro
Zoccolatura in cemento
    Cortile
Forma rettangolare
Intonaco grigio
    Ballatoi
Livelli 4
Distribuiti su 3 lati

b- Via Casale 5
Piani 5
    Fronte strada
File di finestre 12
Balconi 23
Vetrine di negozi 9
Intonaco giallo con zoccolatura in cemento
    Cortile
Forma articolata
Intonaco giallo
    Ballatoi
Livelli 4
Distribuiti su 1 lato

c- Via Casale 7
Edificio d'angolo con Alzaia Naviglio
Grande
Piani 5
    Fronte strada
File di finestre 13
Balconi 26
Vetrine di negozi 12
Rivestimento in cotto
Zoccolatura in cemento
    Cortile
Forma poligonale
Intonaco giallo
    Ballatoi
Livelli 4
Distribuiti su 1 lato
    Anno di costruzione 1902
Proprietario costruttore Anacleto Cirla e
Cuzzi.
Progettista ing. Edoardo Peronti

d- Via Casale 4
Piani 4
    Fronte strada
File di finestre 6
Balconi 4
Vetrine di negozi 4
Rivestimento in cotto
Zoccolatura in cemento
    Cortile occupato da rampa carrabile
Forma articolato
Intonaco bianco
    Ballatoi
Livelli 3
Distribuiti su 1 lato

e- Via Casale 4b
Piani 5
    Fronte strada
File di finestre 7
Balconi 5
Vetrine di negozi 4
Intonaco arancione
    Cortile
Forma articolata
Intonaco arancione
Pavimento in cemento
    Ballatoi
Livelli 3
Distribuiti su 1 lato

f- Via Casale 6
Piani 5
    Fronte strada
File di finestre 7
Balconi 25
Intonaco grigio
    Cortile
Forma rettangolare
Intonaco grigio
Pavimento in cemento
    Ballatoi
Livelli 4
Distribuiti su 1 lato

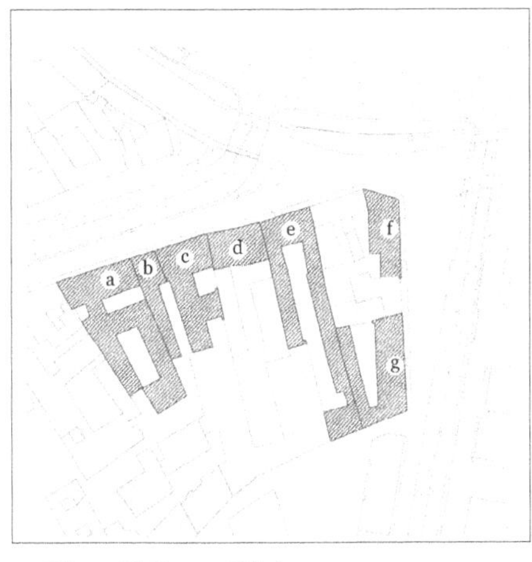

a- Ripa di Porta Ticinese 13
Piani 5 e 4
   Fronte strada
File di finestre 8
Balconi 5
Vetrine di negozi 7
Intonaco giallo con zoccolatura in cemento
   2 Cortili
Forma rettangolare
Intonaco giallo
Pavimento in ciottoli
   Ballatoi
Livelli 4 e 3
Distribuiti su 1 + 2 lati

b- Ripa di Porta Ticinese 11
Piani 5 e 3
   Fronte strada
File di finestre 3
Balconi 3
Vetrine di negozi 2
Intonaco grigio con zoccolatura in granito
   Cortile
Forma rettangolare
Intonaco giallo
   Ballatoi
Livelli 4 e 2
Distribuiti su 2 lati

c- Ripa di Porta Ticinese 9
Piani 4
   Fronte strada
File di finestre 5
Balconi 5
Vetrine di negozi 4
Intonaco grigio
   2 Cortili
Forma quadra
Intonaco giallo
   Ballatoi
Livelli 3
Distribuiti su 3+2 lati

d- Ripa di Porta Ticinese 7
Piani 4
   Fronte strada
File di finestre 6
Balconi 3
Vetrine di negozi 4
Intonaco giallo con cornici in cotto
Zoccolatura in cemento
   Cortile
Forma rettangolare
Intonaco giallo
Pavimento in ciottoli
   Ballatoi
Livelli 3
Distribuiti su 1 lato

e- Ripa di Porta Ticinese 5
Edifici affacciati anche su via Magolfa
Piani 4
   Fronte strada
File di finestre 6
Balconi 7
Vetrine di negozi 4
Intonaco giallo con zoccolatura in cemento
   Cortile
Forma rettangolare
Intonaco giallo
Pavimento in ciottoli
   Ballatoi
Livelli 3
Distribuiti su 3 lati
    Anno di costruzione 1861

f- Alzaia Naviglio Pavese 2
Edificio d'angolo con Viale Gorizia
Piani 5
   Fronte strada
File di finestre 6
Balconi 6
Vetrine di negozi 5
Intonaco giallo e marrone chiaro
   Cortile
Forma articolato
Intonaco giallo
   Ballatoi
Livelli 4
Distribuiti su più lati

g- Alzaia Naviglio Pavese 6
Edificio d'angolo con Via Magolfa
Piani 3
   Fronte strada
File di finestre 7
Balconi 3
Vetrine di negozi 6
Intonaco color sabbia
   Cortile
Forma triangolare
Intonaco giallo
   Ballatoi
Livelli 2
Distribuiti su 1 lato

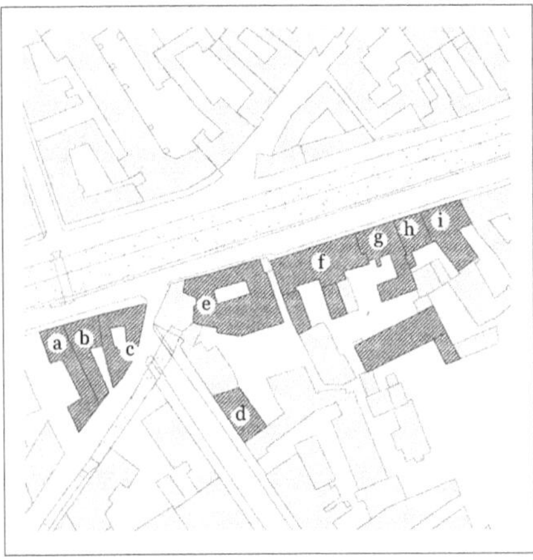

a- Ripa di Porta Ticinese 39
Piani 4
    Fronte strada
File di finestre 3
Balconi 4
Vetrine di negozi 2
Intonaco giallo con zoccolatura grigia
    Cortile
Forma rettangolare
Intonaco giallo
    Ballatoi
Livelli 3
Distribuiti su 3 lati

b- Ripa di Porta Ticinese 37
Edificio affacciato anche su Via Filippo
Argelati
Piani 4
    Fronte strada
File di finestre 5
Balconi 2
Vetrine di negozi 4
Intonaco giallo con zoccolatura in cemento
    Cortile
Volume ascensore aggiunto
Forma triangolare
Intonaco giallo
    Ballatoi
Livelli 3
Distribuiti su 2 lati

c- Via Filippo Argelati 2
Edificio d'angolo con Via Mario Fusetti
e con Ripa di Porta Ticinese
Piani 4
    Fronte strada
File di finestre 6
Balconi 1
Intonaco giallo
    Cortile
Forma rettangolare
Intonaco giallo
    Ballatoi
Livelli 2
Distribuiti su 3 lati

d- Via Mario Fusetti 7
Piani 4
    Fronte strada
File di finestre 5
Vetrine di negozi 4
Intonaco giallo con zoccolatura grigia
    Cortile
Forma rettangolare
Intonaco giallo
    Ballatoi
Livelli 3
Distribuiti su 1 lato

e- Ripa di Porta Ticinese 33-31
Piani 3
    Fronte strada
File di finestre 10
Balconi 1
Vetrine di negozi 8
Intonaco giallo e grigio
    Cortile
Forma rettangolare
Intonaco giallo
Pavimento in lastre
    Ballatoi
Livelli 2
Distribuiti su 4 lati

f- Ripa di Porta Ticinese 27
Piani 5
    Fronte strada
File di finestre 8
Balconi 2
Vetrine di negozi 7
Intonaco giallo con zoccolatura in cemento
    2 Cortili
Forma rettangolare
Intonaco giallo
    Ballatoi
Livelli 4
Distribuiti su 3+3 lati

g- Ripa di Porta Ticinese 23
Piani 4
    Fronte strada
File di finestre 5
Balconi 1
Vetrine di negozi 4
Intonaco color crema
    Cortile
Volume ascensore aggiunto
Forma quadra
Intonaco color crema
    Ballatoi
Livelli 3
Distribuiti su 3 lati

h- Ripa di Porta Ticinese 21
Piani 5
    Fronte strada
File di finestre 3
Balconi 1
Vetrine di negozi 2
Intonaco giallo e grigio
    Cortile
Forma rettangolare
Intonaco giallo
    Ballatoi
Livelli 4
Distribuiti su 1 lato

i- Ripa di Porta Ticinese 19
Piani 4
    Fronte strada
File di finestre 5
Balconi 3
Vetrine di negozi 4
Intonaco color crema con cornici in cotto
    Cortile
Forma rettangolare
Intonaco giallo
Pavimento in ciottoli
    Ballatoi
Livelli 3
Distribuiti su 1 lato

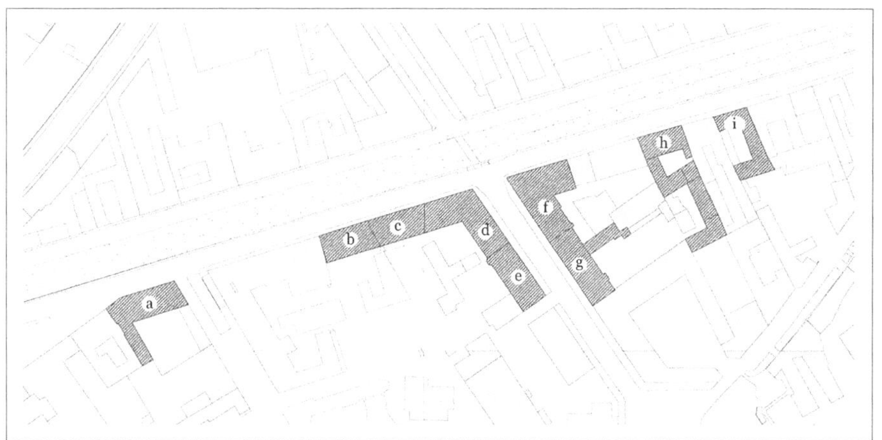

a- Ripa di Porta Ticinese 69
Edificio d'angolo con Via Angelo Fumagalli
Piani 5
    Fronte strada
File di finestre 8
Balconi 2
Vetrine di negozi 6
Intonaco giallo
    Cortile
Volume ascensore aggiunto
Forma quadra
Intonaco giallo
Pavimento in ciottoli
    Ballatoi
Livelli 4
Distribuiti su 2 lati

b- Ripa di Porta Ticinese 63a
Piani 4
    Fronte strada
File di finestre 5
Balconi 2
Vetrine di negozi 4
Intonaco giallo e grigio
    Cortile
Volume ascensore aggiunto
Forma rettangolare
Intonaco giallo
Pavimento in ciottoli
    Ballatoi
Livelli 3 e 1
Distribuiti su 2 lati

c- Ripa di Porta Ticinese 61
Piani 5
    Fronte strada
File di finestre 7
Balconi 6
Vetrine di negozi 4
Intonaco giallo con zoccolatura in cemento
    Cortile
Forma rettangolare
Intonaco giallo
    Ballatoi
Livelli 4
Distribuiti su 1 lato

d- Via Pasquale Paoli 2
Edificio d'angolo con Ripa di Porta Ticinese
Piani 5
    Fronte strada
File di finestre 7
Balconi 5
Vetrine di negozi 6
Intonaco giallo e grigio
    Cortile
Forma quadra
Intonaco giallo
    Ballatoi
Livelli 4
Distribuiti su 2 lati

e- Via Pasquale Paoli 4
Piani 5
    Fronte strada
File di finestre 6
Balconi 3
Vetrine di negozi 2
Intonaco marrone chiaro
Zoccolatura in cemento
    Cortile
Forma quadra
Intonaco giallo
    Ballatoi
Livelli 4
Distribuiti su 1 lato

f- Via Pasquale Paoli 1
Edificio d'angolo con Ripa di Porta Ticinese
Piani 5
    Fronte strada
File di finestre 7
Balconi 4
Vetrine di negozi 1
Intonaco giallo con zoccolatura in cemento
    Cortile
Forma irregolare
Intonaco giallo
    Ballatoi
Livelli 4
Distribuiti su 1 lato

g- Via Pasquale Paoli 3
Piani 4
    Fronte strada
File di finestre 7
Balconi 3
Vetrine di negozi 3
Intonaco giallo con zoccolatura in cemento
    Cortile doppio
Forma rettangolare e quadra
Intonaco giallo
Pavimento in ciottoli
    Ballatoi
Livelli 3
Distribuiti su 3 lati

h- Ripa di Porta Ticinese 53
Piani 4
    Fronte strada
File di finestre 7
Balconi 3
Vetrine di negozi 3
Intonaco giallo e grigio
    Cortile doppio
Forma trapezoidale e rettangolare
Intonaco rosa
    Ballatoi
Livelli 3 e 2
Distribuiti su 3+2 lati

i- Ripa di Porta Ticinese 49
Piani 4
    Fronte strada
File di finestre 5
Balconi 3
Vetrine di negozi 4
Rivestimento mattoni e marmo
    Cortile
Forma rettangolare
Intonaco giallo
Pavimento in ciottoli
    Ballatoi
Livelli 3
Distribuiti su 1 lato
Piani in pietra

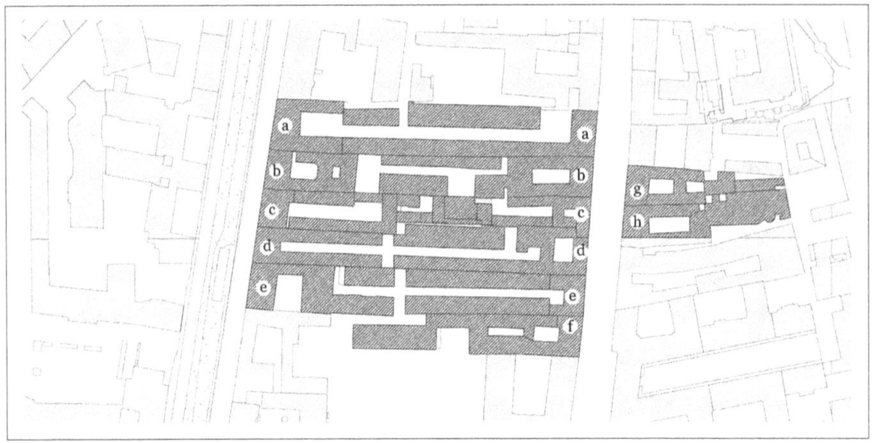

a- Corso San Gottardo 12
a- Via Ascanio Sforza 9
Edificio a corte allungata
Piani 4 e 5
    Fronte strada
File di finestre 7 e 6
Balconi 3 e 3
Vetrine di negozi 6 e 4
Intonaco grigio e giallo
    Cortile
Forma rettangolare allungata
Pavimento in ciottoli
    Ballatoi
Livelli 3 e 4
Distribuiti su 2 e 3
Piani in pietra

b- Corso San Gottardo 14
b- Via Ascanio Sforza 11
Piani 4 e 4
    Fronte strada
File di finestre 6 e 5
Balconi 3 e 1
Vetrine di negozi 5 e 2
Intonaco marrone chiaro
Zoccolatura in cemento e rosa
    Cortili diversi
Forma rettangolare
Intonaco giallo e rosa
Pavimento in ciottoli
    Ballatoi
Livelli 3 e 3
Distribuiti su più lati
Piani in pietra

c- Corso San Gottardo 16
c- Via Ascanio Sforza 13
Piani 3 e 3
    Fronte strada
File di finestre 7 e 6
Balconi 0 e 1
Vetrine di negozi 6 e 3
Intonaco color ruggine e giallo
    Cortili diversi
Forma rettangolare
Intonaco giallo
Pavimento in ciottoli
    Ballatoi
Livelli 2 e 2
Distribuiti su più lati
Piani in pietra

d- Corso San Gottardo 18
d- Via Ascanio Sforza 15
Edificio a corte allungata
Piani 3 e 3
    Fronte strada
File di finestre 7 e 5
Balconi 2 e 1
Vetrine di negozi 3 e 4
Intonaco giallo
    Cortile
Forma quadra e rettangolare allungata
Intonaco giallo
Pavimento in ciottoli
    Ballatoi
Livelli 2 e 2
Distribuiti su più lati
Piani in pietra

e- Corso San Gottardo 20
e- Via Ascanio Sforza 17
Edificio a corte allungata
Piani 4 e 2
    Fronte strada
File di finestre 5 e 5
Balconi 2 e 1
Vetrine di negozi 4 e 4
Intonaco giallo
Zoccolatura in cemento
    Cortili diversi
Forma rettangolare allungata e quadra
Intonaco giallo
Pavimento in ciottoli
    Ballatoi
Livelli 2 e 2
Distribuiti su più lati
Piani in pietra

f- Corso San Gottardo 22
Piani 4
    Fronte strada
File di finestre 6
Balconi 3
Vetrine di negozi 5
Intonaco color ruggine
    Cortili diversi
Forma rettangolare
Intonaco giallo
Pavimento in ciottoli
    Ballatoi
Livelli 3
Distribuiti su più lati
Piani in pietra

g- Corso San Gottardo 13
Piani 4
    Fronte strada
File di finestre 7
Balconi 3
Vetrine di negozi 6
Intonaco bianco
    Cortili diversi
Forma rettangolare
Intonaco giallo
Pavimento in ciottoli
    Ballatoi
Livelli 3
Distribuiti su 4 lati
Piani in pietra

h- Corso San Gottardo 15
Piani 4
    Fronte strada
File di finestre 7
Balconi 5
Vetrine di negozi 5
Intonaco bianco
    2 Cortili
Forma rettangolare
Intonaco giallo
Pavimento in ciottoli
    Ballatoi
Livelli 2
Distribuiti su 2+1 lati
Piani in pietra

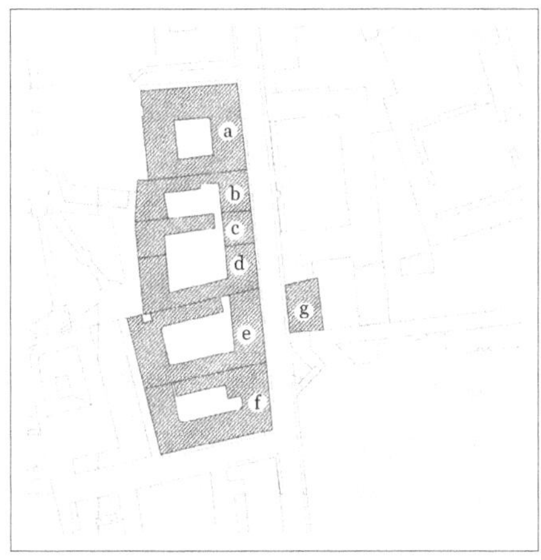

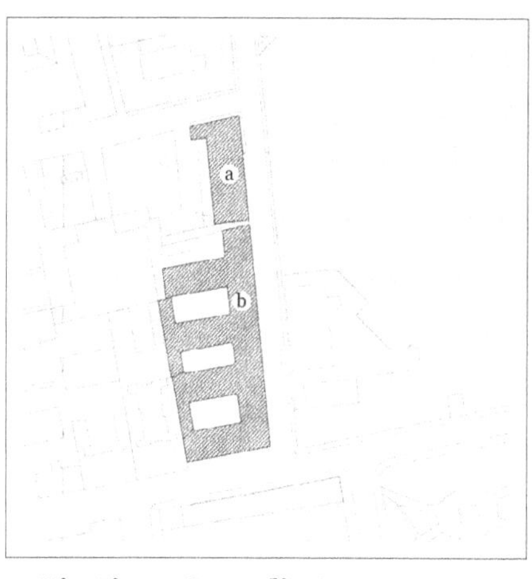

a- Via Pietro Custodi 4
Piani 5
    Fronte strada
File di finestre 9
Balconi 15
Vetrine di negozi 6
Intonaco marrone chiaro
Zoccolatura in cemento
    Cortile
Forma quadra
Intonaco color sabbia
    Ballatoi
Livelli 4
Distribuiti su 2 lati

b- Via Pietro Custodi 6
Piani 5
    Fronte strada
File di finestre 5
Balconi 3
Vetrine di negozi
Intonaco bianco con zoccolatura in cemento
    Cortile
Forma rettangolare
Intonaco bianco
    Ballatoi
Livelli 4
Distribuiti su 2 lati

c- Via Pietro Custodi 8
Piani 5
    Fronte strada
File di finestre 3
Balconi 3
Vetrine di negozi 2
Intonaco giallo con zoccolatura in cemento
    Cortile
Forma quadra
Intonaco giallo
    Ballatoi
Livelli 4
Distribuiti su 3 lati

d- Via Pietro Custodi 10
Piani 5
    Fronte strada
File di finestre 4
Balconi 4
Vetrine di negozi 1
Intonaco giallo
    Cortile
Volume ascensore aggiunto
Forma quadra
Intonaco giallo
    Ballatoi
Livelli 4
Distribuiti su 2 lati

e- Via Pietro Custodi 12
Piani 4
    Fronte strada
File di finestre 7
Balconi 5
Vetrine di negozi 4
Intonaco marrone chiaro
Zoccolatura in cemento
    Cortile
Volume ascensore aggiunto
Forma quadra
Intonaco marrone chiaro
    Ballatoi
Livelli 3
Distribuiti su 4 lati

f- Via Pietro Custodi 14
Piani 3
    Fronte strada
File di finestre 5
Balconi 3
Vetrine di negozi 4
Intonaco color crema
    Cortile
Forma rettangolare
Intonaco color crema
    Ballatoi
Livelli 2
Distribuiti su 3 lati

g- Via Pietro Custodi 5
Piani 5
    Fronte strada
File di finestre 5
Balconi 3
Intonaco giallo
    Cortile
Forma trapezoidale
Intonaco giallo
    Ballatoi
Livelli 4
Distribuiti su 1 lato

a- Via Pietro Custodi 16
Piani 3
    Fronte strada
File di finestre 11
Vetrine di negozi 4
Intonaco giallo con zoccolatura in cemento
    Cortile
Forma rettangolare
Intonaco giallo
    Ballatoi
Livelli 2
Distribuiti su 1 lato

b- Via Pietro Custodi 18
Edificio d'angolo con Via Gentilino
Piani 4
    Fronte strada
File di finestre 21
Balconi 10
Vetrine di negozi 15
Intonaco giallo
    3 Cortili
Forma rettangolare
Intonaco giallo
    Ballatoi
Livelli 3
Distribuiti su 4 lati

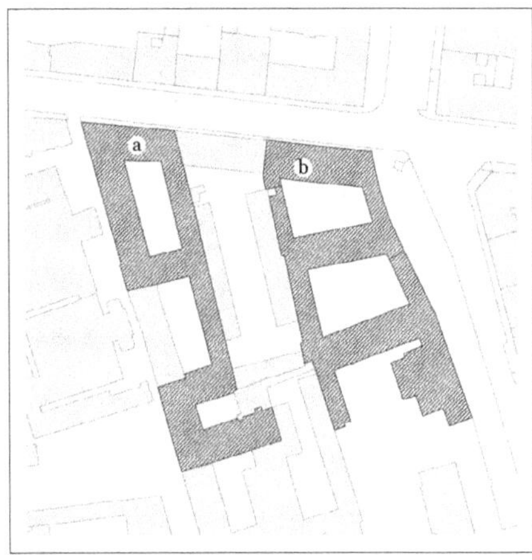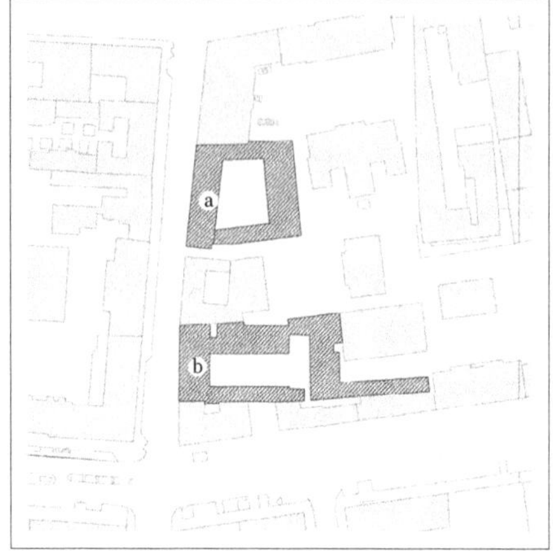

a- Viale Col di Lana 8
Piani 4 + sottotetto
    Fronte strada
File di finestre 9
Balconi 3
Vetrine di negozi 8
Intonaco giallo con zoccolatura grigia
    3 Cortili
Volume ascensore aggiunto
Forma trapezoidale e rettangolare
Intonaco bianco
Pavimento in ciottoli
    Ballatoi
Livelli 3
Distribuiti su più lati
Piani in pietra

b- Viale Col di Lana 14
Edificio d'angolo con via Col Moschin
Piani 4
    Fronte strada
File di finestre 9
Balconi 9
Vetrine di negozi 7
Intonaco bianco con zoccolatura in cemento
    2 Cortili
Forma trapezoidale e rettangolare
Intonaco giallo
Pavimento in ciottoli
    Ballatoi
Livelli 2
Distribuiti su 3 lati
Piani in pietra

a- Corso San Gottardo 37
Piani 4
    Fronte strada
File di finestre 9
Balconi 2
Vetrine di negozi 8
Intonaco giallo con zoccolatura in cemento
    Cortile
Forma trapezoidale
Intonaco giallo
Pavimento in ciottoli
    Ballatoi
Livelli 3 e 2
Distribuiti su 4 lati

b- Corso San Gottardo 41
Piani 5
    Fronte strada
File di finestre 6
Balconi 4
Vetrine di negozi 5
Intonaco giallo con zoccolatura in cemento
    2 Cortili
Forma rettangolare
Intonaco giallo
Pavimento in ciottoli
    Ballatoi
Livelli 4 e 3
Distribuiti su 3 e 2 lati

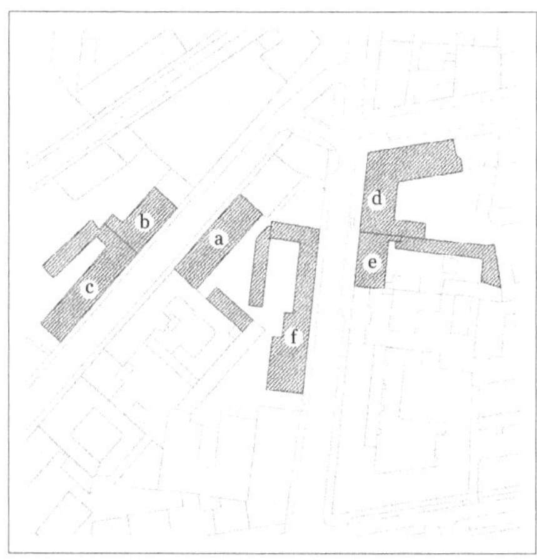

a- Via Evangelista Torricelli 3
Piani 4
    Fronte strada
File di finestre 11
Balconi 3
Vetrine di negozi 10
Intonaco giallo e grigio
    Cortile
Forma triangolare
Intonaco giallo
Pavimento in ciottoli
    Ballatoi
Livelli 3
Distribuiti su 3 lati
    Anno di costruzione 1888

b- Via Evangelista Torricelli 8
Piani 3
    Fronte strada
File di finestre 7
Balconi 1
Vetrine di negozi 6
Intonaco giallo con zoccolatura in cemento
    Cortile
Forma rettangolare
Intonaco giallo
    Ballatoi
Livelli 2
Distribuiti su 1 lato

c- Via Evangelista Torricelli 10
Piani 4
    Fronte strada
File di finestre 11
Balconi 3
Vetrine di negozi 6
Intonaco giallo
    Cortile
Forma trapezoidale
Intonaco giallo
    Ballatoi
Livelli 3
Distribuiti su 3 lati
    Anno di costruzione 1906
Proprietario costruttore dott. Gustavo e
Abelardo Gandini
Capomastro Abelardo Gandini

d- Via Giuseppe Meda 5
Edificio d'angolo con Via Antonio
Tantardini
Piani 4
    Fronte strada
File di finestre 7
Balconi 5
Vetrine di negozi 5
Intonaco color catrame
    Cortile
Forma trapezoidale
Intonaco giallo
Pavimento in ciottoli
    Ballatoi
Livelli 3
Distribuiti su 2 lati

e- Via Giuseppe Meda 7
Piani 4
    Fronte strada
File di finestre 5
Balconi 1
Vetrine di negozi 2
Intonaco grigio con zoccolatura in cemento
    Cortile
Forma rettangolare
Intonaco verde
    Ballatoi
Livelli 2
Distribuiti su 3 lati

f- Via Giuseppe Meda 6
Piani 5
    Fronte strada
File di finestre 13
Balconi 1
Vetrine di negozi 11
Intonaco giallo e grigio
    Cortile
Forma poligonale
Intonaco giallo
Pavimento in ciottoli
    Ballatoi
Livelli 4
Distribuiti su 2 lati
    Anno di costruzione 1896
Proprietario costruttore Emanuele Tavella
Progettista ing. Edoardo Rossi
Capomastro Luigi Romanoni

Via Casale 7

Via Vigevano 1

Via Vigevano 9

Via Vigevano 43

Via Vigevano 14

Corso San Gottardo 12   Corso San Gottardo 13

Corso San Gottardo 41

Corso San Gottardo 37

Corso San Gottardo 15

Corso San Gottardo 22

Via Giuseppe Meda 6

Viale Col di Lana, 14

Viale Col di Lana, 8

Via Evangelista Torricelli 3

Via Evangelista Torricelli 10

Via Evangelista Torricelli 3

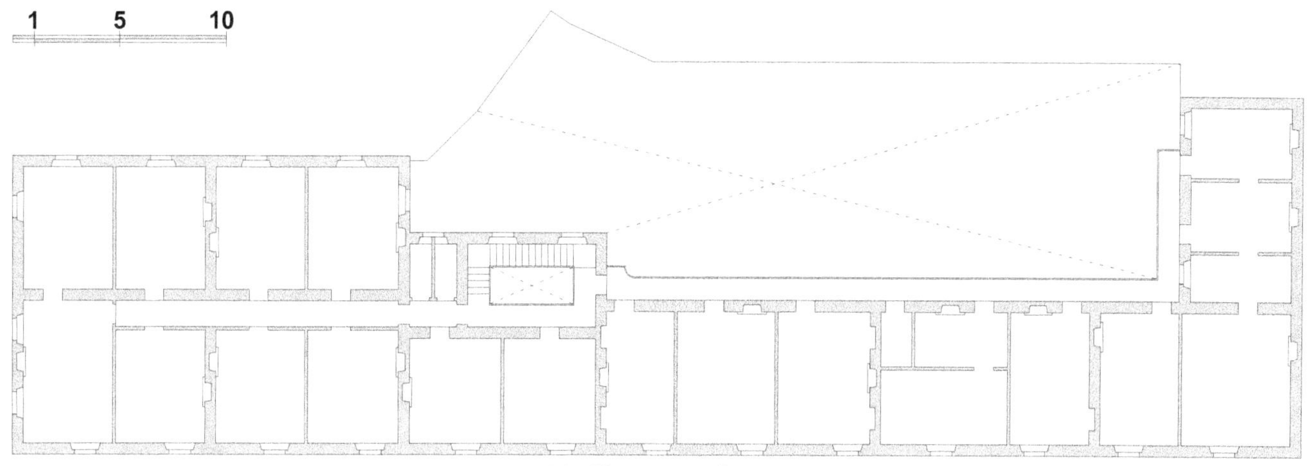

Via Giuseppe Meda 6

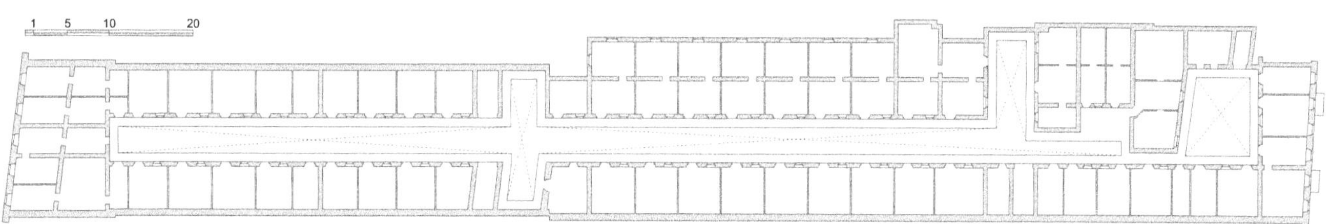

Corso San Gottardo 18

Fuori Porta Genova

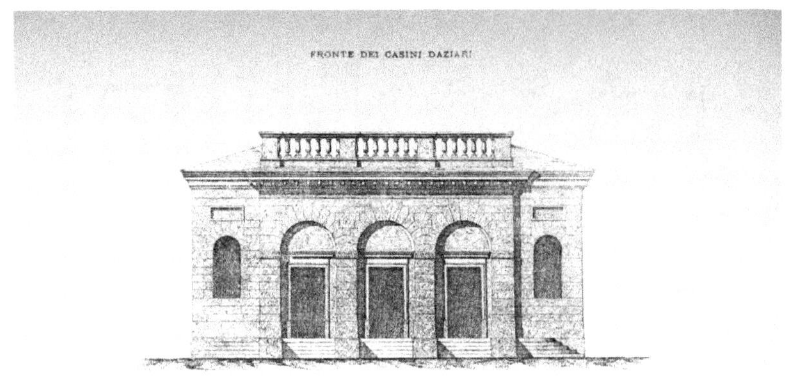

Barriera di Porta Genova - Milano Tecnica 1885

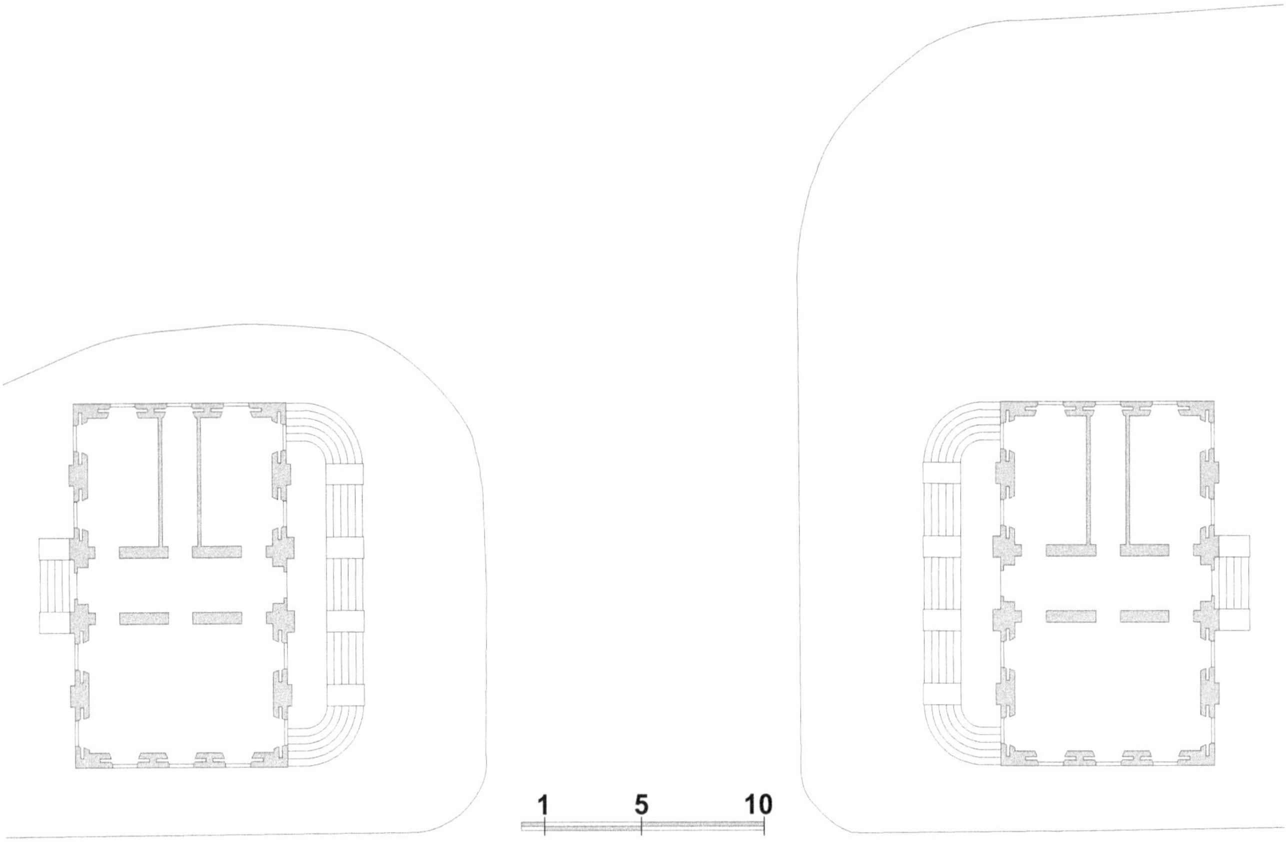

Disegno dei Caselli di Porta Genova - planimetria

Della Porta Genova, aperta nel 1870 per consentire un più rapido accesso alla stazione di Porta Genova, non rimane alcuna traccia, mentre sono stati conservati al centro dell'ampio piazzale Cantore i due caselli daziari.
Il quartiere sorto all'esterno della Porta fu il risultato dello sviluppo tumultuoso che caratterizzò l'intera zona. Numerose sono infatti le industrie che iniziano la loro attività a Milano, scegliendo il luogo senza alcun criterio se non quello della vicinanza degli impianti ferroviari, prediligendo, in particolare, le zone appena fuori le Porte della cinta muraria spagnola.
Roberto Monelli in "Le tre vite di Zona Tortona" in "Milano mia", ha condotto un'accurata e minuziosa indagine quantificando il numero dei dipendenti delle grandi e piccole industrie operanti nel quartiere negli ultimi decenni dell'Ottocento: *"In via Tortona risultano 118 operai alla Luigi Fontana, ben 1.100 alla Prinetti e Stucchi, 190 alla Biffi; in via Savona sono 297 alla Riva e 250 alla Lucchini. Poco lontano aziende già consolidate, la Richard Ginori sul Naviglio Grande sforna le famose ceramiche con 650 operai, e la De Angeli Frua in località Maddalena (oggi Piazza De Angeli) stampa tessuti con 1.143 operai".*
Significativa è la presenza, tra via Bergognone e via Tortona, dell'imponente blocco dell'Ansaldo, dove si producevano fino al 1986 locomotive, carrozze ferroviarie e tramviarie.
Fornire ai lavoratori e alle loro famiglie un'abitazione dignitosa diventava quindi un problema indifferibile. Qui sorse uno dei due quartieri operai realizzati dalla Società Umanitaria: *"Costruito in un solo anno, dal 1 aprile 1905 a fine marzo 1906, il quartiere di via Solari* – si legge in "Quando l'Umanitaria era in via Solari. 1906, il primo quartiere operaio" – *costituì uno fra gli esempi più alti in materia di casa operaia, la cui importanza esulava dal contesto milanese per porsi a modello anche in ambito europeo. Su un'area di 11.000 mq. fuori Porta Genova, sorsero undici edifici divisi esattamente in due lotti, con un rapporto di 6/10 tra superficie costruita e superficie totale...Si era adottata la soluzione di distribuire i fabbricati a padiglione isolato attorno ad una corte articolata in tre parti, dedicando particolare attenzione all'orientamento degli edifici ed evitando i cortili chiusi e i passaggi comuni di cui la tipologia a ballatoio aveva sufficientemente rivelato gli inconvenienti e i disagi ambientali.*
Duecentoquaranta appartamenti di uno, due o tre locali davano alloggio a poco più di mille persone ed erano disimpegnati direttamente da scale interne, muniti di latrina privata, di condotto per le immondizie, di acquaio, acqua potabile, balcone e in gran parte anche di terrazze e terrazzini".

All'ingresso una lapide, posta nel cinquantenario della costruzione, ricorda con orgoglio l'impresa:

Volontà pugnace di umili lavoratori
generoso impulso di singoli
congiuntamente vollero che sorgesse
nel lontano 1906
questo primo quartiere
modello di abitazioni per il popolo
cittadella di democrazia
e di emancipazione
gli inquilini memori e riconoscenti
posero nel cinquantenario.

L'intero quartiere ha subito negli ultimi anni una profonda trasformazione. Le vecchie strutture industriali ospitano oggi locali e negozi, ristoranti e gallerie.
Giorgio Armani ha stabilito il suo quartier generale in via Bergognone, mentre nell'edificio dell'Ansaldo hanno sede il Museo delle Culture, su progetto di David Chipperfield, e i Laboratori del Teatro alla Scala.
Ai suoi colori, ai suoi odori, Luciano Erba nel 1978 ha voluto dedicare una poesia, "Quartiere Solari":

Milano ha tramonti rosso oro.
Un punto di vista come un altro
erano gli orti di periferia
dopo i casoni della "Umanitaria".
Tra siepi di sambuco e alcuni uscioli
fatti di latta e di imposte sconnesse,
l'odore di una fabbrica di caffè
si univa al lontano sentore delle fonderie.
Per quella ruggine che regnava invisibile
per quel sole che scendeva più vasto
in Piemonte in Francia chissà dove
mi pareva di essere in Europa;
mia madre sapeva benissimo
che non le sarei stato a lungo vicino
eppure sorrideva
su uno sfondo di dalie e viole ciocche.

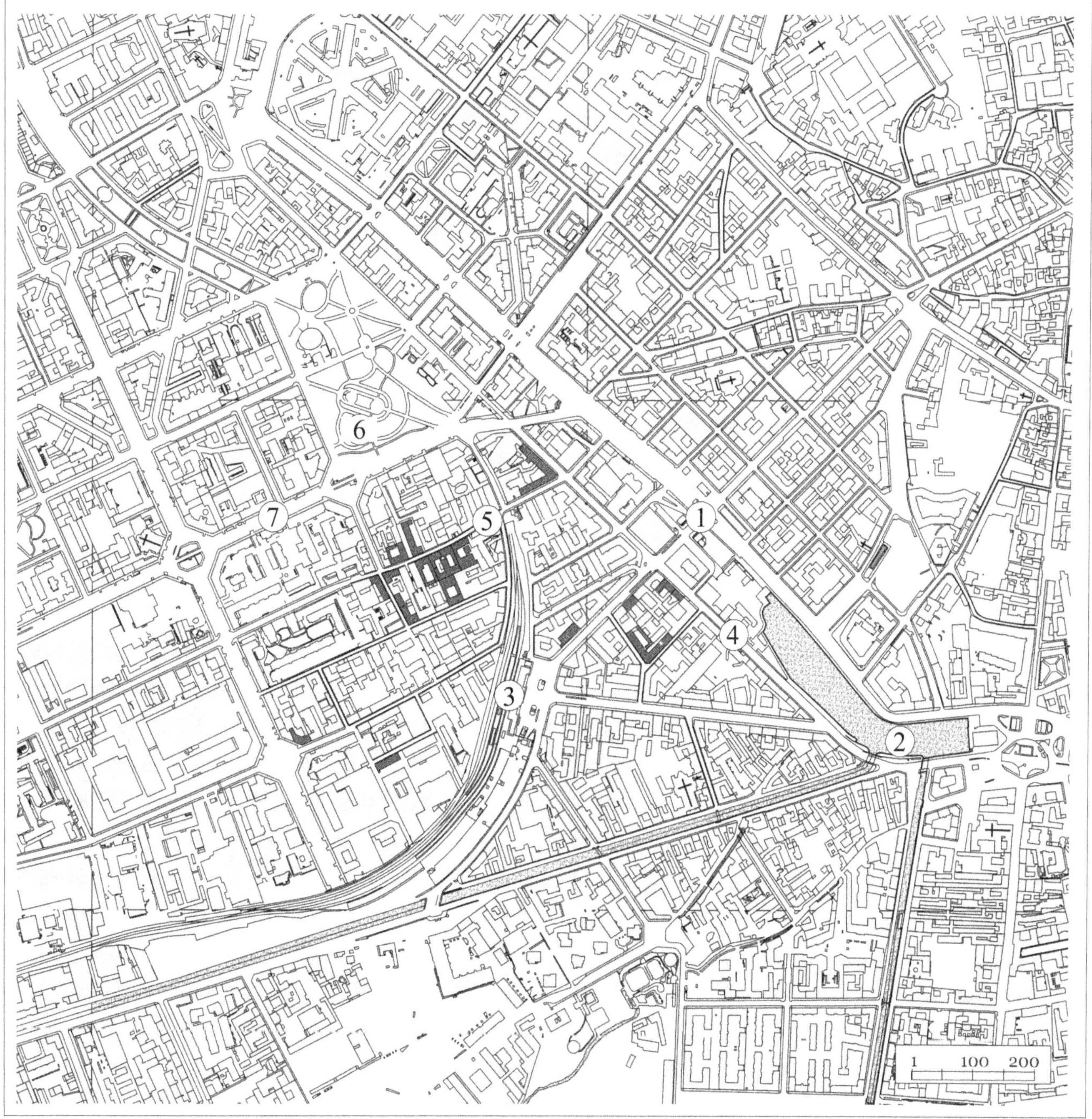

1- Porta Genova - piazza General Cantore
2- Darsena
3- Stazione ferroviaria di Porta Genova
4- viale Coni Zugna
5- via Savona
6- Parco Don Luigi Giussani (ex Solari)
7- Via Andrea Solari

Carta tecnica comunale - Milano 1884

Pianta di Milano compilata dall'Ufficio Tecnico Municipale - 1906 - Bertarelli Sacchi

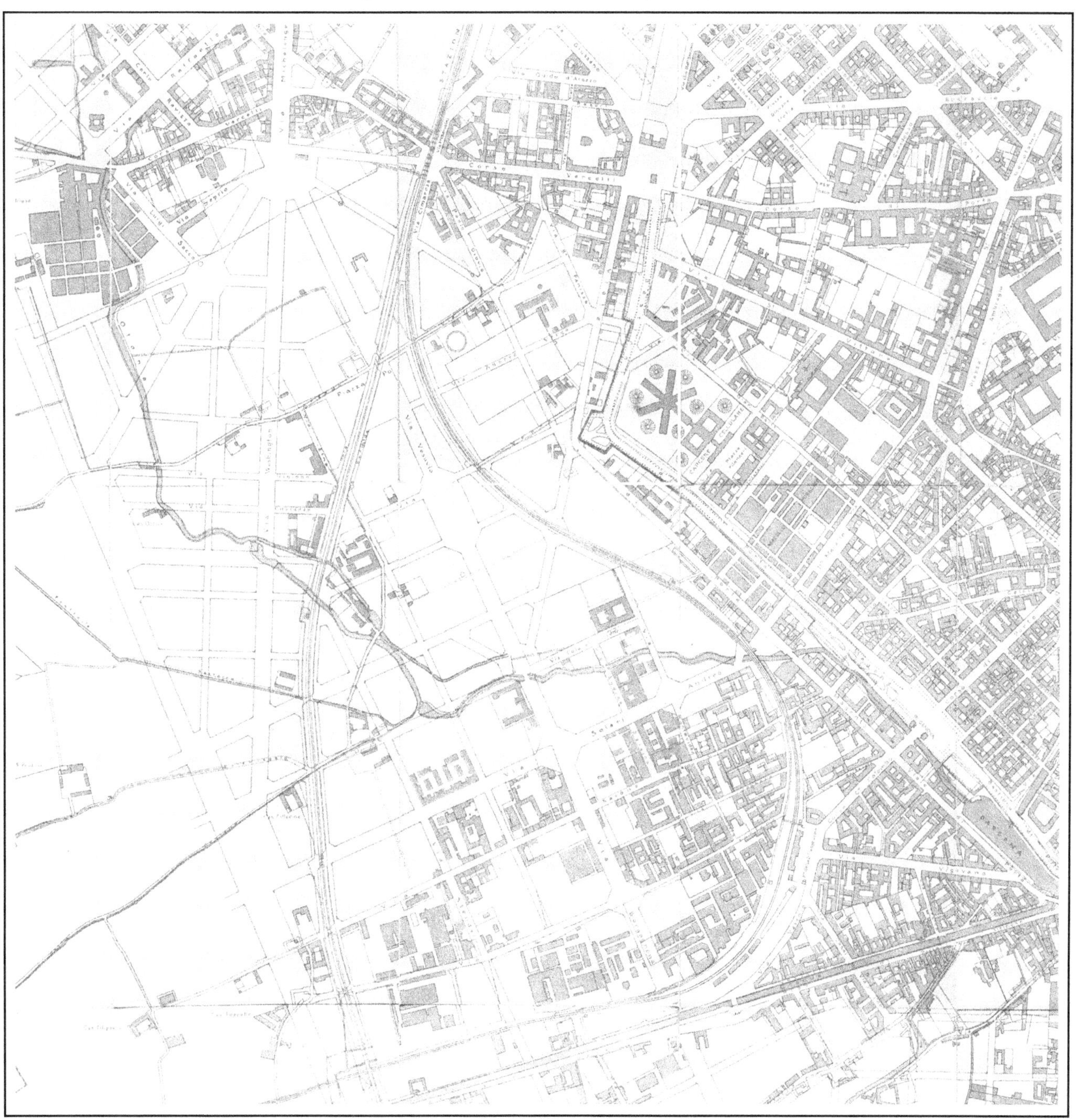

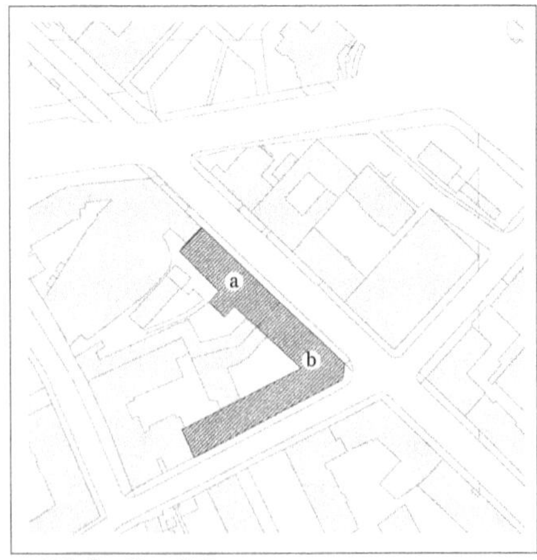 

a- Viale Coni Zugna 52
Piani 5
   Fronte strada
File di finestre 9
Balconi 3
Vetrine di negozi 8
Intonaco giallo con zoccolatura in cemento
   Cortile
Forma irregolare
Intonaco giallo
Volume ascensore aggiunto
   Ballatoi
Livelli 3
Distribuiti su 1 lato

b- Viale Coni Zugna 54
Edificio d'angolo con via Savona
Piani 4+sopralzo
   Fronte strada
File di finestre 7
Balconi 4
Vetrine di negozi 6
Intonaco giallo con zoccolatura in cemento
   Cortile
Forma quadra
Intonaco giallo
Pavimento in ciottoli
   Ballatoi
Livelli 3
Distribuiti su 3 lati
Piani in pietra

a- Corso Cristoforo Colombo 10
Palazzo Cirla
Piani 5
   Fronte strada
File di finestre 10
Balconi 16
Vetrine di negozi 5
Intonaco rosa con zoccolatura in cemento
   Cortile
Forma irregolare
Intonaco bianco
Pavimento in asfalto
   Ballatoi
Livelli 3
Distribuiti su 1 lato
Piani in cemento
   Anno di costruzione 1908
Proprietario costruttore Cirla
Progettista arch. Giuseppe Sommaruga

b- Corso Cristoforo Colombo 7
Piani 4
   Fronte strada
File di finestre 5
Balconi 4
Vetrine di negozi 4
Intonaco giallo con zoccolatura in cemento
   Cortile
Forma rettangolare
Intonaco giallo
   Ballatoi
Livelli 1
Distribuiti su 1 lato

c- Via Alessandria 6
Piani 4
   Fronte strada
File di finestre 4
Balconi 4
Intonaco rosa con zoccolatura in cemento
   Cortile
Forma quadra
Intonaco giallo
Pavimento
   Ballatoi
Livelli 2
Distribuiti su 3 lati

d- Via Alessandria 4
Piani 5
   Fronte strada
File di finestre 9
Balconi 3
Intonaco giallo con zoccolatura in cemento
   Cortile
Forma rettangolare
Intonaco giallo
   Ballatoi
Livelli 4
Distribuiti su 2 lati

e- Via Mortara 4
Edificio d'angolo con via Alessandria
Piani 5
   Fronte strada
File di finestre 12
Balconi 4
Vetrine di negozi 5
Intonaco giallo
   Cortile
Forma rettangolare
Intonaco giallo
   Ballatoi
Livelli 4
Distribuiti su 2 lati

f- Viale Gorizia 2
Piani 5+1
   Fronte strada
File di finestre 5
Balconi 3+balconata
Vetrine di negozi 4
Intonaco giallo
   Cortile
Forma rettangolare
Intonaco giallo
Pavimento in cemento
   Ballatoi
Livelli 4
Distribuiti su 2 lati

g- Viale Gorizia 4
Piani 5+1
   Fronte strada
File di finestre 4
Balconi 3+balconata
Vetrine di negozi 3
Intonaco color crema
   Cortile
Forma irregolare
Intonaco giallo
Pavimento in cemento
   Ballatoi
Livelli 4
Distribuiti su 1 lato

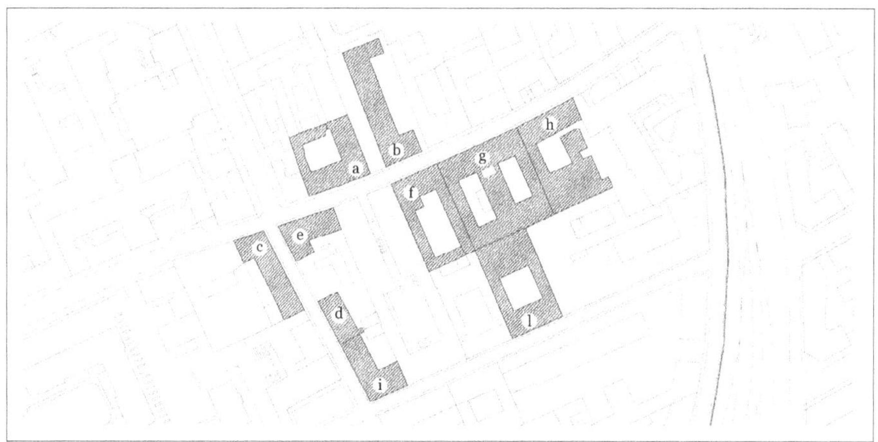

g- Via Savona 13-15
Piani 4
   Fronte strada
File di finestre 10
Vetrine di negozi 8
Intonaco giallo con zoccolatura in cemento
   Cortili 2
Forma rettangolare
Intonaco giallo
   Ballatoi
Livelli 3
Distribuiti su 3+1 lati
Piani in pietra e cemento

h- Via Savona 11
Piani 4
   Fronte strada
File di finestre 9
Balconi 1
Vetrine di negozi 8
Intonaco giallo con zoccolatura in cemento
   Cortile
Forma quadra
Intonaco giallo
   Ballatoi
Livelli 3
Distribuiti su 2 lati

i- Via Voghera 14
Edificio d'angolo con via Cerano
Piani 4
   Fronte strada
File di finestre 5
Balconi 3
Vetrine di negozi 1
Intonaco giallo
   Cortile
Forma rettangolare
Intonaco giallo
Pavimento in piastrelle
   Ballatoi
Livelli 3
Distribuiti su 3 lati
Piani in pietra

l- Via Voghera 6
Piani 2
   Fronte strada
File di finestre 5
Intonaco rosa
   Cortile
Forma quadra
Intonaco giallo
Pavimento in ciottoli
   Ballatoi
Livelli 1
Distribuiti su 3 lati
Piani in cemento

a- Via Savona 20
Piani 5
   Fronte strada
File di finestre 9
Balconi 9
Vetrine di negozi 8
Intonaco giallo
   Cortile
Forma quadra
Intonaco giallo
Pavimento in ciottoli
Volume ascensore aggiunto
   Ballatoi
Livelli 4
Distribuiti su 2 lati
Piani in cemento

b- Via Savona 18
Piani 4
   Fronte strada
File di finestre 5
Balconi 1
Intonaco beige
   Cortile
Forma rettangolare
Intonaco beige
   Ballatoi
Livelli 3
Distribuiti su 1 lato

c- Via Cerano 15
Edificio d'angolo con via Savona
Piani 5
   Fronte strada
File di finestre 9
Balconi 2
Vetrine di negozi 7
Intonaco arancio
   Cortile
Forma rettangolare allungato
Intonaco giallo
Pavimento in ciottoli
   Ballatoi
Livelli 4
Distribuiti su 1 lato

d- Via Cerano 12
Piani 5
   Fronte strada
File di finestre 6
Balconi 2
Vetrine di negozi 5
Intonaco verde con zoccolatura in cemento
   Cortile
Forma rettangolare
Intonaco giallo
   Ballatoi
Livelli 4
Distribuiti su 1 lato

e- Via Savona 23
Edificio d'angolo con via Cerano
Piani 5
   Fronte strada
File di finestre 7
Balconi 3
Vetrine di negozi 6
Intonaco marrone
   Cortile
Forma ridotta
Intonaco rosa
Pavimento in cemento
   Ballatoi
Livelli 4
Distribuiti su 2 lati
Piani in pietra

f- Via Savona 17
Piani 4
   Fronte strada
File di finestre 6
Vetrine di negozi 5
Intonaco color crema
   Cortile
Forma rettangolare
Intonaco giallo
Pavimento in ciottoli
   Ballatoi
Livelli 3
Distribuiti su 3 lati
Piani in pietra

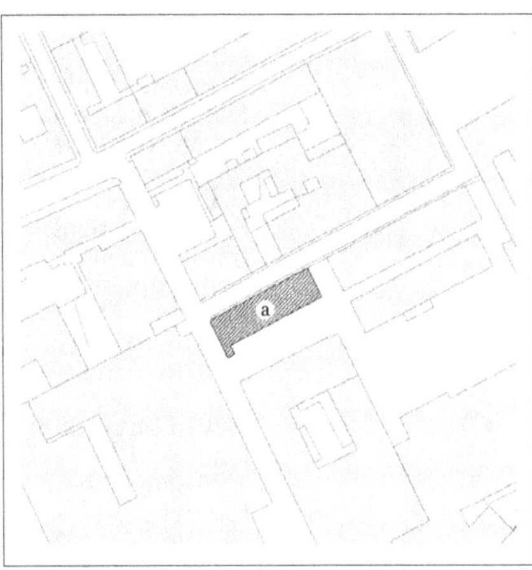 

a- Via Vincenzo Forcella 15
Edificio d'angolo con via Gaspare Bugatti
Piani 5
    Fronte strada
File di finestre 9
Vetrine di negozi 6
Intonaco giallo
    Cortile
Forma rettangolare
Intonaco giallo
Pavimento in cemento
    Ballatoi
Livelli 3
Distribuiti su 1 lato

a- Via Tortona 36
Edificio d'angolo con Largo delle Culture
Piani 5
    Fronte strada
File di finestre 4
Balconi 5
Vetrine di negozi 3
Intonaco giallo
    Cortile
Forma poligonale
Intonaco giallo
    Ballatoi
Livelli 4
Distribuiti su 3 lati

Corso Cristoforo Colombo 10

Viale Coni Zugna 54

Via Savona 20

Via Voghera 6

Via Savona 18

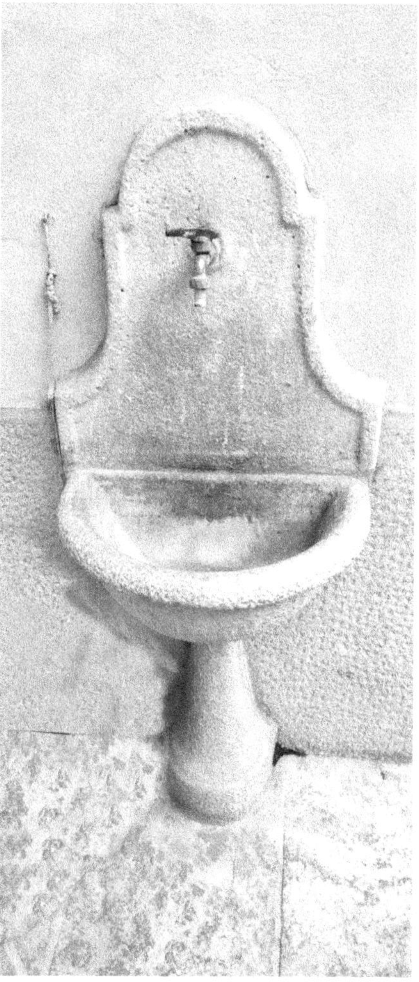

Viale Coni Zugna 54

Via Cerano 15

Via Voghera 14

Fuori Porta Vercellina

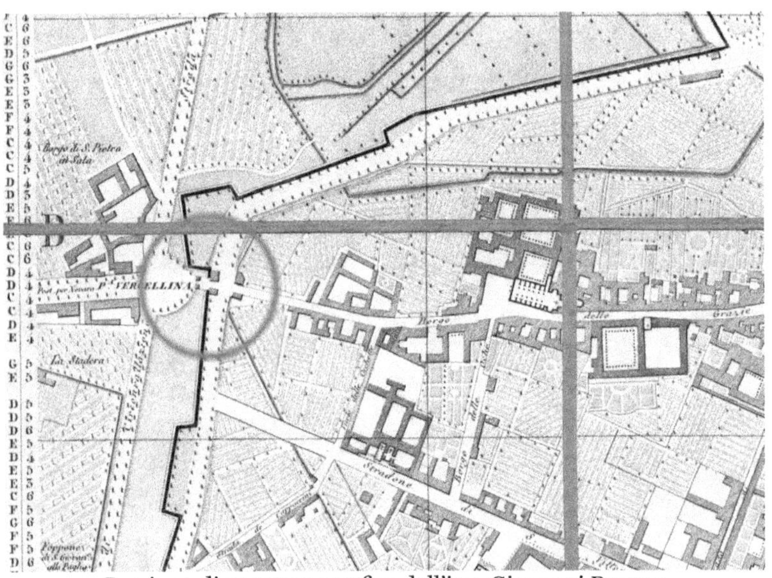

Porzione di carta topografica dell'ing. Giovanni Brenna
editore Antonio Vallardi, Milano 1860.
Indicati la Porta Vercellina e i due caselli daziari.

Immagini dell'antica Porta Vercellina, ribattezzata Porta Magenta
incisione del 1820, nell'anno 1870 e nel 1885 -

Porta Vercellina durante la demolizione nel 1898

Nessuna traccia resta delle tre porte aperte nelle cinte murarie succedutesi nel corso degli anni in direzione del Piemonte. La prima era situata all'angolo di via Meravigli con Via San Giovanni sul Muro, la seconda all'angolo tra corso Magenta e via Carducci.

L'ultima, nella cinta muraria spagnola, ricostruita da Luigi Canonica nel 1805, ribattezzata Porta Magenta nel 1859, demolita insieme alle mura nel 1885, si apriva alla fine di Corso Magenta, nello spazio oggi occupato da Piazzale Baracca.

Qui aveva inizio la strada per Novara, l'attuale Corso Vercelli, brulicante di attività di ogni tipo, lecite o illecite: commerciali come ingrosso, magazzinaggio e distribuzione delle merci, produttive per la presenza di fornaci di argilla fino al contrabbando.

Poco oltre, sulle rive del fiume Olona, sorgeva il piccolo borgo de La Maddalena, uno dei Corpi Santi.

I Corpi Santi erano nuclei formatisi intorno alla città dove si erano stabiliti i cittadini milanesi in fuga dall'assedio di Federico Barbarossa, con una complessa storia politica e amministrativa. Denominati Comuni rurali nel 1755, istituiti in unico Comune nel 1781 da Giuseppe II con il vecchio nome, dovuto alla presenza nel loro territorio dei cinque cimiteri della città, circondavano Milano in un abbraccio che le impediva ogni possibilità di sviluppo. Uniti alla città nel 1808, furono ancora una volta ripristinati nel 1816. Ma la fine della vecchia istituzione non era lontana *"Nel 1860 – scrive Ferdinando Reggiori in "Milano. 1800-1943" – ecco sorge la proposta di incorporare i Corpi Santi per tutta la loro estensione. Protestarono i proprietari campagnoli, insofferenti di dover così pagare imposte notevoli senza avere i vantaggi della città. Fu cercato allora un temperamento: incorporarsi al nucleo urbano soltanto una fascia anulare di territorio e costituire, con le aree restanti cinque comuni tipicamente rurali: Gratosoglio, Barona, Maddalena, Fontana, Calvairate. La grossa e pur delicata quistione sollevava vivaci dibattiti, pareri e dispareri. Così mentre nel 1862 il Consiglio Comunale si mostrava favorevole ai campagnoli, successivamente il Consiglio Provinciale faceva voti per l'integrale aggregazione dei Corpi Santi. In questo senso, la stampa si schierava partecipando alle discussioni. Sempre le maggiori opposizioni vertevano sul sistema delle tassazioni e relativi danni o vantaggi. Finalmente un decreto dell'8 giugno 1873 tagliava corto e stabiliva la completa aggregazione dei Corpi Santi al Comune di*

Milano, a partire al 1 settembre successivo."
Le acque dell'Olona rendevano il territorio particolarmente appetibile per un tipo di produzione come quella tessile che ha bisogno di gran quantità di acqua. Così nel 1878 venne fondata l'industria dei tessuti stampati di Ernesto De Angeli, con il nome di "Società in accomandita semplice per la stamperia e la colorazione dei tessuti E. De Angeli e C.". Ernesto De Angeli gestiva per conto di Eugenio Cantoni, uno dei più innovativi cotonieri italiani, una piccola tintoria, la Stamperia/tintoria della Maddalena. Fu lo stesso Cantoni ad aiutare il giovane De Angeli, garantendogli il finanziamento suo e di altri imprenditori. Poi nel 1896 De Angeli si unisce a Giuseppe Frua e nasce una grande fabbrica di tessuti con il nome di "Società italiana per l'industria dei tessuti stampati De Angeli-Frua". Nel 1968 l'intero gruppo De Angeli-Frua fu acquisito dal Cotonificio Cantoni che a sua volta chiuse definitivamente i battenti nel 1987.
Superata la circonvallazione esterna si incontra una delle istituzioni più popolari di Milano, il Pio Albergo Trivulzio, chiamato dai milanesi "Baggina", poiché si trova sulla via per Baggio, legato ad una vicenda che diede l'avvio nei primi anni Novanta ad una delle vicende più controverse della città, l'inchiesta giudiziaria comunemente denominata "Mani pulite". L'edificio, realizzato su progetto di Luigi Mazzocchi e Carlo Formenti, venne inaugurato il 22 maggio 1910. L'istituzione era nata su iniziativa di Antonio Tolomeo Trivulzio. Il nobile milanese, nel suo testamento, aveva disposto che alla sua morte, avvenuta nel 1767, tutto il suo patrimonio fosse destinato ad un Albergo dei poveri presso il suo palazzo in Contrada della Signora, per ospitare malati ed anziani. Già poco tempo dopo l'apertura, avvenuta nel 1771, la struttura si rivelava però insufficiente, raggiungendo altissimi picchi di presenza, dopo l'unificazione con altre strutture come l'Opera Pia Sartoria nel 1772, l'Ospitale de' Vecchi di Porta Vercellina nel 1786, antica istituzione le cui prime attestazioni risalgono al 1343 con il nome di Ospizio della pietà dei poveri di Cristo, il Luogo Pio Pertusati di Pavia nel 1787, gli istituti dei Martinitt e delle Stelline nel 1807, tanto da rendere necessari prima lavori di ampliamento affidati a Giuseppe Piermarini, poi la costruzione di una nuova sede, avendo ormai l'istituto assunto il carattere di ospizio con la presenza di oltre 1200 ospiti.

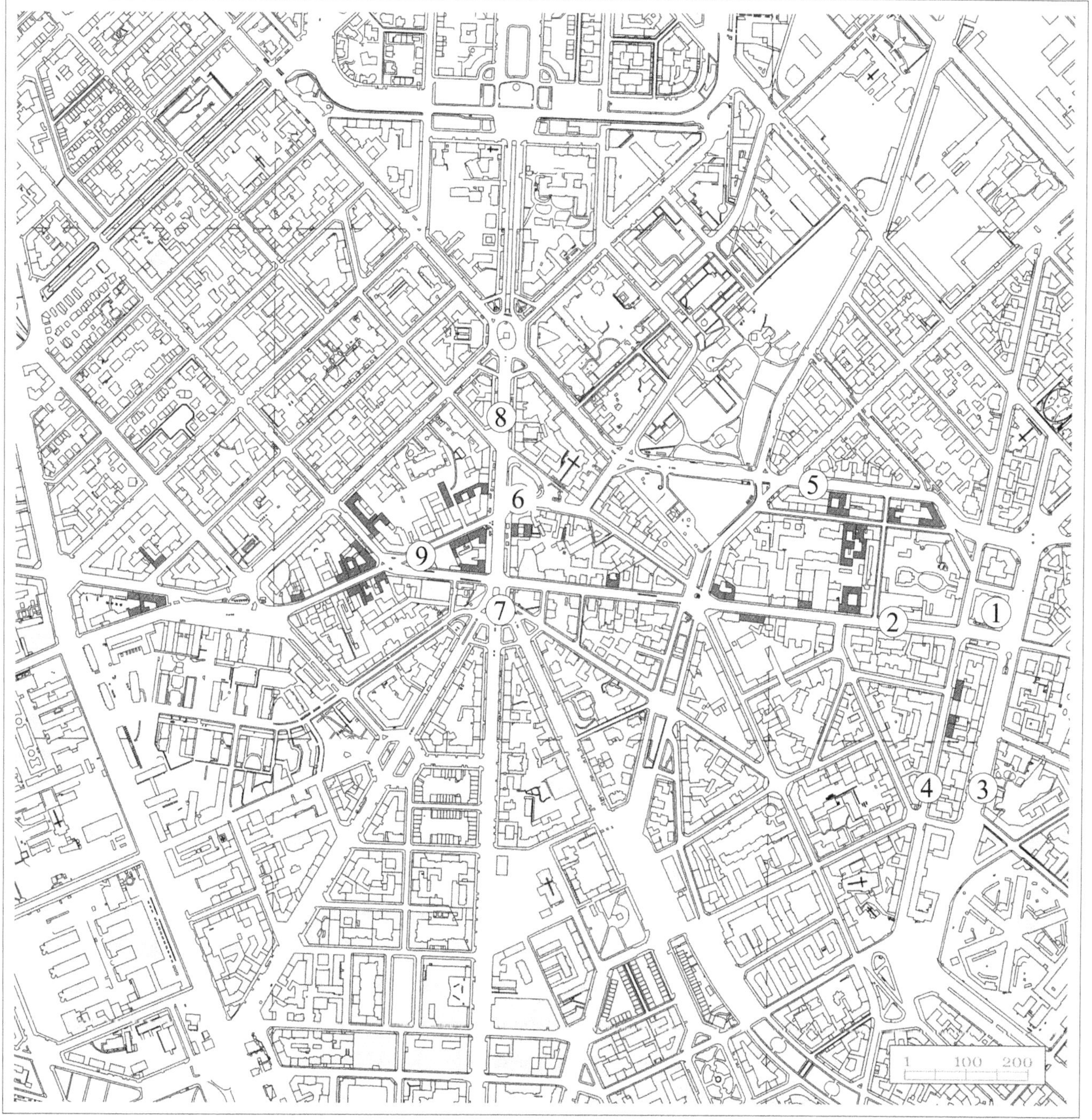

1- Piazzale Francesco Baracca – Porta Vercellina
2- Corso Vercelli
3- Viale di Porta Vercellina
4- Via San Michele del Carso
5- Via Lodovico Ariosto
6- Piazza Riccardo Wagner
7- Piazza Piemonte
8- Via Michelangelo Buonarroti
9- Via Marghera
1   100   200

Carta tecnica comunale - Milano 1884

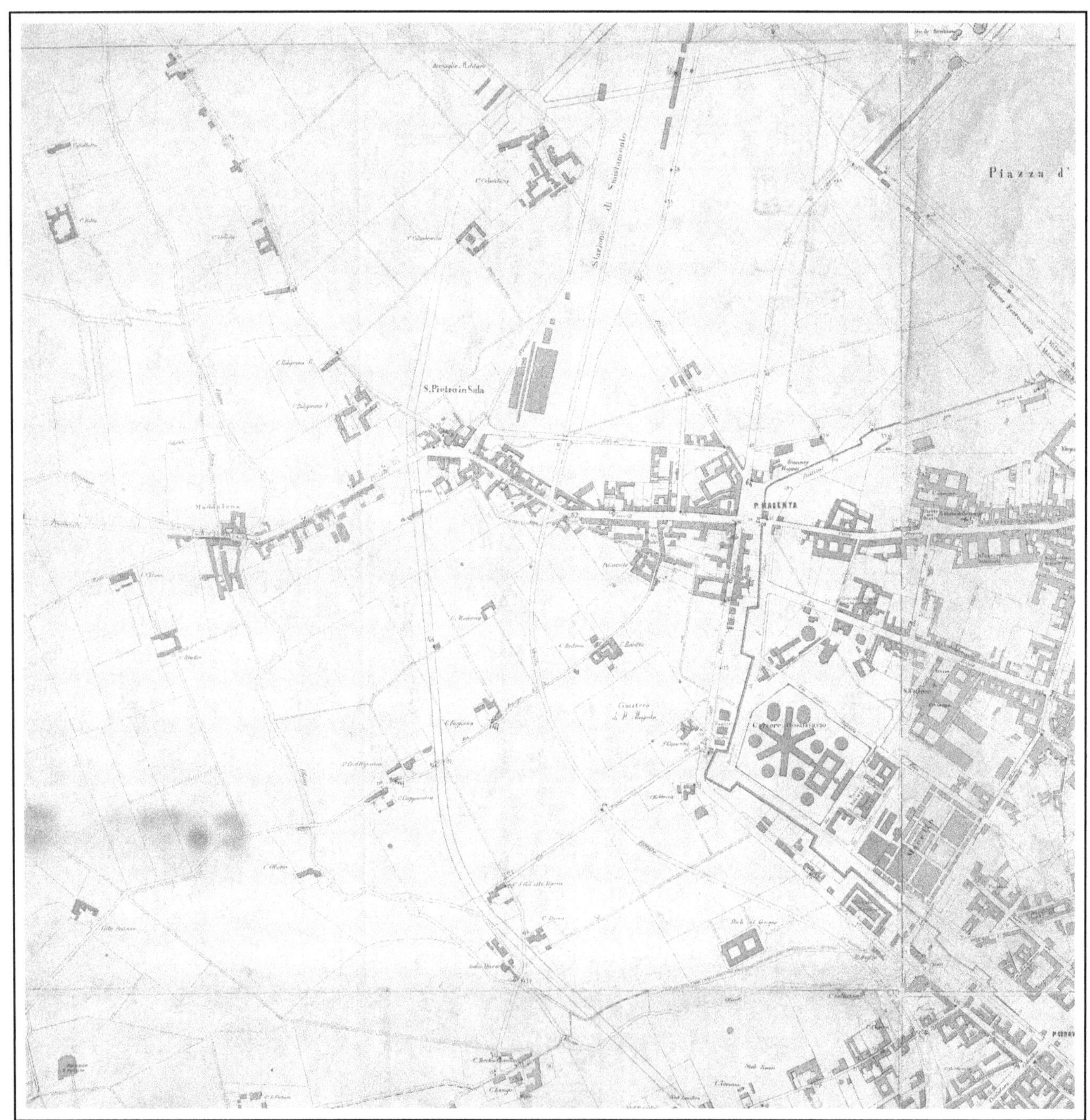

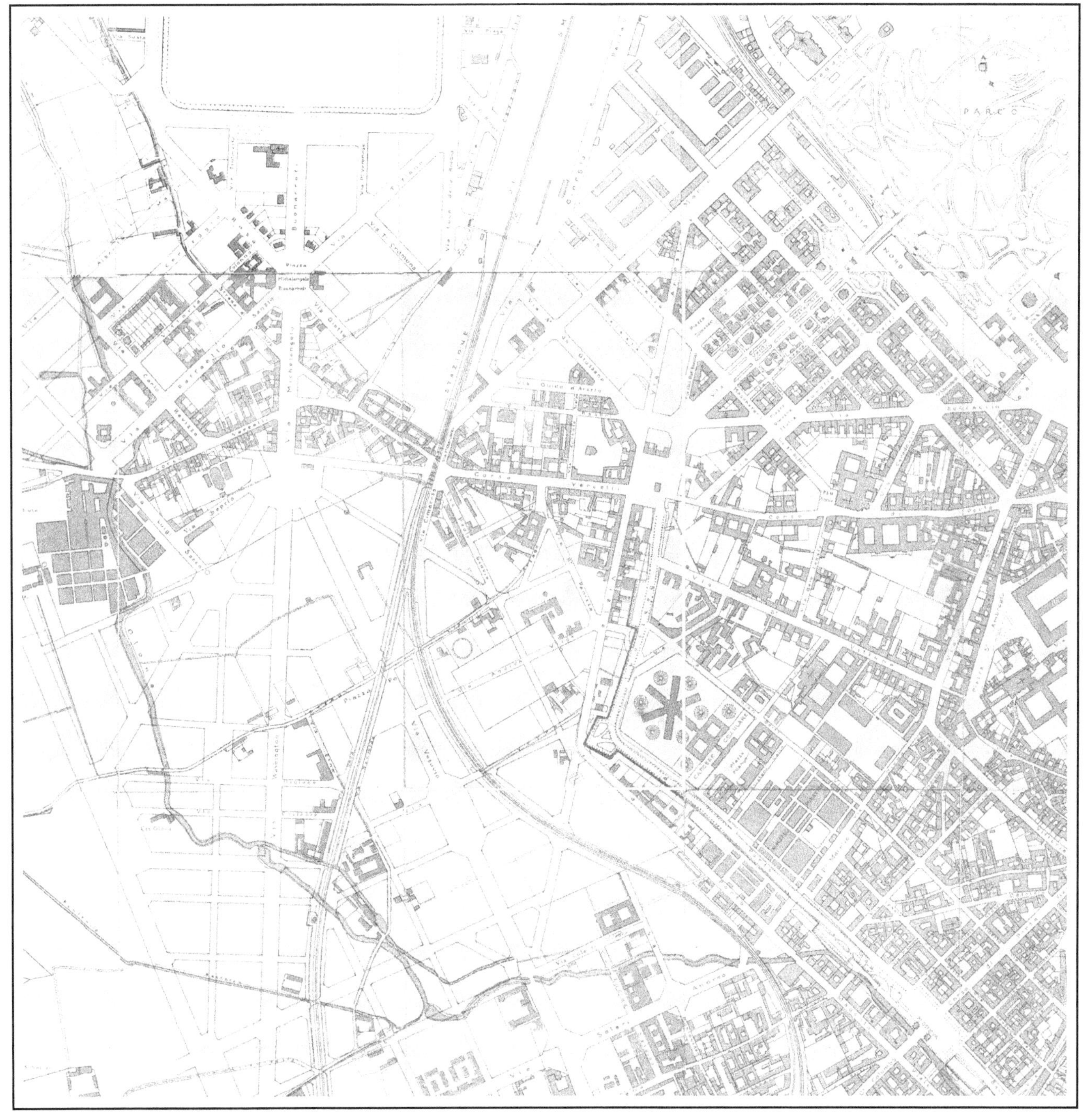

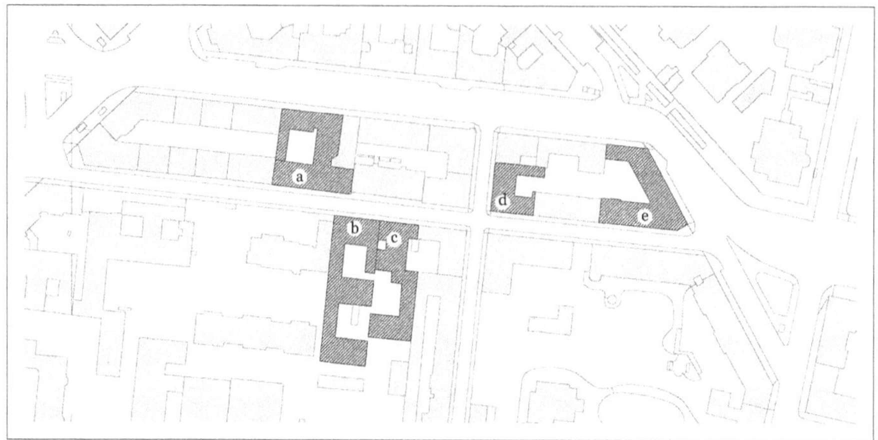

a- Viale San Michele del Carso 3

Piani 5 + sopraelevazione
    Fronte strada
File di finestre 7
Balconi 3
Vetrine di negozi 6
Intonaco giallo
    Cortile
Forma rettangolare
Intonaco giallo
Pavimento in blocchi di cemento
Volume ascensore aggiunto
    Ballatoi
Livelli 4
Distribuiti su 1 lato
Piani in pietra

b- Viale San Michele del Carso 7

Piani 5
    Fronte strada
File di finestre 3
Balconi 3
Vetrine di negozi 2
Intonaco grigio
    Cortile
Forma rettangolare
Intonaco giallo
    Ballatoi
Livelli 3
Distribuiti su 1 lato

c- Viale San Michele del Carso 9

Piani 5
    Fronte strada
File di finestre 5
Balconi 3
Vetrine di negozi 4
Intonaco color avorio
    Cortile
Forma rettangolare
Intonaco color avorio
    Ballatoi
Livelli 4
Distribuiti su 1 lato

a- Via Giovanni Rasori 12

Piani 4
    Fronte strada
File di finestre 8
Balconi 6
Vetrine di negozi 7
Intonaco ocra
    2 Cortili
Forma quadra e ristretta
Intonaco ocra
Pavimento in ciottoli
Volume ascensore aggiunto
    Ballatoi
Livelli 3
Distribuiti su 3 lati
Piani in pietra

b- Via Giovanni Rasori 9

Piani 6
    Fronte strada
File di finestre 5
Balconi 9
Vetrine di negozi 4
Intonaco color crema
    Cortile
Forma quadra
Intonaco giallo
Pavimento in ciottoli
    Ballatoi
Livelli 5
Distribuiti su 2+1 lati
Piani in pietra

c- Via Giovanni Rasori 7

Piani 3+1
    Fronte strada
File di finestre 5
Balconi 9
Vetrine di negozi 4
Intonaco giallo
    2 Cortili
Forma quadra
Intonaco giallo
Pavimento in cemento
    Ballatoi
Livelli 2
Distribuiti su 2 lati
Piani in cemento

d- Via Giovanni Rasori 6

Edificio d'angolo con Via Antonio Scarpa
Piani 5
    Fronte strada
File di finestre 6
Balconi 3
Intonaco giallo
    Cortile
Forma quadra
Intonaco giallo
Pavimento in ciottoli
    Ballatoi
Livelli 4
Distribuiti su 2 lati
Piani in pietra

e- Via Giovanni Rasori 2

Edificio d'angolo con Via Alberto da
Giussano e con via Guido d'Arezzo
Piani 5
    Fronte strada
File di finestre 9
Balconi 12
Vetrine di negozi 8
Intonaco giallo
    Cortile
Forma irregolare
Intonaco giallo
Pavimento in porfido
Volume ascensore aggiunto
    Ballatoi
Livelli 4
Distribuiti su 2 lati
Piani in pietra
    Anno di costruzione 1882
Proprietario costruttore Giovanni Tavella,
Luigi Sironi
Progettista ing. Giobatta Torretta

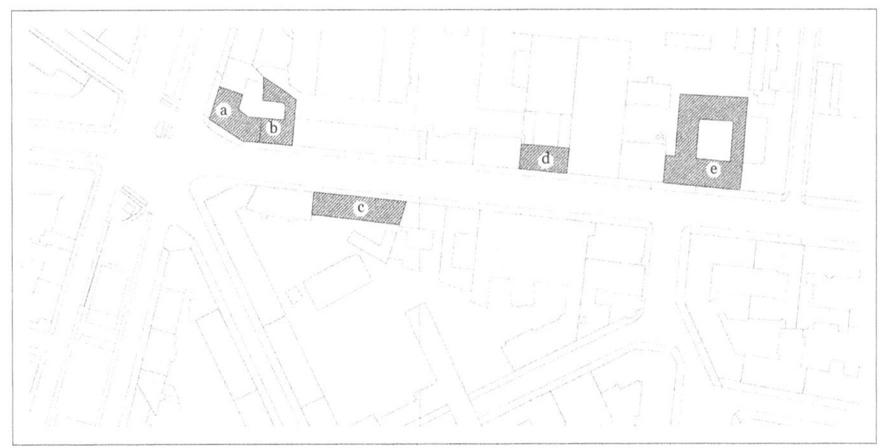

a- Via Francesco Cherubini 2
Edificio d'angolo con corso Vercelli
Piani 6
    Fronte strada
File di finestre 4
Vetrine di negozi 3
Intonaco color crema
    Cortile
Forma irregolare
Intonaco color crema
    Ballatoi
Livelli 4
Distribuiti su 1 lato

b- Corso Vercelli 34
Piani 5
    Fronte strada
File di finestre 4
Balconi 5
Vetrine di negozi 3
Intonaco color crema
    Cortile
Forma rettangolare
Intonaco color crema
    Ballatoi
Livelli 4
Distribuiti su 2 lati

c- Corso Vercelli 31
Piani 3
    Fronte strada
File di finestre 17
Balconi 3
Vetrine di negozi 9
Intonaco giallo
    Cortile
Forma trapezoidale
Intonaco giallo
Pavimento in ciottoli
    Ballatoi
Livelli 2
Distribuiti su 1 lato
Piani in pietra

d- Corso Vercelli 20
Piani 6
    Fronte strada
File di finestre 7
Balconi 3
Vetrine di negozi 6
Intonaco color crema
    Cortile
Forma quadra
Intonaco giallo
Pavimento in lastre
    Ballatoi
Livelli 5
Distribuiti su 1 lato
Piani in pietra o cemento

e- Corso Vercelli 14
Piani 5
    Fronte strada
File di finestre 11
Balconi 8
Vetrine di negozi 8
Intonaco giallo
    Cortile
Forma quadra
Intonaco giallo
Pavimento in porfido
    Ballatoi
Livelli 4 e 2
Distribuiti su 4 lati
Piani in pietra

a- Vicolo Marghera 4
Piani 4
    Fronte strada
File di finestre 10
Intonaco grigio
    Cortile
Forma articolata
Intonaco grigio
    Ballatoi
Livelli 3
Distribuiti su 1 lato
     Anno di costruzione 1910
Proprietario costruttore Banca di Credito
Ticinese Locarno
Progettista ing. Paolo Gadda

b- Vicolo Marghera 6A - 6B
Piani 4 e 5
    Fronte strada
File di finestre 4
Intonaco grigio
    2 Cortili
Forma quadra
Intonaco grigio
    Ballatoi
Livelli 3 e 4
Distribuiti su 3 lati

c- Via Marghera 3
Piani 5
    Fronte strada
File di finestre 8
Balconi 7
Vetrine di negozi 7
Intonaco rosa
    Cortile
Forma rettangolare
Intonaco rosa
Pavimento in profido
    Ballatoi
Livelli 4
Distribuiti su 2 lati
Piani in pietra

d- Via Michelangelo Buonarroti 5
Edificio d'angolo con Via Marghera
Piani 5
    Fronte strada
File di finestre 7
Balconi 8
Vetrine di negozi 6
Intonaco giallo
    Cortile
Forma irregolare
Intonaco giallo
    Ballatoi
Livelli 4
Distribuiti su 2 lati

e- Via Michelangelo Buonarroti 8
Piani 5 + sopralzo
    Fronte strada
File di finestre 5
Balconi 1
Vetrine di negozi 4
Intonaco giallo
    2 Cortili
Forma rettangolare e trapezoidale
Intonaco giallo
Pavimento in ciottoli
Volume ascensore aggiunto
    Ballatoi
Livelli 4
Distribuiti su 2 lati

f- Piazza Piemonte 8
Piani 8
    Fronte strada
File di finestre 9
Balconi 4
Vetrine di negozi 8
Intonaco giallo
    Cortile
Forma irregolare
Intonaco giallo
    Ballatoi
Livelli 7
Distribuiti su 1 lato
Piani in cemento

g- Corso Vercelli 52
Piani 5
    Fronte strada
File di finestre 5
Balconi 5
Vetrine di negozi 4
Intonaco giallo
    Cortile
Forma trapezoidale
Intonaco giallo
    Ballatoi
Livelli 3
Distribuiti su 1 lato

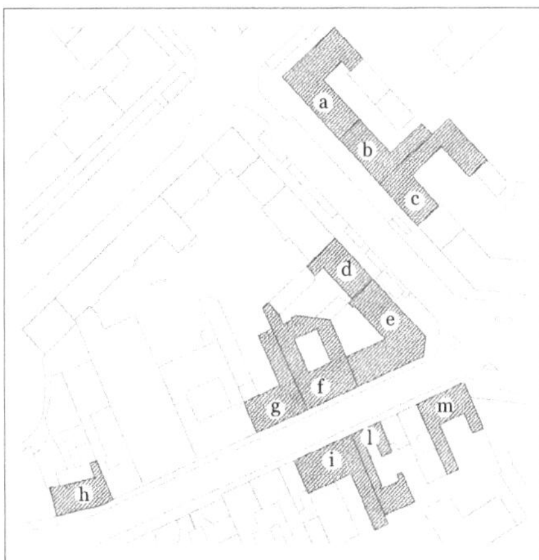

a- Via Carlo Ravizza 8
Edificio d'angolo con via Raffaello Sanzio
Piani 5
    Fronte strada
File di finestre 7
Balconi 3
Vetrine di negozi 6
Intonaco giallo con zoccolatura in cemento
    Cortile
Forma rettangolare
Intonaco giallo
    Ballatoi
Livelli 4
Distribuiti su 2 lati

b- Via Carlo Ravizza 6
Piani 5
    Fronte strada
File di finestre 5
Balconi 3
Vetrine di negozi 4
Intonaco giallo con zoccolatura in cemento
    Cortile
Forma rettangolare
Intonaco giallo
    Ballatoi
Livelli 4
Distribuiti su 2 lati
    Anno di costruzione 1889
Proprietario costruttore Angelo Bertolazzi
Progettista ing. Enrico Prevosti
Capomastro arch. Luigi Gho

c- Via Carlo Ravizza 4
Piani 5
    Fronte strada
File di finestre 5
Balconi 11
Vetrine di negozi 4
Intonaco giallo con zoccolatura in cemento
    Cortile
Forma rettangolare
Intonaco giallo
Pavimento in lastre
    Ballatoi
Livelli 2
Distribuiti su 3 lati
Piani in pietra
    Anno di costruzione 1903
Proprietario costruttore Alessandro Radice
Progettista ing. Enrico Prevosti
Capomastro Egidio Andreoli Rinaldo
Mereghetti

d- Via Carlo Ravizza 3
Piani 3
    Fronte strada
File di finestre 5
Balconi 8
Vetrine di negozi 4
Intonaco giallo
    Cortile
Forma irregolare
Intonaco giallo
    Ballatoi
Livelli 4
Distribuiti su 1 lato

e- Via Carlo Ravizza 1
Edificio d'angolo con Via Marghera
Piani 5
    Fronte strada
File di finestre 7
Balconi 1
Vetrine di negozi 6
Intonaco giallo con zoccolatura in cemento
    Cortile
Forma trapezoidale
Intonaco giallo
Pavimento in lastre
    Ballatoi
Livelli 4
Distribuiti su 2 lati
Piani in pietra

f- Via Marghera 22
Piani 5
    Fronte strada
File di finestre 5
Balconi 1
Vetrine di negozi 4
Intonaco rosa con rilievi in cemento
    Cortile
Forma quadra
Intonaco giallo
    Ballatoi
Livelli 4
Distribuiti su 1 lato

g- Via Marghera 24
Piani 4
    Fronte strada
File di finestre 5
Balconi 1
Vetrine di negozi 2
Intonaco giallo
    Cortile
Forma rettangolare
Intonaco giallo
    Ballatoi
Livelli 3
Distribuiti su 2 lati

h- Via Marghera 34
Piani 5
    Fronte strada
File di finestre 5
Balconi 7
Vetrine di negozi 4
Intonaco giallo
    Cortile
Forma rettangolare
Intonaco giallo
Volume ascensore aggiunto
    Ballatoi
Livelli 4
Distribuiti su 1 lato

i- Via Marghera 37
Piani 5
    Fronte strada
File di finestre 6
Balconi 3
Vetrine di negozi 5
Intonaco giallo e ocra
    Cortile
Forma rettangolare
Intonaco giallo
    Ballatoi
Livelli 4
Distribuiti su 2 lati

l- Via Marghera 35
Piani 4
    Fronte strada
File di finestre 3
Vetrine di negozi 2
Intonaco giallo
    Cortile
Forma rettangolare
Intonaco giallo
    Ballatoi
Livelli 3
Distribuiti su 3 lati

m- Via Marghera 29
Edificio d'angolo con via Cuneo
Piani 4
    Fronte strada
File di finestre 6
Balconi 2
Vetrine di negozi 4
Intonaco giallo con zoccolatura in cemento
    Cortile
Forma rettangolare
Intonaco giallo
    Ballatoi
Livelli 3
Distribuiti su 3 lati

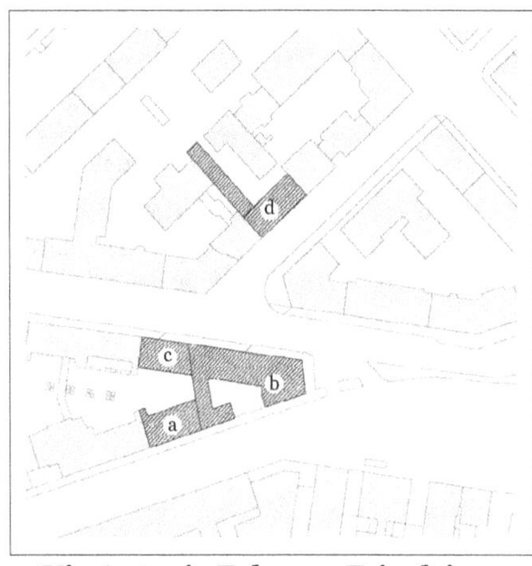

a- Via Antonio Tolomeo Trivulzio 4
Piani 5
    Fronte strada
File di finestre 5
Balconi 3
Vetrine di negozi 4
Intonaco color ruggine
Zoccolatura in cemento
    Cortile
Forma irregolare
Intonaco rosa
Volume ascensore aggiunto
    Ballatoi
Livelli 4
Distribuiti su 1 lato

b- Via Antonio Tolomeo Trivulzio 2
Edificio d'angolo con piazza Ernesto De
Angeli e con via Parmigianino
Piani 5
    Fronte strada aperto sul cortile
File di finestre 3+3
Balconi 1+1
Vetrine di negozi 6
Intonaco giallo con zoccolatura in cemento
    Cortile
Forma trapezoidale
Intonaco giallo
    Ballatoi
Livelli 4
Distribuiti su 3 lati
Piani in pietra

c- Via Parmigianino 11
Piani 5
    Fronte strada
File di finestre 4
Balconi 2
Vetrine di negozi 3
Intonaco giallo con zoccolatura in cemento
    Cortile
Forma irregolare
Intonaco giallo
Volume ascensore aggiunto
    Ballatoi
Livelli 4
Distribuiti su 1 lato

d- Via Vittoria Colonna 52
Piani 4
    Fronte strada
File di finestre 5
Balconi 5
Vetrine di negozi 4
Intonaco giallo con zoccolatura in cemento
    Cortile
Forma rettangolare
Intonaco giallo
    Ballatoi
Livelli 3
Distribuiti su 2 lati

Via Marghera 3

Via Marghera 29

Via Marghera 35

Piazza Piemonte 8

Via Carlo Ravizza 1

Via Carlo Ravizza 4

Corso Vercelli 14

Corso Vercelli 20   Corso Vercelli 31   Corso Vercelli 34

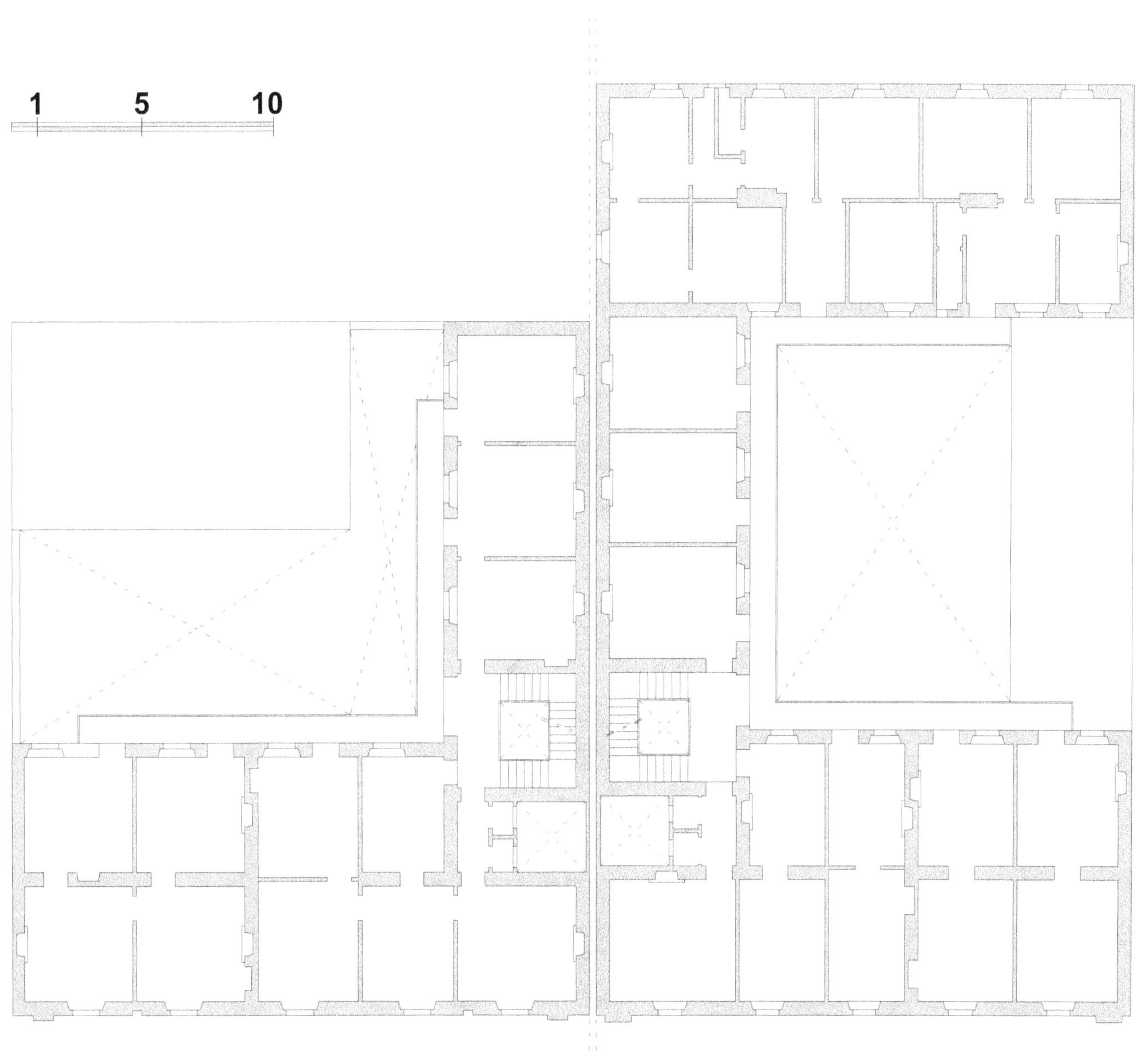

Via Carlo Ravizza 6

Via Carlo Ravizza 4

RIFERIMENTI BIBLIOGRAFICI

- De Marchi, Milano, Garzanti, 1943
- Poeti italiani del Novecento, a cura di Pier Vincenzo Mengaldo, Milano, Mondadori, 1978
- Poeti italiani del Secondo Novecento. 1945-1995, a cura di Maurizio Cucchi e Stefano Giovanardi, Milano, Mondadori, 1996
- Quando l'Umanitaria era in via Solari. 1906. Il primo quartiere operaio, Milano, Raccolto Edizioni, 2006
- AGOSTINO, Confessioni, Milano, Garzanti, 1991
- ALFANO Nino, Breve storia della casa, Roma, Gangemi, 1997
- ALVARO Corrado, Itinerario italiano, Milano, Bompiani, 1941
- ARIES Philippe, L'uomo e la morte dal Medioevo a oggi, Roma-Bari, Laterza, 1979
- AUGE' Marc, Il tempo senza età. La vecchiaia non esiste, Milano, Raffaello Cortina, 2014
- BAGNERA Roberto, Milano minima, Pavia, Edizioni Selecta, 2001
- BIRAGHI Marco, Storia dell'architettura contemporanea, Torino, Einaudi, 2008
- BAUDELAIRE Charles, Opere, Mondadori, 1996
- BAUZON Stéphan, Genius loci e migrazione, in Genius loci: La vita profonda dei luoghi, Roma, Aracne, 2021
- BRILLI Attilio, Il grande racconto delle città italiane, Bologna, Il Mulino, 2016
- BROSSES Charles de, Viaggio in Italia, Roma-Bari, Laterza, 1992
- BUSSI Federico, Su la ringhera. Sonett, Lirich, Brianzolad, Milano, Tipografia Luigi Bonfiglio, 1925
- BUZZATI Dino, Opere scelte, Milano, Mondadori, 1998
- CANIATO Luciano, Rovigo, una città inconclusa, in Mario Cavriani, La casa rurale nel Polesine, Cinisello Balsamo, Arti Grafiche Amilcare Pizzi, 1981
- ČAPEK Karel, Fogli italiani, Palermo, Sellerio, 1992
- CATALDI Giancarlo, Edilizia seriale pianificata, Firenze, Alinea, 1987
- CATTANEO Carlo, Notizie naturali e civili su la Lombardia, Milano, Mondadori, 2001
- CAVENAGO Vincenzo, Il Lazzaretto. Storia di un quartiere di Milano, Milano, NED, 1989
- CLARK Grahame – PIGGOTT Stuart, Le società preistoriche, Milano, Mondadori, 1991
- COLLOMP Alain, Abitazioni e coabitazioni, in La vita privata dal Rinascimento all'Illuminismo, Roma-Bari, Laterza, 1988
- COON Carleton S., Storia dell'uomo, Milano, Garzanti, 1956
- CUCCHI Maurizio, La traversata di Milano, Milano, Mondadori, 2007
- CUNIBERTO Flavio, Viaggio in Italia, Milano, Neri Pozza, 2020

- DE FINETTI Giuseppe, Milano. Costruzione di una città, Milano, Etas Kompass, 1969
- DE SETA Cesare, Le mura simbolo della città, in La città e le mura, Roma-Bari, Laterza, 1989
- DONINELLI Luca, Cattedrali, Milano, Garzanti, 2011
- DONINELLI Luca, Il crollo delle aspettative: scritti insurrezionali su Milano, Milano, Garzanti, 2005
- ENGELS Friedrich, La situazione della classe operaia in Inghilterra, Milano, Feltrinelli, 2021
- FRAMPTON Kenneth, Storia dell'architettura moderna, Bologna, Zanichelli, 1986
- GAUTIER Théophile, Viaggio in Italia, Milano, La Vita Felice, 2007
- GINEX Giovanna – SELVAFOLTA Ornella, Il Cimitero Monumentale di Milano, Cinisello Balsamo, Silvana Editoriale, 1996
- GOLDONI Carlo, Memorie, Milano, Rizzoli,1961
- GRANDI Maurizio – PRACCHI Attilio, Milano. Guida all'architettura moderna, Bologna, Zanichelli, 1980
- GROPIUS Walter, Architettura integrata, Milano, Mondadori, 1959
- HEINE Heinrich, Impressioni di viaggio, Novara, Istituto Geografico De Agostini, 1964
- HOHENBERG Paul M. - LEES Hollen Lynn, La città europea dal Medioevo a oggi, Roma-Bari, Laterza, 1987
- ISELLA Dante, Milano dei Navigli. Passeggiata letteraria, Milano, Officina Libraria, 2017
- JAMES Henry, Ore italiane, Milano, Garzanti, 1984
- LONDON Jack, Il popolo dell'abisso, Roma, Robin Edizioni, 2008
- MANZONI Alessandro, I promessi sposi, Torino, Einaudi, 1960
- MISTRINI Vincenzo, Gli Assiri, Gorizia, LEG, 2022
- MONELLI Roberto, Le tre vite di zona Tortona, in Milano mia, Faenza, Polaris, 2015
- MONTAIGNE Michel de, Viaggio in Italia, Milano, Bompiani, 1947
- MONTESQUIEU, Viaggio in Italia, Roma-Bari, Laterza, 1971
- ORTESE Anna Maria, Silenzio a Milano, Milano, La Tartaruga, 1986
- PANZINI Alfredo, Scritti scelti, Milano, Mondadori, 1958
- PARAZZOLI Ferruccio, MM Rossa, Milano, Mondadori, 2003
- PEREGALLI Roberto, I luoghi e la polvere. Sulla bellezza dell'imperfezione, Milano, La Nave di Teseo, 2022
- PIOVENE Guido, Viaggio in Italia, Milano, Mondadori, 1957
- PIRANDELLO Luigi, Male di luna, in Novelle per un anno, Milano, Mondadori, 1956
- PIRRONE Gianni, La tradizione europea nell'abitazione, Palermo, Facoltà di Architettura, 1961

- PURINI Franco, *Discorso sull'architettura*, Venezia, Marsilio, 2008
- RAJBERTI Giovanni, *Il viaggio di un ignorante*, Milano, Rizzoli, 1962
- REA Domenico, *Pensieri della notte*, Napoli, Dante & Descartes, 2020
- RECAMI Francesco, *La casa di ringhiera*, Palermo, Sellerio, 2011
- REGGIORI Ferdinando, *Milano 1880-1943. Itinerario urbanistico-edilizio*, Milano, Edizioni del Milione, 1947
- RICHIE Alexandra, *Berlino. Storia di una metropoli*, Milano, Mondadori, 2019
- RIGAL Gwen, *Il tempo sacro delle caverne*, Milano, Adelphi, 2022
- ROLLO Alberto, *Un'educazione milanese*, Lecce, Manni, 2016
- ROMANO Marco, *Le belle città*, Torino, UTET, 2016
- ROUX Simone, *La casa nella storia*, Roma, Editori riuniti, 1982
- RUSKIN John, *Viaggio in Italia*, Firenze, Passigli, 1985
- SANTE Luc, *C'era una volta New York*, Padova, Alet, 2010
- SASSOON Donald, *La cultura degli europei dal 1800 a oggi*, Milano, Rizzoli, 2008
- SAVINIO Alberto, *Ascolto il tuo cuore, città*, Milano, Adelphi, 1984
- SERAO Matilde, *Il ventre di Napoli*, Milano, Rizzoli, 2012
- SJÖBERG Gideon, *Le città dei padri. Saggio sulle condizioni di vita nelle civiltà industriali*, Milano, Feltrinelli, 1980
- STARNONE Domenico, *Vita mortale e immortale della bambina di Milano*, Torino, Einaudi, 2021
- STENDHAL, *Roma, Napoli e Firenze nel 1817*, Milano, Bompiani, 1977
- TAINE Hippolyte, *Viaggio in Italia*, Torino, Nino Aragno, 2003
- TWAIN Mark, *In questa Italia che non capisco*, Fidenza, Mattioli 1885, 2011
- VERGA Giovanni, *I dintorni di Milano*, in *Tutte le novelle*, Milano, Mondadori, 1979
- VERRI Pietro, *Storia di Milano*, Firenze, Sansoni, 1963
- VISCONTI Alessandro, *Storia di Milano*, Milano, Ceschina, 1952
- WHARTON Edith, *Paesaggi italiani*, Milano, Olivares, 1995
- WILSON Ben, *Metropolis*, Milano, Il Saggiatore, 2021
- ZOLA Emile, *L'Assommoir*, Milano, Mondadori, 2010